glee
guia não oficial da série

erin balser & suzanne gardner

guia não oficial da série

Não deixe de acreditar
(Don't Stop Believin')

Título original: DON'T STOP BELIEVIN': THE UNOFFICIAL GUIDE TO GLEE
Copyright 2010 © Erin Balser and Suzanne Gardner

Todos os direitos reservados. Nenhuma parte desta obra pode ser reproduzida ou transmitida por qualquer forma ou meio eletrônico ou mecânico, inclusive fotocópia, gravação ou sistema de armazenagem e recuperação de informação, sem a permissão por escrito do editor.

COORDENAÇÃO EDITORIAL
Mayara Enohata

ASSISTÊNCIA EDITORIAL
Deborah Reis

PREPARAÇÃO
Leticia Carniello

REVISÃO
Ana Lucia S. dos Santos

PROJETO GRÁFICO, CAPA E DIAGRAMAÇÃO
SGuerra Design

ASSESSORIA EDITORIAL E DE ARTES
Patricia Nascimento

CIP-BRASIL. CATALOGAÇÃO-NA-FONTE
SINDICATO NACIONAL DOS EDITORES DE LIVROS, RJ

B157g
Balser, Erin
 Glee : não deixe de acreditar / Erin Balser & Suzanne Gardner ; tradução Albertina Piva. – São Paulo : Rai, 2011.

 Tradução de: Glee : don´t stop believin

 ISBN 978-85-63672-52-0

  1. Glee (Programa de televisão). 2. Televisão - Programas musicais. I. Gardner, Suzanne. II. Título.

11-0601.   CDD: 791.4572
                                                            CDU: 621.397
01.02.11   02.02.11   024271

Direito de edição

RAI EDITORA
Avenida Iraí, 143 – conj. 61
Moema
04082-000 – São Paulo – SP
Tel: 11- 2384-5434
www.raieditora.com.br
contato@raieditora.com.br

Sumário

Hello, I love you: introdução   9

Can't fight this feeling: As origens de *Glee*   14

This is how we do it: O "making of" de *Glee*   27

You're the one that I want: Personagens principais   35
    Matthew Morrison (Will Schuester)   35
    Lea Michele (Rachel Berry)   37
    Cory Monteith (Finn Hudson)   39
    Dianna Agron (Quinn Fabray)   41
    Jane Lynch (Sue Sylvester)   43
    Jayma Mays (Emma Pillsbury)   45
    Amber Riley (Mercedes Jones)   47
    Chris Colfer (Kurt Hummel)   49
    Jenna Ushkowitz (Tina Cohen-Chang)   51
    Kevin McHale (Artie Abrams)   52
    Mark Salling (Noah "Puck" Puckerman)   54
    Jessalyn Gilsig (Terri Schuester)   56
    Iqbal Theba (Diretor Figgins)   57
    Patrick Gallagher (Ken Tanaka)   59
    Heather Morris (Brittany)   61
    Naya Rivera (Santana Lopez)   63
    Harry Shum Jr. (Mike Chang)   64
    Dijon Talton (Matt Rutherford)   66
    Josh Sussman (Jacob Ben Israel)   67

Primeira temporada:
Maio de 2009 – Junho de 2010   69
    1.01 "Piloto" (Pilot)   69
        Diferenças da versão do diretor   73
        A evolução de *Glee*: diferenças de roteiros   78
    1.02 "Romance no ar" (Showmance)   81

Pessoas famosas que estiveram em clubes de coral	82
Perguntas e respostas: Jennifer Aspen como Kendra Giardi	85
1.03 "Acafellas"	90
Josh Groban	91
Whit Hertford como Dakota Stanley	92
Victor Garber como o pai de Will	93
Debra Monk como a mãe de Will	95
John Lloyd Young como Henri St. Pierre	96
1.04 "Grávidas" (Preggers)	100
Mike O'Malley como Burt Hummel	100
Perguntas e respostas: Stephen Tobolowsky como Sandy Ryerson	103
1.05 "Uma segunda chance" (The Rhodes not taken)	109
Kristin Chenoweth como April Rhodes	111
Gleek fala: Amanda Kind (codiretora do *K-W Glee*, um coral inspirado em *Glee*, de Waterloo, Ontario, Canadá)	115
1.06 "Vitamina D" (Vitamin D)	118
Apresentações de coral *versus* clubes de coral	123
1.07 "A separação" (Throwdown)	123
Gleek fala: Rping *Glee*	129
1.08 "Mistura perfeita" (Mash-up)	131
Conexões do elenco	133
1.09 "Cadeiras de roda" (Wheels)	138
Lauren Potter como Becky Jackson	142
Dançando em cadeiras de rodas: é de verdade	143
Gleek fala: Adina Herbert (uma assistente social que mora em Toronto, Canadá)	144
1.10 "Balada"	146
Brad Ellis como Brad, o pianista	147
Gregg Henry como Russell Fabray	150
Charlotte Ross como Judy Fabray	151
Perguntas e respostas: Sarah Drew como Suzy Pepper	153
1.11 "Coreohairfia" (Hairography)	156
Eve como Grace Hitchens	158
Michael Hitchcock como Dalton Rumba	160
Perguntas e respostas: Heather Morris como Brittany	163
1.12 "Era uma vez um colchão" (Mattress)	164
Gleek fala: Sarah Erdman (professora de música)	166

1.13 "As seccionais" (Sectionals)	170
Intervalo	172
Minha vida seria muito chata sem esses passos de dança	174
Gleek fala: Lisa (uma figurante em "As seccionais")	176
1.14 "Alô" (Hell-O)	179
Idina Menzel como Shelby Corcoran	180
Jonathan Groff como Jesse St. James	184
Assim como Jesse (St.) James	187
1.15 "O poder de Madonna" (The power of Madonna)	189
Making of: a discografia da Madonna	193
Express Yourself: as referências de Madonna	197
1.16 "Uma nova chance" (Home)	202
Perguntas & respostas: Michael Benjamin Washington como Tracy Pendergrass	203
Gleek fala: Clare Hitchens (fã de *Glee* e defensora dos deficientes)	206
1.17 "A lista" (Bad reputation)	210
Olivia Newton-John	213
Molly Shannon como Brenda Castle	214
A Glista	215
Gleek fala: Darryl Pring (cofundador de *Gleeks*: um musical improvisado)	216
1.18 "Minha música" (Laryngitis)	220
Zack Weinstein como Sean Fretthold	223
Gleek fala: Myles McNutt (blogueira de televisão do cultural-learnings.com)	225
1.19 "Os sonhos" (Dream on)	229
Neil Patrick Harris como Bryan Ryan	234
Joss Whedon (diretor convidado)	237
Gleek fala: Adam Wright (blogueiro de televisão do tvdonewright.com)	239
1.20 "Eu sou o que sou" (Theatricality)	240
Glee entra no estilo Gaga	241
Barulhento como o Kiss	245
Gleek fala: Danielle Bruno (blogueira de moda do What Would Emma Pillsburry Wear? — O que Emma Pillsbury usaria? — wwepw.blogspot.com)	248
1.21 "Nós queremos funk" (Funk)	253

Perguntas & respostas: Kent Avenido como Howard Bamboo	255
1.22 "Regionais" (Journey)	263
Bill A. Jones como Rod Remington	264
Os números de *Glee*	267
Nomes de palco	270
Perguntas para a segunda temporada	272
Fontes	**276**
Agradecimentos	**293**

Hello, I love you: introdução

Os acordes iniciais de uma poderosa balada épica dos anos 1980 atingem os corredores, despertando o interesse de um professor desanimado, uma treinadora de líderes de torcida maldosa e o eterno *bad boy*. No auditório, seis garotos desajustados com camisetas vermelhas e tênis Converse giram e rodam (literalmente!) ao som de uma música que eles não só transformaram em hino como a apresentaram com o coração – "Don't Stop Believin'" –, da banda Journey. Eles irradiam alegria em cada nota, tanto para o deleite do professor quanto para o desgosto da treinadora de líderes de torcida. O clube de coral da William McKinley High School chegou. E *Glee* também, tornando-se um programa de TV imperdível para milhões de autodenominados *gleeks* (fãs de *Glee*) pelo mundo todo.

Glee, uma série sobre um clube de coral de desajustados, é a celebração dos esquisitos, *nerds* e injustiçados socialmente, mas também da paixão, do orgulho e da criatividade. É sobre fazer o que você ama e se sentir orgulhoso de quem você é, mesmo que nem sempre você se enquadre. "Eu acho que a coisa do clube de coral é uma metáfora sobre ser diferente, aceitar essa diferença e ser capaz de se expressar, não importa o quanto seja difícil ou o quanto você esteja sofrendo", disse o criador de *Glee,* Ryan Murphy. É com essa metáfora que espectadores do mundo inteiro se identificam. Ao verem Rachel, Finn, Quinn, Kurt, Artie, Puck, Mercedes e Tina eles veem a si próprios (apesar das impressionantes habilidades de cantar e dançar).

Glee é muito comparado a *High School Musical*, mas é mais sombrio e complexo, e apesar de as *performances* musicais serem parecidas às do *American Idol*, as comparações terminam aí. *Glee* é comédia, drama e musical, tudo misturado em um só. Para encontrar um programa que seja comparável, é preciso que se volte aos anos 1980 e ao sucesso de *Fame*, que foi ao ar na primeira temporada pela NBC antes de ser vendido pelas próximas cinco temporadas. Assim como *Glee*, *Fame* colocou sob os holofotes um grupo talentoso de estudantes do ensino médio que sonhava com o estrelato. Explorou temas maduros, lidou com as dificuldades de crescer e tratou dos sacrifícios que temos de fazer pelos nossos sonhos, realçando essas questões com um elemento musical dinâmico. Depois que *Fame* acabou, programas com foco nas artes performáticas passaram por um período tranquilo, mas na última década eles reconquistaram o seu espaço no palco principal. E com a determinação no estilo de Rachel Berry, eles não desistirão tão cedo desse lugar de destaque. Com o sucesso de programas e filmes como *American Idol, So You Think You Can Dance, America's Got Talent, Stomp the Yard, Step Up* e a refilmagem de *Fame*, o filme, era só uma questão de tempo até que alguém canalizasse essa tendência para um roteiro de série de televisão.

Quando o diretor/roteirista Ryan Murphy fez exatamente isso em 2009, a série *Glee* tornou-se uma força incontrolável, com uma média de 9,77 milhões de espectadores por episódio, milhões de músicas baixadas pela internet, uma turnê de apresentações ao vivo, uma linha de roupas e muito mais. Os fãs também se beneficiam. Desde vídeos no YouTube com músicas mixadas até os vídeos dos fãs cantando as canções da série, da moda do Twitter aos contos criados por fãs: não há nada que *Glee* não tenha alcançado. Incluindo nós, as garotas de sorte que escrevem esse livro.

Nós duas nos apaixonamos pelo seriado e misteriosamente estamos sempre ocupadas nas noites de quarta-feira (e na terça-feira seguinte), usando pela cidade roupas monocromáticas inspiradas na Emma, dançando "Don't Stop Believin'" no metrô e sugerindo aos amigos noites de *karaokê* somente com músicas de *Glee*. Entramos na internet para procurar pessoas que se sentissem da mesma maneira, começamos os nossos *blogs* e nos relacionamos com fãs, incluindo atores, outros blogueiros e frequentadores de fóruns.

Na verdade, foi *Glee* que nos aproximou. Éramos duas escritoras que apresentaram a ideia de criar um guia sobre *Glee* para a ECW Press, uma editora conhecida por publicar livros sobre televisão. A ECW adorou as duas propostas e achou que, juntas, poderíamos criar um livro que todos os *gleeks* adorariam ler. As misturas, como *Glee* nos ensinou, podem ser uma coisa muito boa.

Por mais que amemos *Glee*, somos as primeiras a admitir que o seriado não é perfeito. Algumas lições podem ser forçadas e algumas tramas não dão certo. Mas *Glee* é corajoso e não tem medo de cometer erros. Assim como seus personagens, as mentes criativas por trás do seriado abusam da originalidade, da vivacidade e da emoção, sabendo que vale a pena levar um ocasional suco na cara dos críticos quando se faz aquilo em que se acredita. Além do mais, apogeus e recaídas emocionais fazem parte de um episódio normal de *Glee*. Inspirando risadas em um minuto e lágrimas no seguinte (às vezes até se chora de tanto rir!), um único episódio de *Glee* faz os espectadores passarem por mais emoções que uma temporada completa de outros seriados. Não é à toa que terminamos cada episódio com uma música no coração!

Glee é um mundo enorme, complicado e fascinante, tanto dentro quanto fora das telas. Possui um eclético elenco de estrelas da Broadway e atores antes desconhecidos, um complicado processo de produção, toneladas de números musicais e referências a tudo, desde a década de 1930 na Broadway até Justin Timberlake. *Glee* se move em um ritmo acelerado e às vezes é difícil acompanhar, e é ainda mais difícil absorver tudo. Mas não se preocupe, nós estamos aqui para ajudá-lo a caminhar com sucesso pelos corredores da Escola McKinley.

Não deixe de acreditar funciona como um acompanhamento para essa série brilhante, o que você pode perceber ao assistir (ou assistir de novo!) cada episódio. O livro investiga a história da música, oferece informações dos bastidores e explica as referências da história, à Broadway e à cultura *pop*. Pense nele como um vídeo *pop-up* na forma de livro. A história de *Glee*, o processo de produção e a biografia do elenco abrem o livro, seguidos por um guia dos episódios tão detalhado que faz que as medidas sanitárias de Emma Pillsbury pareçam desleixadas. Se você estiver lendo enquanto assiste ao seriado pela primeira vez, não tema! Não estragaremos os próximos episódios. Cada guia inicia com uma citação que capta o tema principal do episódio, seguida pelos dados essenciais sobre quem, o que, onde e quando o original foi ao ar nos Estados Unidos. Depois disso, fornecemos uma análise completa do episódio e vários extras interessantes, como:

Avaliação por estrelas: muita coisa acontece durante um episódio de *Glee*. Você ri, você chora, você se levanta e começa a dançar – às vezes tudo ao mesmo tempo. Ao avaliar com estrelas, de um a quatro, cada elemento (a

Música, o Enredo, as Risadas), você vai saber de quantos lencinhos precisará ou se vai se acabar de dançar.

Nota alta: acontece muita coisa em um único episódio de *Glee*, mas, para nós, esse é o momento merecedor de uma das estrelas douradas de Rachel Berry.

Nota baixa: e, por outro lado, apesar de amarmos a série, nós sabemos que ela não é perfeita, então também mencionamos o seu ponto fraco.

Por trás da música: a música é o coração de *Glee*. Iremos nos concentrar mais nas músicas ouvidas em cada episódio, dando uma rápida explicação sobre a música original (ou da versão feita por *Glee*) e examinaremos as conexões entre a música e o que está acontecendo em cena.

O som da música: alguns episódios são baseados em um estilo ou gênero musical específico, ou na influência de um artista legendário, portanto daremos aqui uma pequena e divertida aula sobre história da música.

Mande lembranças à Broadway: muitos *shows* da Broadway são feitos no estilo *Glee*, quer seja o New Directions cantando uma música de uma peça aclamada ou Sandy Ryerson dirigindo uma produção colegial da Broadway. Nessa parte, daremos algumas informações sobre esses *shows*.

Isso é muito *Popular*: Ryan Murphy trouxe consigo muitas das suas melhores coisas – esportistas cantando, animadoras de torcidas maldosas, excluídos socialmente – vindas dos corredores da Jacqueline Kennedy Onassis High School para a McKinley. Nós as mostraremos para que você possa identificá-las mais facilmente quando for alugar o DVD *Popular*.

Suco na cara: todas as brincadeiras e atos não tão nobres que são feitos na Escola McKinley (dentro e fora das cenas) são catalogados aqui.

Fora de tom: até mesmo o grande Ryan Murphy às vezes erra, e é aqui que você encontrará esses erros. Pode ser um erro de filmagem, de continuidade ou apenas alguma coisa que não faz sentido.

Por trás da cena: às vezes a realidade é mais interessante que a ficção, e aqui nós lhe daremos passagem livre para as histórias divertidas da vida real que tenham ligação com *Glee*.

Palco principal: *Glee* é absurdamente cheio de referências a estrelas do rock, estrelas de palco, filmes, músicas, programas de TV e mais. Palco principal é um guia útil das referências de entretenimento.

Mãos de *jazz*: o mundo de *Glee* é cheio de pequenos e divertidos detalhes, peculiaridades e referências que dão a cada episódio um brilho a mais, e aqui mostraremos alguns dos melhores.

O palco de Ohio: os escritores e figurinistas fazem o melhor que podem para fazer que a versão de *Glee* de Lima, em Ohio, seja autêntica. Eles (e os moradores de Ohio que têm de aguentar a série!) merecem alguns destaques de vez em quando, e iremos destacá-los aqui.

Como Sue vê isso: Sue Sylvester é a personagem mais citável da televisão. A cada episódio, nós escolhemos uma citação favorita e colocamos aqui!

Apesar de cada guia de episódio parecer muito cheio de informação, não é bem assim! Nós temos extras empolgantes como as biografias das grandes estrelas convidadas, entrevistas exclusivas e uma parte especial que chamamos de *Gleek Fala*, na qual conversamos com os maiores *gleeks* do mundo ou com pessoas que estão fazendo coisas maravilhosas relacionadas à série.

Apesar de termos feito de tudo para tornar este o guia mais completo possível sobre *Glee*, você pode encontrar alguma coisa completamente nova, ou discordar das nossas interpretações de certos episódios. Boa, ruim, feliz ou descontente, nós adoraríamos saber a sua opinião. Você pode falar com a Erin pelo e-mail embalser@gmail.com e, com a Suzanne, pelo suzie.gardner@gmail.com. Não se esqueça de visitar os nossos blogs *Glee Dork* (http://gleedork.com) e *Gleeks United* (http://gleeksunited.wordpress.com), nos quais você pode encontrar capítulos de *Glee*, fofocas de *Glee* e muito mais!

Não deixe de acreditar,
Erin & Suzanne.

Can't fight this feeling: as origens de Glee

Com 40 sucessos e músicas da Broadway, tramas armadas mais rápido que a velocidade da luz, um grande número de personagens, comentários sombrios sobre a vida social e momentos de aquecer o coração, o próprio *Glee* é uma mistura mais complexa que a equipe do New Directions poderia sonhar. Com tanta coisa acontecendo, cada elemento precisava ser explosivo para que *Glee* desse certo. Um ator mal selecionado ou uma música mal escolhida, e o piloto poderia ter sido considerado malfeito pela crítica. Mas o produto final foi o lançamento perfeito. *Glee* é o filho genial de três diferentes homens, Ryan Murphy, Brad Falchuk e Ian Brennan, que, com a ajuda de um enorme elenco e equipe, fazem o mundo de *Glee* se tornar verdade todas as semanas.

Até mesmo o melhor coral precisa de um líder, e o de *Glee* é ninguém menos que o veterano da televisão Ryan Murphy. Ryan nasceu em 30 de novembro de 1965 em uma família irlandesa e católica de Indianápolis, na Indiana. Considerado uma criança sensível e precoce, Ryan era imaginativo, sempre mergulhado em filmes, televisão, música e livros como uma forma de escape. Ele desejava obsessivamente se tornar Papa. "Você simplesmente precisa de uma escapatória. Você quer uma maneira de se expressar e não quer muito ficar em Indiana, nem se tornar um vendedor de seguros, ou um farmacêutico", diz ele. Apesar das suas aspirações à glória papal e da influência devotada da família, Ryan nunca sentiu uma conexão com a Igreja ou com Deus. E mesmo assim,

Can't fight this feeling: as origens de *Glee*

Ryan Murphy, o homem que transforma sonhos em realidade.

sua educação católica influenciou a maior parte da sua carreira futura – ser um contador de histórias. Ryan explica: "Eu sou muito, muito grato por ter sido criado de forma religiosa porque, você sabe, isso realmente me ensinou a contar histórias e também me ensinou a ser teatral".

Mesmo com a sua formação estritamente católica, Ryan, que é homossexual assumido, nunca sofreu com a sua sexualidade. "A minha sexualidade sempre foi bem clara e eu sempre a aceitei", disse ele ao *After Elton**. "Eu nunca precisei me assumir. Acho que me assumi no útero. Eu tinha uma compreensão de mim mesmo muito forte. Isso nunca foi um problema para mim. Eu nunca sofri com isso." Apesar do agudo autoconhecimento de Ryan, seus pais se preocupavam com o seu bem-estar e o encaminharam a um psiquiatra quando ele tinha 15 anos. Entretanto, o psiquiatra o considerou simplesmente "precoce demais, para o seu próprio bem" e o mandou para casa. A experiência de Ryan ao crescer como homossexual na região centro-oeste dos Estados Unidos iria influenciar os seus futuros programas de televisão, incluindo *Glee*, e muitas das experiências vividas por Kurt Hummel são baseadas na época de escola de Ryan.

Ao crescer, Ryan estava sempre procurando uma forma criativa de canalizar a sua energia. Ele se inscreveu – e foi aceito – na faculdade de cinema, mas não podia pagar. Então, frequentou a Indiana University em Bloomington, onde se formou em jornalismo, trabalhou no jornal *Indiana Daily Student*, estrelou na produção de *Bye Bye Birdie* (*Adeus amor*) e *South Pacific* (*Ao sul do Pacífico*) e cantou no coral. Ele brincou com a ideia de se tornar ator profissional, mas decidiu usar o seu diploma de jornalismo para escrever manchetes, em vez de ser o assunto delas. Depois de formado, Ryan se mudou para Los Angeles, o lugar de onde surgem as estrelas, onde ele conseguia matérias sobre entretenimento para o *Miami Herald*. A energia e a paixão do escritor pelo *showbiz* deram-lhe a chance de trabalhar como *freelance* nos pesos-pesado do entretenimento, como o *Los Angeles Times*, o *New York Daily News* e o *Entertainment Weekly*.

Foi apenas uma questão de tempo até que Ryan desistisse de caçar histórias para fazer a sua própria. Começou como roteirista no final da década de 1990, depois de ter se entediado em escrever sobre Hollywood e as celebridades. "Eu tinha entrevistado a Cher pela décima quinta vez e comecei a pensar: 'Certo, eu preciso fazer alguma coisa diferente'", disse Ryan. "Apesar de amar a Cher, não posso continuar escrevendo sobre ela." O jornalista começou a escrever um roteiro sobre uma mulher que conhece um homem que ama a Audrey Hepburn tanto quanto ela, e escrevia até tarde da noite, depois do trabalho. No final, ele vendeu o roteiro *Why Can't I be Audrey Hepburn?* para Steven Spielberg. Apesar do grande nome do comprador, o projeto (que tinha

---

* N.T.: Site especializado em notícias e entretenimento direcionado ao público gay e bissexual masculino (http://www.afterelton.com).

Téa Leoni e Jennifer Love Hewitt no elenco) nunca foi produzido. As muitas dificuldades de Hollywood nunca intimidaram Ryan, e ele se lançou com vontade em sua nova carreira como roteirista com o seu próximo projeto, o drama sombrio adolescente *Popular*.

Popular, que foi exibido por duas temporadas de 1999 a 2001 pela emissora WB (agora a CW), trouxe um lado sarcástico para o enredo adolescente, um gênero que estava conquistando uma nova tendência de espectadores na época. Originalmente, o programa fora criado para ser um filme, mas depois de ouvir algumas opiniões Ryan se reuniu com a produtora de televisão Gina Matthews e mudou o conceito para seriado. Ofereceram a série e quatro redes de televisão apostaram nela, mas eles assinaram com a WB, uma rede de grande influência entre os adolescentes. "Nós assinamos com a WB porque parecia que eles davam mais oportunidades aos programas", disse Ryan. Na época, a WB também exibia *Buffy the Vampire Slayer* (*Buffy, a caça-vampiros*), *Dawson's Creek*, *7th Heaven* (*Sétimo céu*), *Felicity*, *Roswell* e *Charmed* (*As jovens bruxas*), e parecia ser o lar perfeito para *Popular*.

Quando estreou, no dia 29 de setembro de 2009, *Popular* aumentou o público adolescente da WB com a sua representação honesta e geralmente brutal da sobrevivência na escola. Cínica, divertida e exagerada, a série era vista pelos olhos de duas garotas que eram as líderes dos seus próprios grupos: a popular líder de torcida Booke McQueen e a não popular jornalista Sam McPherson. "Era meio que o *grupo das Heathers*", explica Ryan, referindo-se à comédia de humor negro de 1989, com Winona Ryder e Christian Slater, sobre o aniquilador e popular grupo de garotas, todas chamadas Heather. "Eu sempre achei que aquilo tinha um tom meio de veneração, de uma coisa sombria, meio cínica." Ryan afirma que *Popular* e *Glee* são dois seriados muito diferentes, mas é óbvio que muitas ideias e temas conseguiram achar o caminho de *Popular* até *Glee* (demos uma conferida mais detalhada nessas comparações na seção *Isso é muito* Popular). *Popular* foi um sucesso na primeira temporada, mas não conseguiu manter a audiência depois de mudar para sexta-feira à noite na segunda temporada. Em uma reviravolta sombria da vida real, *Popular* foi repentina e inesperadamente cancelada, deixando os espectadores em um suspense mortal.

O próximo projeto de Ryan foi o piloto *St. Sass*, de 2002, pela TV WB. Delta Burke foi escalada para fazer o papel da nova diretora de uma exclusiva escola só para garotas, porém a série (que tinha a futura estrela de *Glee*, Amber Riley, no elenco) não decolou. Mas esse pequeno passo para trás levou a um enorme passo para frente quando o escritor redirecionou o seu tempo e energia a um novo projeto que o estabeleceria como um grande potencial criativo. Esse projeto foi o seriado da F/X *Nip/Tuck*, uma série sobre dois cirurgiões plásticos que atuam em Miami, e mais tarde, em Los Angeles. A inspiração veio após uma visita a um cirurgião plástico para fazer uma pesquisa para um artigo sobre implante de panturrilha em homens. Ele ficou tão assustado e intrigado pela experiência que sabia que teria de transformar aquilo em um seriado para a televisão. "Eu fui à consulta com o cirurgião plástico e em cinco minutos ele me disse cinco coisas que eu poderia fazer para melhorar meu rosto e o meu corpo e, portanto, a minha vida", ele se lembra. O artigo nunca foi escrito; em vez disso nasceu *Nip/Tuck*.

Nip/Tuck era muito diferente de *Popular*, mas tinha o mesmo humor negro, o tom cínico e os comentários mordazes da cultura contemporânea. Com uma pergunta instigante que o Dr. Sean McNamara e o Dr. Christian Troy faziam aos seus pacientes, "Diga-me, o que você não gosta em você?", *Nip/Tuck* declara que nós não evoluímos das inseguranças adolescentes que aborreciam os garotos em *Popular*, e que os garotos de *Glee* empenham-se tanto em superar. Estreando no dia 22 de julho de 2003, *Nip/Tuck*, um seriado repulsivo e vívido, explora o lado feio da beleza, da saúde e da cirurgia plástica. "Acho que o público pensa que essa é uma cirurgia delicada, e que esses cirurgiões tratam o rosto como se fosse de porcelana", explica Ryan. "Na verdade, eles o tratam como se fosse um pedaço de carne de boi." Ryan foi produtor executivo em *Popular*, mas tornou-se diretor em *Nip/Tuck*. Ele começou a se sentir mais seguro e começou a dirigir pela primeira vez na sua carreira, uma habilidade que ele levaria consigo para os *sets* de filmagens e para *Glee*. O seriado ganhou um Globo de Ouro por Melhor Série Dramática em 2005 e recebeu uma encomenda de 22 episódios para a sua quinta temporada, algo sem precedentes para uma série da TV a cabo.

Assim que *Nip/Tuck* se tornou uma máquina bem lubrificada, Ryan começou a trabalhar em outros projetos, inclusive coescrevendo e dirigindo, em 2006, *Running With Scissors* (*Correndo com tesouras*), e escrevendo, em 2008, o piloto de *Pretty Handsome* (uma série sobre um ginecologista transexual coestrelada por Jonathan Groff – que na época atuava com Lea Michele em *Spring Awakening* – e o vocalista do Vocal Adrenaline, Jesse St. James). *Nip/Tuck* terminou a sua incrível sexta temporada com 100 episódios em 3 de março de 2010. O sucesso da série deu à carreira de Ryan uma plástica transformadora e, em 2007, ele assinou um contrato de oito dígitos e muitos anos com a Fox, que inclui desenvolver novas séries para a 20th Century Fox Television e dar à emissora prioridade para qualquer projeto, inclusive *Glee*.

Can't fight this feeling: as origens de *Glee*

Brad Falchuk, roteirista, produtor e braço direito de Ryan.

Era uma tremenda oportunidade, mas vinha com uma enorme pressão. Felizmente, Ryan não estava trabalhando sozinho. Originalmente contratado como roteirista de *Nip/Tuck* para a sua primeira temporada, Brad Falchuk (atualmente um dos produtores executivos de *Glee*, que escreve, produz e dirige a série) rapidamente foi elevado a produtor das séries dramáticas do F/X. Na verdade, Ryan gostou tanto do trabalho de Brad que os dois desenvolveram *Pretty Handsome* juntos antes de se unirem novamente em *Glee*.

Se Ryan era Kurt Hummel na escola, o *gay* dramático e *nerd* do coral, Brad era Finn Hudson, o atleta tentando descobrir a que lugar pertence. Brad jogava *baseball*, basquete e *lacrosse* na escola e, apesar de ser relativamente popular, ele sempre sentiu que precisava se destacar e ser diferente. Assim como Ryan, Brad era movido por uma necessidade de fazer coisas maiores e melhores. Ele teve dificuldades na escola (mais tarde descobriu que era disléxico) e, para disfarçar suas dificuldades e destacar-se na multidão, usava uma gravata todos os dias e disse a todos na sua escola, de linha liberal, que era republicano. "Todo mundo está procurando por alguma coisa", disse ele. "E normalmente o que querem é ser ouvidos e vistos... Eu estava desesperado para ser visto."

Depois de concluir o ensino médio, Brad frequentou o *American Film Institute* em Los Angeles. Ele se empenhou como roteirista de filme e trabalhou como *personal trainer* por quatro anos, até que a sua esposa o convenceu a tentar escrever para a televisão. Após alguns pequenos trabalhos como roteirista em *Mutant X, Earth: Final Conflict* e *Veritas: The Quest*, Brad pediu ao seu agente que marcasse uma reunião com Ryan Murphy. Ryan gostou do seu trabalho e o contratou para *Nip/Tuck*. "Ryan me acolheu e disse: 'Vamos ver o que acontece. Vamos fazer essa jornada juntos e eu vou compartilhar essas coisas com você, e tudo o que eu espero de você é que trabalhe feito um maluco e que traga a sua voz'", lembra Brad. A dupla conseguiu uma harmonia, e eles têm trabalhado juntos desde então.

Brad pode se assemelhar mais a Finn, mas o personagem mais inspirado em sua vida é Artie Abrams. O nome de Artie vem de um dos melhores amigos de infância de Brad, e um susto com a coluna dorsal que Brad teve foi o catalisador para o episódio "Cadeiras de roda". Em 2008, ele foi diagnosticado com a má formação de uma veia da sua espinha dorsal, também conhecida como hemangioma, e era preciso fazer uma cirurgia de emergência. Brad passou meses em recuperação, e o antigo *personal trainer* ficou em uma cadeira de rodas. Ele está de pé novamente, mas essa provação inspirou-o a usar *Glee* como uma abordagem acessível para lidar com as questões de deficiências.

A Fox ficou tão impressionada com o trabalho de Brad em *Glee* que fez um contrato com ele de sete dígitos. Ele irá trabalhar em vários projetos para a emissora como roteirista, diretor e produtor. "Brad é extremamente versátil e tem talento para trabalhar em equipe", comentou Dana Walden, presidente da 20th Century Fox Television. "O tom de *Glee* é tão específico que precisa de um equilíbrio delicado. Se você pode dirigir *Glee* com sucesso, provavelmente pode dirigir qualquer coisa."

Mas, como Ryan Murphy já havia descoberto, talento e um contrato multimilionário não garantem que todo o seu trabalho seja produzido. Após o

Foi o roteiro original para um filme de Ian que deu início a tudo.

fracasso do piloto de *Pretty Handsome* na F/X, Ryan e Brad queriam fazer alguma coisa completamente diferente, e a ideia de fazer um musical para a televisão ficava surgindo toda hora. Mas eles precisavam descobrir como fazer o formato funcionar. Nenhuma série musical na televisão tinha dado certo desde *Fame*, na década de 1980. *Cop Rock* durou uma escassa temporada em 1990, e *Viva Laughlin*, o musical da televisão de 2007 com Hugh Jackman, foi cancelado depois de dois episódios. Até mesmo os "às vezes musicais" *Eli Stone* e *Pushing Daisies* (*Pushing Daisies: Um Toque de Vida*) também não foram muito longe. Mas com programas como *American Idol* e *Hanna Montana* se tornando fenômenos da cultura *pop*, o público parecia pronto para esse gênero – desde que fosse o programa certo.

Enquanto Ryan fazia pesquisas para esse ilusório projeto, o produtor de televisão Mike Novick, um conhecido casual que frequentava a academia de Ryan, coincidentemente abordou Ryan com um roteiro de filme sobre o clube de coral de uma escola do ensino médio, escrita pelo amigo de Mike, Ian Brennan, em 2005. Depois de o roteiro ser rejeitado por vários produtores de Hollywood, Mike percebeu que havia apenas uma pessoa que poderia dar valor a um projeto tão criativo e original: Ryan Murphy. "Conhecendo-o e sendo fã do seu trabalho em *Nip/Tuck*, *Popular* e *Correndo com tesouras*, eu sabia que ele tinha o tom cômico e a sensibilidade, que são muito particulares em Ryan", explicou Mike ao *Los Angeles Times*. "Muitos escritores, diretores e produtores daqui passam reto pela velha história de se fazer uma série de escola secundária musical, e eu achei que o Ryan entenderia. A criatividade começa com ele." Ryan leu o roteiro e adorou, e a parceria entre ele, Brad e Ian começou.

Tendo crescido em Mount Prospect, em Illinois, Ian Brennan era um aspirante a ator que cantava, sem muito empenho, em corais. Na verdade, ele odiava tudo que se referisse a corais, mas fazia isso porque o diretor do coral também dirigia o clube de teatro, e Ian achava que, ao se inscrever para cantar, teria mais chances de ser escolhido para um papel. Isso funcionou, e Ian estrelou várias produções da escola, ao mesmo tempo em que participava das *performances* do clube do coral. O professor de teatro de Ian, John Marquette, teve mais influência sobre ele do que a sua participação no clube do coral: o personagem de Will Schuester é baseado nesse engajado professor.

O interesse de Ian em atuar tinha a mesma origem que o interesse de Ryan e Brad – um desejo de sair da pequena cidade e procurar por alguma coisa melhor. Enquanto crescia, Ian não via a hora de poder sair de Mount Prospect e alcançar fama e fortuna. "Eu acho interessante que exista uma coisa em todo mundo, um desejo por alguma coisa transcendente, especialmente em um lugar como Mount Prospect, um lugar muito suburbano, normal e chato", disse ele. "Mesmo em lugares assim, existe o desejo de brilhar."

A paixão de Ian por atuar continuou com ele e, depois do ensino médio, ele foi para a Universidade de Loyola, em Chicago, para estudar teatro. Assim que se formou, Ian lutou para se consagrar como ator em Chicago e Nova York antes de tentar ser roteirista. O ator não podia ignorar a sua ideia para um filme sobre apresentações de coral inspirado nos seus dias de escola e nos horrores das suas próprias experiências no clube do coral. "É um fenômeno tão estranho", diz ele, "isso não existe a não ser nas escolas e talvez em cruzeiros. Eu achei que aí havia potencial para algumas boas histórias". Muito do que você vê em *Glee* – Sandy descontando nos alunos, o *bullying*, as ovadas – vêm direto da vida de Ian. "Quando estou escrevendo as cenas, invariavelmente vejo a Escola Secundária de Prospect", explica ele. "Como um dos meus colegas de classe que foi rolado ladeira abaixo em um banheiro químico, o que é horrível."

O roteiro original de *Glee* foi a primeira coisa que Ian escreveu, exceto alguns esboços simples na escola, e isso impressionou Ryan. "Eu o li, e disse:

'Bom, eu não acho que seja um filme, mas amei o título e a ideia. Vamos fazer, e talvez isso vire uma série para a TV'", explicou Ryan. Depois de se debater com o roteiro original para um filme, Ian sentou-se com Ryan e Brad e o reescreveram para a televisão.

O resultado pode ter vindo da ideia de Ian, mas tem a marca de Ryan Murphy por toda a série. Apesar dos finais emocionantes e felizes, *Glee* é salpicado de humor negro e observações cínicas. "Eu quero (queria) fazer uma série que fosse muito emocionante e gentil", diz Ryan. "Mas não se engane. Ela ainda é crítica." O astro Cory Monteith, que interpreta o vulnerável atleta Finn Hudson, definiu bem durante a Comi-Con de 2009: "É como se

A maior estrela (dourada!) de *Glee*, a veterana da Broadway, Lea Michele.

o *High School Musical* tivesse sido socado no estômago e tivessem roubado o dinheiro do seu almoço".

Ryan, Brad e Ian mostraram a ideia para a Fox na primavera de 2008, e a emissora decidiu fazer no mesmo dia. Foram encomendados mais quatro episódios e a equipe precisava começar a trabalhar. Escolher o elenco foi difícil, pois todos na série precisavam ser multi-habilidosos e parecer alunos do ensino secundário. Para enfatizar a ideia de que qualquer um pode ser uma estrela, Ryan insistiu em selecionar para os principais papéis apenas atores desconhecidos. A equipe de seleção viu perto de 3 mil esperançosos antes de se decidir pelo elenco dos sonhos, arrancando astros como Matthew Morrison, Lea Michele e Jenna Ushkowitz da Broadway, e outros como Cory Monteith, Chris Colfer, Amber Riley, Dianna Agron e Mark Salling de uma relativa obscuridade.

Depois de o elenco ser selecionado, os direitos musicais serem assegurados e o piloto ser filmado, a Fox arranjou para que fosse apresentado o episódio de estreia no dia 19 de maio de 2009, logo após o último episódio da temporada do *American Idol*, meses antes que qualquer outra série da programação de outono estivesse escalada para estrear. De início, Ryan, Brad e Ian relutaram em assumir uma atitude tão arriscada, mas no final aceitaram a ideia. Isso nunca havia sido feito antes e poderia criar toneladas de rumores sobre a série, com sorte criando uma propaganda de boca a boca que duraria por todo o verão. Milhões de pessoas assistem ao *American Idol*, e associar *Glee* a ele deu ao programa de Ryan uma audiência já pronta. Ryan admite: "Foi como ter o *trailer* de seu filme passando antes do *Titanic*, de James Cameron".

American Idol pode ter uma força impossível de parar quando se trata das estatísticas de audiência, mas cerca de 9,62 milhões de pessoas ligaram a televisão para assistir à estreia da mais nova série da Fox na primavera – um número respeitável, mas não de cair o queixo –, e as reações foram das mais diversas. Alguns críticos adoraram a série, alguns odiaram e outros viram o seu potencial, mas ficaram se perguntando se teria audiência. Mas os seus fãs tinham fé e já estavam gritando por mais. Eles foram encorajados pelo endosso de alguns escritores sérios sobre entretenimento. Ken Tucker, crítico de televisão pela *Entertainment Weekly* escreveu: "[*Glee*] é muito bom – muito engraçado, tão pulsante, com personagens vibrantes – que derruba qualquer tipo de ressalva que você pudesse ter. *Glee* não irá parar até que conquiste você completamente". O *Los Angeles Times* concordou: "O único problema de verdade com *Glee*, a nova série de comédia e musical da Fox, que estreia hoje à noite, é que os espectadores terão de esperar quatro meses inteiros para assistir ao próximo episódio".

O grande elenco de *Glee* com o seu primeiro disco de ouro! E ainda virão muitos mais!

A série por si só não era o único motivo para rumores. A música também conquistou a sua própria audiência. A versão de *Glee* de "Don't Stop Believin'" estreou em segundo lugar no iTunes quando foi liberada em maio e foi baixada 177 mil vezes na semana seguinte à estreia. A versão original da banda Journey também recebeu uma surpreendente impulsão, com as suas músicas sendo 48% mais baixadas na mesma semana. Sem dúvidas os executivos de televisão da Fox também estavam felizes – eles iriam tirar a sorte grande com a cultura *pop*. Como as incontroláveis forças comercias de *High School Musical* e *Hannah Montana*, *Glee* tinha oportunidades embutidas para produtos relacionados (CDs, turnês ao vivo etc.) e um público ávido que queria em sua vida tanto *Glee* quanto pudesse ter. A Fox também tinha tido um sucesso significativo vendendo as *performances* do *American Idol* pelo iTunes, e parecia que *Glee* poderia repetir, ou até superar, esse sucesso. Rapidamente a emissora encomendou oito episódios adicionais, aumentando o total inicial de cinco para treze episódios.

Nunca uma série havia criado uma base tão fanática de fãs antes da estreia oficial. Em todos os lugares surgiram sites e comunidades *online* de fãs de *Glee*. A Fox lançou um concurso "Maior *Gleek*" e deixou o piloto disponível no seu site e através do Hulu.com para que os fãs pudessem descobrir a série antes que ela voltasse em setembro. Eles também ofereciam vídeos da outra grande música do piloto, "Rehab", assim como uma pré-estreia gratuita da *performance* de "Gold Digger" do próximo episódio, no iTunes, e vários vídeos dos bastidores eram lançados durante o verão. O elenco de *Glee* participou de uma turnê pelos *shoppings* da rede Hot Topic através dos Estados Unidos, em Boston, Nova York, Filadélfia, Chicago, Minneapolis, Houston, Dallas, Denver, Los Angeles e Washington, D.C., no final de agosto, para aumentar o alvoroço para a estreia oficial em outono. Centenas de fãs vieram ver os seus atores preferidos e todos estavam impressionados com a reação. Parecia que esse grupo de desajustados tinha uma grande chance de se tornar popular.

Quando *Glee* fez o seu grande retorno em 9 de setembro, não desapontou. O episódio registrou o maior índice de audiência das estreias daquela temporada, e na semana seguinte a Fox encomendou uma temporada completa com 22 episódios. Na sua primeira temporada, *Glee* manteve uma média de oito a dez milhões de espectadores por episódio, mas a série já tinha extrapolado de audiência mediana para um verdadeiro fenômeno. Quando *Glee* fez o intervalo na metade da temporada em dezembro de 2009, mais de quatro milhões de músicas da série haviam sido baixadas. A primeira trilha sonora, *Glee: The Music, Volume 1*, começou em quarto lugar na Billboard Hot 200 quando foi lançada, em 3 de novembro de 2009, e recebeu o disco de ouro antes do fim do ano. O elenco de *Glee* tinha 25 músicas na Billboard Hot 100 em 2009, uma realização superada apenas pelos Beatles, que tiveram 31 músicas na lista, em 1964. As outras trilhas sonoras e *singles* continuaram a sumir das prateleiras enquanto os membros do elenco de *Glee* se consolidavam como alguns dos atores musicais mais populares de todos os tempos, sendo sondados para filmes, *shows* da Broadway, contrato de patrocinadores, contrato com gravadoras e mais. Verdadeiramente uma sensação da cultura *pop*, a segunda temporada de *Glee* foi encomendada em 11 de janeiro de 2010, tornando-a a primeira série de todas as emissoras a ser renovada e reassegurando-a como uma das melhores séries da temporada. Em uma atitude sem precedentes, a Fox encomendou a terceira temporada de *Glee* antes que toda a primeira temporada tivesse ido ao ar. *Glee* tinha se tornado uma força que não podia ser parada.

This is how we do it: o "making of" de *Glee*

De acordo com o *New York Times*, cada episódio de *Glee* leva dez dias para ser filmado e custa mais de 3 milhões de dólares. São três dias a mais e 50% mais caro que o custo normal de uma série do horário nobre, com uma hora de duração. O programa tem uma grande e talentosa equipe que trabalha junto para fazer cada episódio a partir de algumas notas soltas até virar uma sinfonia na TV.

Tudo começa com o roteiro. Ryan, Brad e Ian escrevem cada episódio de *Glee* (apesar de apenas um homem receber o crédito de roteirista por cada episódio), caracterizando-se como um pequeno e anormal time de roteiristas para uma série de TV com uma hora de duração. Durante a produção, o talentoso trio se reúne no Chateau Marmont, em West Hollywood, todos os domingos à noite para ter ideias para o próximo episódio. A partir daí, eles decidem qual vai ser a trama e as diferentes linhas da história, criando um primeiro esboço para levar aos ensaios. As tardes (e às vezes as noites) no *set* de *Glee* são normalmente reservadas para as leituras de mesa, ensaios ou filmagem de cenas. Quando é hora de filmar, cada cena é feita quatro ou cinco vezes antes de ficar pronta. O roteiro muda o tempo todo conforme eles descartam alguma coisa que não deu certo, adicionam coisas que funcionam ou mantêm alguma boa fala que algum ator improvisou.

Ryan, Brad e Ian são o braço criativo de *Glee*, mas é Dante Di Loreto, formado na American Film Institute, que mantém a programação em dia e lida com qualquer crise criativa, pessoal ou legal que apareça. Originalmente Dante trabalhou com Ryan e Brad em *Pretty Handsome*, e foi com eles para *Glee*.

Dante Di Loreto, um dos produtores executivos, é o mágico que fica atrás das cenas.

Como um dos produtores executivos de *Glee,* Dante pega o que Ryan, Brad ou Ian inventam e transforma em realidade. "Eu gosto de descrever isso como o corpo humano", explica Brad. "Ian, Ryan e eu escrevemos o roteiro e, nessa configuração, é como se Ryan fosse o cérebro, eu, o coração e Ian, a veia cômica. Ian é toda a diversão. Então nós escrevemos o roteiro, Ryan e eu dirigimos os episódios, Dante lida com toda a merda, eu gosto de dizer, toda a enorme montanha de coisas legais".

This is how we do it: o "making of" de *Glee*

Quando o episódio já está com o roteiro pronto, Ryan escolhe os números musicais que irão aparecer. Brad e Ian prontamente admitem que Ryan é a força motriz por trás da música na série. "Se usássemos as músicas que eu gostaria de ouvir, ninguém assistiria ao programa", brinca Ian. Brad leva crédito por alguns dos rocks clássicos que estão no programa, mas diz que Ryan é o DJ oficial de *Glee*. O seu conhecimento musical e ouvido para o que funciona e o que não funciona são misteriosos, mas até mesmo Ryan não sabe ao certo por que ele é tão bom nisso. "A melhor parte do meu trabalho é escolher as músicas. As pessoas me perguntam como eu faço, e é meio bizarro, eu não sei", diz ele. Lea Michele, que dança e canta na Broadway desde os oito anos de idade, elogia o responsável pelo planejamento. "O cérebro do Ryan Murphy é o iTunes. Eu nunca conheci alguém com o vocabulário musical tão incrível como o dele."

Não é só ter uma longa lista mental de músicas que faz de Ryan tão especial, mas a visão que ele tem para jogar todos os tipos de música na mistura. *Rap*, *pop*, *R&B*, canções de musicais, *country*: todas acham o seu lugar em *Glee*. Apesar de Ryan ter a palavra final, todos da equipe e do elenco são encorajados a palpitar nas músicas. Algumas vezes elas são tiradas de experiências da vida real, algumas são preferências pessoais ou alguma que foi cantada em uma das sessões improvisadas do elenco. "Bust Your Windows", "Sweet Caroline" e "Ride Wit Me" foram todas incluídas na série depois de serem ouvidas no *set*. Mas a história sempre vem em primeiro lugar. "Nós vamos conhecer a história e a cena primeiro e normalmente sabemos: 'Ah, a música que precisa entrar aqui é a tal'" explica Brad. Ryan concorda: primeiro vem a história, e as músicas vêm em segundo lugar. "Brad, Ian e eu escrevemos o programa, escrevemos todas as falas e, antes de tudo, o que nós fazemos é pensar qual vai ser o tema daquele episódio. O que os personagens estarão fazendo?", diz Ryan. "E depois, para ser bem honesto, eu volto para casa e fico perambulando até as duas da manhã, tentando me lembrar de quando eu estava no quinto ano, do que a minha mãe fazia quando tinha um ataque de nervos e de quais músicas eu me lembrava. É tudo muito pessoal."

Uma vez que as músicas tenham sido escolhidas, o supervisor de músicas P.J. Bloom adquire os direitos para usá-las na série, colocá-las nas trilhas sonoras e vendê-las no iTunes. No início, adquirir os direitos era difícil, e os produtores precisavam explicar aos artistas e às gravadoras o que era *Glee*, para que eles concordassem em dar a licença. Bryan Adams e Coldplay são alguns dos artistas que originalmente se recusaram a ter as suas músicas na série (apesar de o Coldplay logo ter oferecido uso total do seu catálogo). Conforme *Glee* se tornava cada vez mais popular, adquirir os direitos foi ficando mais fácil, com artistas como Rihanna, Beyoncé e Madonna oferecendo os seus catálogos por valores reduzidos de licença.

Com os direitos garantidos, a equipe de música de *Glee*, liderada por Adam Anders, recebe a sua deixa para assumir. Nascido em Estocolmo, na Suécia, filho de músicos clássicos, Adam passou a maior parte dos seus primeiros dez anos de vida em Tampa, na Flórida. Ele foi um amante dedicado da música desde cedo, começando uma banda com a irmã e o irmão aos 12 anos de idade e matriculando-se em cursos de música na University of South Florida quando ainda frequentava o ensino médio. Aos 17 anos, Adam mudou-se para Nashville e tentou entrar na música *country*, passando as noites trabalhando em fábricas e os dias procurando bicos na música. Em 1997, ele conheceu a sua futura esposa (e futura parceira e produtora musical) Nikki Hassman. Adam começou a trabalhar com a Nikki, como aspirante de músico, e percebeu que os seus talentos seriam mais bem aproveitados em um estúdio que no palco. O casal mudou-se para Los Angeles, e Adam começou a fazer remixagem de músicas para filmes, televisão e programas *pop*. Em 2000, Adam conseguiu o seu primeiro grande sucesso com uma música do grupo Backstreet Boys, "More Than That", e não olhou mais para trás. O seu dom para remixar músicas lhe trouxe muito sucesso, tendo escrito ou produzido sucessos para *Camp Rock, High School Musical 3* e *Hanna Montana: o filme*.

Após ter escrito canções-tema para programas da Fox como *Back to You* e *K-Ville*, Adam ganhou a sua chance de trabalhar em *Glee*. Ryan estava procurando um produtor musical que tivesse um toque mágico e, depois de testar várias pessoas que não se mostraram adequadas, a Fox juntou Ryan com Adam. O histórico de produtor de *High School Musical* deixou Ryan apreensivo, mas depois que Adam transformou "Rehab" na marca registrada do Vocal Adrenaline, ele conseguiu o trabalho.

Contratar Adam teve uma complicação – o seu parceiro musical, Peer Åström, que se telecomunicava com Adam da Suécia! Adam tornou a telecomunicação possível trabalhando em estúdios em Nova York e Los Angeles. Ele jura que as diferenças de fuso horário, na verdade, fazem o processo mais simples. Adam explica: "Nós usamos a diferença de horário a nosso favor, então quando eu vou para a cama, ele continua trabalhando, e vice-versa – basicamente 24 horas por dia, seis dias por semana".

Adam e a sua equipe trabalham nas músicas desde alguns dias até semanas seguidas, dependendo de quão complicados sejam os arranjos. Durante esse processo, Adam e sua esposa fazem os vocais temporários enquanto o elenco está ocupado com outras coisas. "Ela é a minha arma secreta em *Glee*", diz Adam. Quando os arranjos estão prontos e aprovados, o elenco substitui os vocais para a produção final. Os vocalistas principais são gravados separadamente, mas o grupo grava junto para manter a harmonia e fazer os *backing vocals*. Uma vez que as músicas estão prontas, elas entram na fase de pós-produção, tanto a versão para *download* quanto a versão que vai para as cenas, simultaneamente. É um processo em ritmo acelerado e frenético, e um único Adam não conseguiria supervisionar tudo sem a sua equipe maravilhosa. "Todos que trabalham na minha equipe são supertalentosos; tudo que eles trazem para o trabalho é de primeira linha", diz ele. "Na verdade, você só tem uma chance quando o tempo para trabalhar é tão limitado. É disso que eu tenho mais orgulho: como nós temos sido capazes de conseguir fazer tantos sucessos de tão alto nível."

Adam admite que as músicas mixadas que Ryan pede que ele faça são de longe as mais difíceis. "Algumas dessas músicas não combinam!", ele brinca. Mas, de alguma maneira, ele faz que elas combinem, e agora já tem até confiança para sugerir uma música ou outra. O que quer que Adam esteja fazendo, ele precisa continuar fazendo! Graças a *Glee*, ele é o primeiro produtor a ter 18 sucessos no Top 100 do iTunes ao mesmo tempo.

Mas a verdadeira mágica de *Glee* acontece no *set* de filmagem, e não no estúdio. Fazer as músicas darem certo no contexto da série é um grande desafio, mas Ryan Murphy faz isso com três estratégias principais. Primeiro, sempre há algo para todos os gostos. Se você não estiver gostando da primeira música da noite, espere mais cinco minutos, e mais alguma coisa entrará no seu caminho. Essa trilha sonora eclética, porém conhecida, é uma escolha proposital. "O segredo da música é usar o que a maioria das pessoas conhece", revela Ryan. "É por isso que eu acho que tanta gente adora o *American Idol*, porque, de alguma maneira, é um tipo de *comfort food** musical." Segundo, a dança e as canções em *Glee* não acontecem sem uma razão. Enquanto os musicais tradicionais necessitam de uma suspensão da incredulidade (será que alguém acha estranho que as pessoas simplesmente comecem a cantar e a dançar ao acaso?), os números musicais de *Glee* são baseados na realidade. Ryan foi muito claro em relação a isso desde o início, insistindo: "Olha, se vai haver cantoria, então teremos três regras: será feito [quando] estiverem no palco ensaiando ou se apresentando, ou [quando] estiverem na sala de ensaios, ou se estiverem em algum tipo de fantasia que tenha sido localizada no palco, e você consegue perceber que eles estavam

---

* N.T.: *Comfort food* é uma tendência alimentar que usa os alimentos para despertar emoções.

Glee em abundância! O elenco e Ryan Murphy celebram a conquista do Globo de Ouro 2010 por Melhor Série Cômica.

ensaiando na cabeça deles, ou se apresentando no auditório o tempo todo". E em terceiro lugar, a música tem de combinar com a série tanto no estilo quanto no tema. Cada episódio é centrado em um tema importante, e as músicas são selecionadas para reforçar esse tema, adicionando profundidade e complexidade às narrativas da série.

 A equipe de *Glee* soube que tinha alcançado as notas mais altas com a sua fórmula de músicas quando fãs do mundo inteiro começaram a baixar as músicas da série, com números recordes. Logo a Fox foi procurar uma gravadora, mostrando *trailers* de quatro minutos para os maiores selos. A Columbia acreditou no projeto de imediato e sabia que tinha potencial para ser um grande negócio. Rob Stringer, presidente da Columbia/Epic Label Group, foi quem orquestrou o acordo com a Fox e *Glee*. "Todos os outros disseram: 'Ah, isso pode dar certo', mas Rob disse: 'Eu acho que vocês não sabem o que têm nas mãos'", disse Ryan à *Billboard*. "Ele sempre teve um plano e uma paixão." Rob, cuja companhia agora tem um contrato exclusivo para todas as músicas de *Glee* e tem direitos de preferência em contratos de gravações dos membros do elenco, é mais modesto. "Nós sabíamos que assim que a série fosse ao ar, seria ótimo. Mas para ser honesto, eu não achei que teria tanto sucesso tão rapidamente. Achei que precisaria de um tempo para as pessoas se encantarem, mas a reação foi instantânea." Rob não está sozinho nessa surpresa. "Em todos esses anos em que eu trabalho nesse ramo, nunca trabalhei com nada parecido", diz Geoff Bywater, chefe musical da Fox Television. "É um verdadeiro fenômeno cultural, que você pode sentir."

Uma vez que os caminhos haviam sido escolhidos e decididos, era hora de deixar o elenco tinindo. Ryan e Adam podem ser as mentes musicais, mas é Zach Woodlee que faz que eles dancem. Nascido em 27 de abril de 1977, em Mesquite, no Texas, Zach tem a dança no sangue. Seus pais eram donos de um estúdio de dança, e a sua mãe era uma animadora de torcidas do Dallas Cowboys. Zach e seus três irmãos pegaram o "vírus" da apresentação cedo e ensaiavam no estádio dos Cowboys depois do treino de futebol americano. Ele costumava ajudar a mãe a coreografar os *shows* do intervalo do United Way. Ele se lembra: "Nós ficávamos no estacionamento e ela nos dava os códigos de tempo e de cores, e nós todos podíamos ser líderes de linha. Foi assim que eu aprendi a trabalhar com padrão e a tirar proveito dele".

Depois de concluir o ensino médio, Zach estudou na University of North Texas, e fez carreira planejando recreação e entretenimento em uma comunidade de aposentados. Apesar de gostar do seu trabalho, a dança o atrairia para longe, e ele se mudaria para Los Angeles com um amigo. Ele trabalhava no Starbucks de manhã e passava as tardes no Performing Arts Center, em Van Nuys. Em 2004, todo o seu trabalho duro foi recompensado por um trabalho como dançarino na turnê da Madonna, *Re-Invention*.

Depois de gravar um vídeo da LeAnn Rimes, Zach ficou intrigado com o que acontecia por trás das câmeras e decidiu modelar sua carreira depois de coreografar para Anne Fletcher, que o contratou como assistente para o filme de 2006 *Step Up* (*Ela dança, eu danço*). A partir daí ele coreografou para *Hairspray, 27 Dresses* (*Vestida para casar*), *Get Smart* (*Agente 86*), *Fired Up!* (*Pelas garotas e pela glória*) e *Eli Stone*. Como Zach gosta de dizer, "uma coisa levou à outra" e ele foi contratado para fazer a coreografia do piloto de *Glee*. Ele teve um dia e meio para criar todas as danças para o episódio, mas Zach estava pronto para o desafio. Depois do sucesso do piloto, ele foi contratado, e a sua participação em *Glee* aumentou. É Zach quem decide em que palco será feita a apresentação, quantas pessoas estarão em cada número, quanto vai durar cada *performance* e se eles precisam de dançarinos extras. Como resultado, agora ele recebe crédito como coprodutor.

Para Zach, a *performance* e a coreografia precisam acrescentar algo à narrativa da série. "Eu acho que uma das coisas do número é contar uma história. Você precisa fazer que os atores se sintam bem à vontade e sabendo que milhões de pessoas vão assisti-los dançando."

Como quase todos os membros do clube de *Glee* precisaram de um rápido curso de dança com o Sr. Schuester, no piloto de *Glee* a maioria do elenco também não estava com todas as suas habilidades prontas quando foi contratada. Apenas Heather Morris (Brittany) e Harry Shum Jr. (Mike Chang) tinham experiência em dança profissional, e todo o resto do elenco rapidamente admite que dançar é a parte mais difícil de estar em *Glee*. Os ensaios de dança são feitos quase todos os dias às 7 da manhã e, dependendo do que precise ser trabalhado, pode ser um ensaio curto, de três horas, ou longo, de 12 horas. Às vezes, a equipe precisa trabalhar vários números de dança de uma vez. O grupo acompanha os passos de Zach sem a música para aprender o ritmo antes de fazer uma tentativa com a música que o elenco gravou mais cedo. Quando a *performance* inteira está pronta, é filmada e incorporada ao episódio, sem cortes.

Do roteiro à música e à dança, a produção de *Glee* não pode ter nenhum erro, como um número do Vocal Adrenaline. Com tanta coisa acontecendo, o elenco e a equipe estão normalmente trabalhando em vários episódios ao mesmo tempo. Eles podem ter ensaios de dança para um episódio de manhã, passar a tarde filmando outro episódio e, então, passar a noite gravando trilhas sonoras para um terceiro episódio. E ainda assim, quando os episódios finalizados alcançam o público em qualquer lugar, não dá para perceber essa maratona de trabalho diária, e nada pode impedir a alegria natural do elenco e da equipe de brilhar.

You're the one that I want: personagens principais

Matthew Morrison (Will Schuester)

Data de nascimento: 30 de outubro de 1978
Apelido: Matty Fresh
Música de teste: "Rocket Man", do Elton John, "On the Street Where You Live", de *My Fair Lady* e "Over the Rainbow", de *The Wizard of Oz* (*O mágico de Oz*) (com uma guitarra havaiana)

Matthew Morrison é o integrante de *Glee* veterano do *showbiz*. Filho único, nascido em uma base militar, de mãe enfermeira e pai que trabalhava como parteiro em Ford Ort, na Califórnia, Matthew pegou o "vírus" da interpretação em um acampamento de teatro quando tinha dez anos de idade. A paixão permaneceu e ele se matriculou na Orange County High School of the Arts, onde se sobressaiu. "Eu me diverti muito", admitiu ele para a *Parade*. "Acho que era um dos garotos populares. Eu jogava futebol, era representante da classe – até namorei a rainha do baile." Matthew ficou dividido entre se dedicar às artes ou aos esportes, e até tinha ambição de jogar no time de futebol nacional sub-17. Felizmente, os seus professores de teatro o convenceram a continuar com as artes, pois havia um grande potencial no teatro para o novato habilidoso.

Depois do ensino médio, matriculou-se na New York University's Tisch School of the Arts. A exigente faculdade proíbe alunos do primeiro e segundo ano de fazerem testes para papéis. Ansioso para começar a sua carreira, Matthew ignorou essa regra. Ele arranjou um empresário e conseguiu papéis nas versões da Broadway de *Footlose* (*Footlose – Ritmo louco*) e *The Rock Horror Show*. Em 2001, teve um verdadeiro momento "Acafellas" quando foi recrutado para a banda masculina LMNT (pronuncia-se "element" – elemento, em inglês), composta por Matthew e alguns rejeitados do *reality show* da ABC de 2000, *Making Band*. A sua boa aparência e seus muitos talentos tornaram-no perfeito para a tendência de bandas masculinas, mas a união não deu certo. Matthew detestou a experiência e deixou o grupo antes de lançarem o primeiro CD.

A sua grande chance veio quando ele ganhou o papel de Link Larkin na produção original de *Hairspray* da Broadway, em 2002. Esse papel deu-lhe credibilidade na comunidade teatral, e em 2005 ele foi indicado a um Tony pelo seu papel em *The Light in the Piazza* (*Luz na praça*). Depois de deixar a produção mais tarde nesse mesmo ano, Matthew tentou entrar na TV e no cinema, gravando cinco pilotos para a televisão de várias temporadas. O ator trabalhou duro e conseguiu pequenos papéis em séries como *Sex and the City*, *CSI: Miami*, *Numb3rs*, *Law & Order: Criminal Intent* (*Lei & ordem*) e *As the World Turns* e em filmes como *Dan in Real Life* (*Eu, meu irmão e nossa namorada*), *Primary Colours* (*Segredos do poder*), *Music & Lyrics* (*Letra e música*), *Once Upon a Mattress* e *Marci X* (*A dama do* rap), antes do papel que definiria toda a sua carreira.

Enquanto Will Schuester parece confortável cantando os *raps* dos anos 1990, foram os desafios da Broadway que impressionaram Ryan Murphy. Ajudou o fato de *Glee* precisar de um homem que pudesse cantar e dançar, que não só parecesse um professor de uma escola de cidade pequena, mas que também fosse agradável cantando "Thong Song", "Endless Love", e tudo que estivesse no meio dessas duas canções. Aparentemente, esse tipo de ator é difícil de encontrar. "Você acha que deve ter um monte de bonitões de trinta anos que podem cantar, dançar e atuar, mas na verdade não tem", admite Brad Falchuk.

Por sorte, Matthew era perfeito para o papel de Sr. Schuester. "Eu adoraria dizer que é um grande esforço para mim fazer esse papel, mas combina muito bem comigo", diz ele. Matthew até teve as mesmas ambições profissionais que seu personagem. "Provavelmente eu não deveria dizer isso, porque estarei me desvalorizando como ator, mas acho que se não tivesse ido para Nova York, eu teria ido para o Chico State, no norte da Califórnia, e provavelmente teria feito teatro, voltado para o sul da Califórnia e virado professor de teatro em escolas de ensino médio."

Existem algumas desvantagens no sucesso, e Matthew admite que não é um grande fã da fama que a série lhe trouxe. Ele se considera como alguém que evita as pessoas, mas está melhorando. "Com certeza eu nunca fui tão reconhecido na minha vida. Eu até que gostava do meu anonimato. Mais pessoas me viram no piloto de *Glee* do que nos dez anos em que trabalhei na Broadway. Mas as pessoas sentem uma ligação maior com você porque veem você na sala da casa delas." Matthew adora golfe, corridas, boxe, paraquedismo e andar de bicicleta, e usa esses esportes solitários para fugir das exigências de Hollywood.

Apesar do desejo de manter a vida pessoal longe dos holofotes, Matthew está muito feliz com sua vida profissional. "Sempre há espaço para todos no teatro, e eu também acho que ele traz muita alegria para as pessoas. Você pode jogar futebol só por um tempo. Você sempre vai poder cantar. Você sempre vai poder dançar", disse ele à *After Elton*. "É um presente incrível, e eu estou muito orgulhoso de fazer parte disso."

Lea Michele (Rachel Berry)

Data de nascimento: 29 de agosto de 1986
Apelido: Child star
Músicas de teste: "On My Own", de *Les Misérables*

Nascida no Bronx, em Nova York, Lea Michele Sarfati é meio italiana e meio espanhola, meio católica e meio judia, e 100% pura artista. A estrela em ascensão cresceu em Tenafly, em Nova Jersey. Filha de mãe enfermeira e de pai dono de lanchonete, ela começou a mostrar as suas habilidades nos palcos da Broadway quando tinha apenas nove anos de idade. Estreou como substituta no papel da jovem Cosette na produção original em Nova York de *Les Misérables*, e foi passando por outros papéis, como a produção original da Broadway de *Ragtime,* em 1998, e a remontagem da Broadway de *Fiddler on the Roof* (*Um violinista no telhado*), em 2004. Assim como acontece com Rachel, os colegas de classe de Lea no Tenafly High School a viam simplesmente como "a garota dos *shows* musicais" e nunca realmente a entenderam. Quando criança, eles também caçoavam dela por causa do seu sobrenome, Sarfati, e por isso, ela desistiu dele logo no início da carreira.

Depois da escola, Lea foi aceita na Tish School of the Art na New York University (a mesma que seu colega de elenco, Matthew Morris, havia frequentado), mas ela não aceitou a vaga. Em vez disso, continuou o seu trabalho nos palcos. No final das contas, tomou a decisão acertada, pois isso a levou à sua grande chance, com o papel de Wendla Bergmann, a personagem principal da produção da Broadway de *Spring Awakening,* de 2006.

Na verdade, foi por causa desse papel que Ryan Murphy escreveu o papel de Rachel Berry pensando em Lea. Ryan tinha visto Lea atuar depois de ter trabalhado com seu colega de elenco de *Spring Awakening,* Jonathan Groff, no piloto de *Pretty Handsome*. "Quando eu vendi o piloto de *Glee* e comecei a escrever o papel, eu disse que só havia uma garota que poderia interpretá-lo", disse Ryan à *E!Online*. "Mas ninguém queria lhe dar uma chance, porque ela nunca tinha feito nada a não ser Broadway, então eu disse a ela: 'Eu quero você para esse papel, mas você vai ter que passar por todo o processo de audições da seleção', e ela foi fantástica... Ela abriu a boca [e cantou] e todos os caras estavam chorando, e eles a contrataram literalmente na hora, ali na sala."

Apesar de ser grata pelo papel, Lea admite que a transição para a TV é um pouco difícil. "Acordar às 6 da manhã é algo diferente para mim. Eu realmente sinto falta da excitação de estar em frente ao público e de me alimentar dessa energia. Todos os dias, trabalhamos em uma cena, e trabalhamos duro, e aí você dá tchau para aquela cena e passa para a próxima. Enquanto no teatro você está contando a mesma história todas as noites, o que é ótimo e tão interessante: trazer vida nova à mesma história e mantê-la viva e real." Agora Lea não só tem de acordar antes de o sol nascer, como também tem de bancar uma personagem superanimada na TV enquanto ainda está acordando! Lea afirma que a combinação de bastante descanso, cafés matinais e dieta vegetariana ajudam-na a "ter bastante energia para interpretar a corajosa Rachel Berry".

A estrela nascente sabia que queria atuar desde pequena, e agarrou cada oportunidade de participar de um *show*. Ela disse ao *Los Angeles Times*: "Eu sempre quis atuar. Em todos os vídeos de Natal da família estou cantando 'Santa

Baby' e fazendo um pequeno *show* para a família toda". Não é de admirar que ela já tenha recebido indicações para o Globo de Ouro e Emmy por Melhor Atriz em Série de Comédia. E como o seu *alter ego* atrevido, ela cita Barbra Streisand como um dos seus ídolos, e *Funny Girl* (*Uma garota genial*) como seu filme favorito – duas coisas que com certeza ajudaram-na a arrasar na *performance* de "Don't Rain on My Parade" da sua personagem, em "As seccionais". "O fato de Ryan Murphy ter confiado em mim e me dado essa oportunidade é incrível", disse Lea ao *Wall Street Journal*.

Lea sabe que não é só a energia inesgotável de Rachel que a faz ser uma personagem desafiadora de interpretar – também é a sua determinação firme. Felizmente, nesse quesito, Lea vê muito de Rachel em si mesma. "Nunca fui igual a ninguém no ensino médio; eu não ligava para as coisas que eram importantes para os outros. Basicamente, eu sabia o que queria ser e o que queria fazer, desde pequena. Nesse ponto, realmente me identifico com a minha personagem. Se você perguntar ao elenco, eles dirão que sou muito parecida com a Rachel." Mas essa é uma comparação que deixa Lea orgulhosa, já que ela vê muitas qualidades admiráveis em seu *alter ego* das telas. "Eu a respeito muito: a sua confiança, quem ela é, e eu sei que isso parece brega, mas acho que ela é um exemplo incrível para as garotas mais novas. Ela não deixa a opinião dos outros impedi-la de ser quem ela é."

Cory Monteith (Finn Hudson)

Data de nascimento: 11 de maio de 1982
Apelido: Frankenteen
Música de teste: "Honesty", de Bill Joel

Cory Allan Monteith é canadense e tem muito orgulho disso. Nascido em Calgary, em Alberta, Cory se mudou muito novo para Victoria, na Colúmbia Britânica, e assim como Finn, foi criado por uma mãe solteira. Abandonou a escola no ensino médio e não tinha grandes sonhos. Debatia-se na escola e não tinha interesse em aprender. Além disso, atrapalhava-lhe o fato de ele nunca saber a que lugar pertencia. Cory admite: "Na verdade, eu era um estranho. Eu não fazia parte de nenhum grupo em particular". Depois de largar a escola no nono ano, achou que um emprego braçal na sua cidade seria o suficiente para que ele construísse uma vidinha confortável. Mas o destino tinha planos maiores para Cory. Depois de alguns trabalhos como recepcionista do Walmart, em *telemarketing*, consertando telhados e como motorista de táxi, ele achou que poderia fazer uma tentativa atuando. "Eu estava trabalhando como motorista de táxi e consertando telhados em uma cidadezinha e não sabia o que fazer, quando alguém disse 'Você devia ser ator!'", contou ele para o *E!Online*. "E eu respondi: 'Claro! Eu preciso pagar o aluguel'". Ele se inscreveu em alguns cursos gratuitos de atuação e se mudou para Vancouver para tentar ser ator. O seu professor viu o potencial dele e o forçou a fazer alguns testes para papéis e a levar a sério a carreira de ator. Ele conseguiu pequenos papéis em filmes como *Final Destination 3* (*Premonição 3*) e programas de televisão como *Kyle XY*, antes de conseguir a sua grande chance em *Glee*.

Cory não é bem um cantor, então substituiu a exigência de saber cantar por uma improvisação de bateria com alguns Tupperware, copos e talheres, para provar que tinha talento musical em seu teste. "Eu precisava fazer qualquer coisa que pudesse mostrar que tinha um lado musical", explica ele. Não era exatamente o que a equipe de escolha do elenco queria, mas eles ficaram intrigados. Muitas das pessoas que fizeram o teste para o papel de Finn eram profissionais refinados com belas vozes e treinamento para dançar. Eles precisavam de um jogador de futebol americano saudável com um talento cru, e não um adolescente magro e sentimental. "Era importante que o Finn fosse um bom cantor, mas ele também precisava ser 'o cara', uma estrela de futebol forte, ou o personagem não funcionaria", explicou o diretor do elenco, Rob Ulrich. Cory parecia se encaixar no papel e foi chamado de novo. Ele dirigiu de Vancouver para L.A. ouvindo a trilha sonora de *Rent* e um CD de Billy Joel, e estava preparado para ler – e cantar – para Ryan Murphy. A escolha original de música de Cory era de *Rent*, mas Brad Ellis, o pianista, convenceu-o a trocar por "Honesty", de Bill Joel. Foi uma escolha sábia, já que um rock clássico combinava mais com o personagem de Finn. Depois de mais algumas chamadas, Cory ganhou o papel que transformaria a sua carreira.

Como ele não tinha nenhuma experiência cantando e dançando antes de estar em *Glee*, isso significou uma enorme curva de aprendizado para o humilde canadense. É só perguntar ao produtor musical do *Glee*, Adam

You're the one that I want: personagens principais

Anders, que disse à revista *Mix:* "A primeira vez que nós gravamos, ele não sabia respirar e cantar ao mesmo tempo; ele quase desmaiou. Ver aonde ele chegou agora é como o dia e a noite; ele evoluiu muito".

Cory se vê em Finn, mas afirma que não é nada como o atleta "bobão amoroso". "O Finn é quase tão esperto quanto uma pedra. Eu gosto de interpretar isso. Quando me preparo para [interpretar] o Finn antes da cena, eu paro de pensar (brincadeirinha)", ele brinca. "Bom, eu não tenho 17 anos, nem sou de Ohio e não jogo futebol americano, nem namoro animadoras de torcidas etc. Mas Finn e eu temos em comum uma certa vulnerabilidade. E virtude." Cory aprecia a sua falta de uma experiência completa na escola, porque ele acha que isso faz que ele realmente consiga "entrar" no personagem e evita que a sua representação do Finn seja influenciada por suas experiências pessoais.

Cory é um cara relaxado que é muito grato por seu trabalho em *Glee* e não assumiu o estilo de vida de uma celebridade. Ele não bebe e prefere relaxar jogando videogame com seus amigos, em vez de passar a noite na balada. Mostrando uma incrível perspectiva, Cory continua mais concentrado na série do que em seu novo *status* celebridade. "Eu não estou nessa para ser famoso. Eu não estou nessa para estar na televisão", diz ele. O modesto ator também é eternamente grato e está perplexo pelo seu sucesso: "Eu ainda não consegui me acostumar com o fato de as pessoas estarem me pagando para fazer isso".

Dianna Agron (Quinn Fabray)

Data de nascimento: 30 de abril de 1986
Apelido: Di, Lady Di, Carneirinho
Música de teste: "Fly Me to the Moon", de Frank Sinatra

A garota que faz a animadora de torcidas desajustada, vulnerável e, bem, adorável em *Glee* é a doce Dianna Agron. Dianna nasceu em Savannah, na Georgia, filha de Ron e Mary (de onde vem o apelido "carneirinho"), mas cresceu em São Francisco, na Califórnia. Ela foi criada no Hotel Hyatt de São Francisco, onde seu pai era gerente. A vida no hotel apresentou-a a uma grande variedade de pessoas, e ela usa isso para atuar. "Eu pude ver muitas profissões diferentes – policiais, atletas, Tony Robbins", ela se lembra. "Foi o laboratório perfeito."

Dianna dança e canta desde que se matriculou em aulas de balé aos três anos de idade, e começou a atuar no quinto ano, quando fez o papel de Dorothy na produção escolar de *The Wizard of Oz* (*O mágico de Oz*). "Descobrir que eu podia atuar, cantar e dançar foi uma novidade para mim quando criança. Eu fiz teatro musical durante toda a escola, e isso preparou o caminho", disse ela à *Women's Health*. Rapidamente encontrou um exemplo a seguir que era tudo o que ela queria fazer: "Eu amava Lucille Ball quando estava crescendo e só queria ser como ela". Com o papel de Quinn, Dianna sabia que tinha a chance de seguir os passos da sua amada e habilidosa comediante. Para realizar os seus sonhos, Dianna deu aulas de dança para financiar a sua mudança para L.A., o que ela fez aos 18 anos. Frequentou aulas de atuação e tem trabalhado desde então com pequenos papéis em *Drake & Josh*, *Numb3rs*, *Shark*, *Close to Home* e *CSI: NY* e dois trabalhos recorrentes em *Veronica Mars* e *Heroes*.

Dianna quase perdeu a chance do papel que lhe daria maior exposição que todos os seus antigos papéis juntos. Na noite anterior ao início das filmagens do piloto de *Glee*, a atriz que interpretaria Quinn ainda não havia sido escolhida. Dianna, que estava sem trabalho havia um ano e estava muito nervosa, fez o teste, mas a produção não estava certa. "Eles me pediram que voltasse com o cabelo liso e que me vestisse de maneira sexy." Ela correu para o banheiro de um Starbucks, transformou-se e conquistou o papel.

Enquanto Quinn Fabray, a presidente grávida do clube do celibato, apenas finge que a religião é importante em sua vida, para Dianna realmente é. Dianna e seu irmão tiveram uma criação judia desde que a mãe se converteu para poder casar com o pai deles, que é judeu. Seus pais achavam que era importante para Dianna receber uma boa educação religiosa. "Durante a terceira série, eu frequentava a escola de domingo, uma escola hebraica e uma escola judia. Meu irmão e eu amamos tudo que se relaciona com o *Hanukkah* e a Páscoa Judia e toda a comida." Dianna sente uma grande ligação com toda as suas raízes e adora celebrar as tradições judaicas. Ela fez *bar mitzvah* aos 13 anos e espera, um dia, visitar Israel.

Vegetariana convicta, frequentemente Dianna dá algo de volta para a comunidade, participando de eventos de caridade como o *Youth Run for Haiti*, e é anfitriã de eventos para 826LA, uma organização de artes para jovens. O seu cachorro, John Robie ou Johnny, foi adotado da *Amanda Foundation*.

Com o seu forte trabalho ético e personalidade de vencedora, o futuro de Dianna parece ser brilhante. Ela tem vários projetos de filmes em andamento e até vendeu seu primeiro roteiro em 2008. O seu ponto de vista positivo também ajuda. Dianna acredita que as pessoas não podem se prender à rejeição e que é preciso celebrar o sucesso, não importa quão pequeno seja. "Com cada trabalho que eu consegui, comprei alguma coisa para mim. Quando consegui o papel em *Glee*, aluguei um piano por um ano. Para conquistas pequenas, eu saio com um amigo para jantar ou dou um passeio e penso sobre tudo isso. É importante dizer a si mesmo: 'hoje foi um bom dia'."

Jane Lynch (Sue Sylvester)

Data de nascimento: 14 de julho de 1960
Apelido: Lynch Mob

Jane Lynch pode representar perfeitamente a máquina insultadora e carregadora do megafone, mas pode acreditar, ela não é nenhuma Sue Sylvester. Nascida e criada como católica irlandesa, filha de uma dona de casa e um banqueiro, Jane cresceu em Dolton, em Illinois, um lugar onde os principais passatempos eram, como ela explicou na *Guardian*, "cerveja, uísque e contar histórias". Durante os seus anos de escola, Jane nunca se fixou em um grupo social, apesar de ter cantado no coral por quatro anos. Ela contou à Oprah.com que se identifica mais com o personagem de Tina que com a líder de torcida Sue: "Ela é calma. Ela fica no fundo, e quando você a escuta cantar, se surpreende: 'Ah, meu Deus. De onde ela saiu? Ela tem talento.' Eu era mais ou menos essa pessoa. Eu meio que ficava nos fundos, e então, de vez em quando, aparecia e as pessoas diziam, 'De onde você veio?'".

Apesar de Jane adorar cantar, atuar era o seu sonho. Ela estudou teatro na Illinois State University antes de passar dois anos no programa de teatro de Cornell. Depois de concluir esse programa, ela voltou a Chicago e passou os próximos dez anos atuando no Steppeenwolf Theatre Company e fazendo turnês de comédia improvisada com o grupo The Second City.

Foi só depois de chegar aos 33 anos que Jane decidiu tentar Hollywood. Ela se mudou para Los Angeles depois de ser escolhida para fazer parte do elenco de *The Fugitive* (*O fugitivo*), com Harrison Ford. Imediatamente começou a ter trabalhos em teatro, seriados, comerciais e como narradora. Infelizmente, a grande chance pela qual ela estava esperando ainda não era essa. Quando estava perto dos 40, Jane quase desistiu. Ela tinha 39 anos e só conseguia pequenos papéis, e achava que, profissionalmente, não conseguiria atingir mais nada além daquilo. Isso até que o comediante/ator/diretor Christopher Guest a viu em um comercial de cereais matinais e a escolheu para participar dos seus próximos três filmes: *Best in Show*, *A Mighty Wind* e *For Your Consideration*. "O homem que mudou a minha vida", Jane se lembra. "Ele abriu as portas para mim."

Com mais de 130 créditos de filmes e programas de televisão no seu nome, existem muito poucos papéis que essa talentosa atriz não tenha interpretado. A lista de programas de televisão no seu *curriculum* já é impressionante por si só e inclui sucessos como *Married... With Children* (*Um amor de família*), *Fraiser*, *Gilmore Girls* (*Tal mãe, tal filha*), *Dawson's Creek*, *The West Wing* (*Nos bastidores do poder*), *The X-Files* (*Arquivo X*), *Arrested Development* (*Caindo na real*) e *Friends*. Entre as aparições na televisão, Jane participou de filmes como *Julie & Julia*, *Role Models* (*Faça o que eu digo, não faça o que eu faço*) e *The 40-year-old Virgin* (*O virgem de 40 anos*). Apesar da extensa lista, Jane vê ligação entre os variados papéis. "Definitivamente existem características em comum entre todos os meus personagens – autoritários, sarcásticos e que não concedem o benefício da dúvida para as outras pessoas. Eu acho que isso é provavelmente uma boa terapia, porque eu sou uma pessoa muito melhor em casa do que no trabalho. Esse tipo de comportamento desdenhoso fica bem na superfície para mim, então é bom que eu não tenha que ir fundo para encontrá-lo." No que se refere ao seu papel em *Glee*, bem, definitivamente Sue leva o prêmio de desdenho para casa. "Sue Sylvester é a pessoa mais conspiradora e sem-vergonha que eu já interpretei, e eu estou amando isso."

Felizmente para Jane, o papel de Sue acabou fazendo parte do elenco principal, apesar de esse não ter sido o plano original. Ryan Murphy explica: "O engraçado em relação a esse papel é que ele era bem, bem pequeno quando nós fizemos o piloto, e foi colocado no piloto só para dar uma frustração ao Will, alguém com quem ele desse umas cabeçadas". "[Ela] pulou da tela, eu achei, e as pessoas gostaram tanto dela que nós dissemos: 'Você gostaria de aumentar o papel e se tornar uma personagem principal no seriado?' Ela adorou a ideia, e então nós fizemos." Apesar de Jane estar na comédia *Party Down*, ela tinha filmado o piloto antes e, então, quando chegou o momento de escolher um dos dois programas, Jane trocou de vez o seu uniforme de garçonete pelo agasalho esportivo.

Ryan não foi o único a perceber como é fantástica a treinadora Sylvester que Jane faz – a atriz foi indicada para o seu primeiro Globo de Ouro em 2009 por Melhor Atriz Coadjuvante na TV e fisgou uma indicação ao Emmy em 2010. Ela também se viu voltando a cantar em 2010, em um episódio único de *The Cleveland Show*, em um personagem criado especificamente para ela, e no quarto filme de Shrek, *Shrek Forever After* (*Shrek para sempre*).

As coisas também estão melhorando na vida pessoal de Jane. A atriz, abertamente homossexual, e sua companheira, Dra. Lara Embry, se casaram em maio de 2010. Isso nem sempre foi fácil para Jane, que não se assumiu para os seus pais até os 31 anos. "Eu não queria ser *gay*... eu queria uma vida fácil. E você quer saber de uma coisa? Eu sou homossexual, e a minha vida é fácil."

Jayma Mays (Emma Pillsbury)

Data de nascimento: 16 de julho de 1979
Apelido: Jaymazing
Música de teste: "Touch-a, Touch-a, Touch Me", do *The Rocky Horror Picture Show*

Bambi, Annie... existem muitas referências da cultura *pop* que podem descrever a beleza ruiva com olhos grandes e escuros. Ao crescer como a caçula de três irmãos na pequena cidade de Grundy, na Virgínia, Jayma era fascinada pela inteligente órfã Annie. As duas meninas tinham os mesmos cabelos vermelhos vivos e uma imaginação ativa. "A criança usava uma fantasia diferente a cada dia", conta a sua mãe, Paulette Mays. "Eu não fiz nada além de fazer fantasias para ela nos seus primeiros 12 anos." Seu nome era Jamia, em homenagem ao seu pai James, mas mudou para

Jayma, pois todo mundo pronunciava Jamia errado. Jayma amava a vida de cidade pequena, mas só começou a apreciá-la quando tentou viver na cidade grande. "Na época, quando criança, eu sempre quis sair de lá. Eu sempre me senti atraída pelas cidades grandes", diz ela. "Mas agora, olhando para trás, eu realmente acho que era o lugar perfeito para crescer. Eu ainda acho que tem alguma coisa maravilhosa em crescer em uma cidade pequena e conhecer todos, em ter uma comunidade. Isso mantém você com os pés no chão."

Apesar da sua paixão por brincar de faz de conta, Jayma não tentou atuar na escola. "Atuar é algo que eu sempre quis fazer, mas eu não achava que era uma opção viável [como modo de vida]", explica ela. Ela usou o ensino médio como um lugar para tentar várias coisas diferentes. Como resultado, nunca pertenceu a lugar nenhum, mas nunca foi isolada. "Eu acho que necessariamente nunca me encaixei em nenhum grupo ou panelinha específica. Eu era animadora de torcidas, então eu fazia parte desse grupo. Mas também era uma completa *nerd*. Eu amava matemática. E participava das competições de matemática que havia na minha escola." Depois de entrar na Southwest Virginia Community College, ela ficou em dúvida se devia fazer medicina. Mas a dúvida acabou, pois ela não podia transferir os seus créditos, e acabou estudando teatro na Radford University.

Depois de se formar, mudou-se para Los Angeles para usar o seu diploma. A sua estreia na televisão veio no subproduto de *Friends*, *Joey* da NBC, onde ela interpretava a peculiar vizinha Molly. A série foi cancelada depois de duas temporadas, mas rapidamente Jayma passou para pequenos papéis em séries como *Entourage, House, How I Met Your Mother* e *The Comeback* e em filmes como *Red Eye* (*Voo noturno*), *Blind Dating* (*Encontro às escondidas*) e *Smiley Face* (*Louca de dar nó*). Uma atuação no sucesso surpresa *Paul Blart: Mall Cop* (*Segurança de shopping*) e em papéis recorrentes em *Heroes* e *Ugly Betty* fizeram de Jayma alguém notável em Hollywood. A mudança para Los Angeles também ajudou na sua vida pessoal. Em 2007, ela se casou com o ator britânico Adam Campbell, que ela conheceu nas filmagens de *Epic Movie* (*Deu a louca em Hollywood*).

A peculiar e obsessiva Emma Pillsbury pode parecer um papel difícil para algumas atrizes, mas não para Jayma. Ela se identifica com a loucura de Emma. "Eu a amo demais, porque ela é tão maluca", diz Jayma. "Ela é doida. E para mim é mais natural fazer alguma coisa um tanto peculiar e esquisita." Jayma admite que alguns dos hábitos peculiares da sua personagem estão grudando nela. "Eu nunca tinha realmente pensado sobre isso [limpeza] até conseguir esse papel e interpretar Emma. Mas eu devo confessar que estou bem mais consciente agora do que antes. Agora eu não encosto em corrimãos, e sempre tenho álcool em gel na bolsa."

Amber Riley (Mercedes Jones)

Data de nascimento: 15 de fevereiro de 1986
Música de teste: "Sweet Thang", de Chaka Khan, e "And I Am Telling You I'm Not Going", de *Dreamgirls*

Quando nos referimos a alguém atrevida, confiante e estilosa, com uma voz que pode estourar os seus vidros, nós certamente podemos estar falando de Mercedes Jones, ou da garota que a traz à vida, Amber Patrice Riley. Amber cresceu cantando em Long Beach, na Califórnia. A mãe percebeu o seu talento vocal quando Amber tinha dois anos de idade e a matriculou em cursos. A sua primeira apresentação em público aconteceu dois anos depois, quando ela cantou no parque local. Amber estava tão determinada em alcançar o estrelato que até marcou sua própria entrevista em uma agência – aos oito anos de idade! "Eu liguei para uma agência de talentos que tinha visto num comercial e marquei a minha própria entrevista. Eu disse à minha mãe: 'Mãe, eu tenho uma entrevista às 10 horas, na quarta-feira, e você precisa me levar'. A minha mãe começou a rir, ela e meu pai discutiram a questão, e eu realmente acabei indo."

Quando adolescente, Amber se esforçou muito para entrar tanto na indústria da atuação quanto na da música, fazendo *backing vocal* e atuando no Los Angeles Opera em produções como *Alice in Wonderland* (*Alice no país das maravilhas*), *A Midsummer Night's Dream* (*Sonhos de uma noite de verão*), *Mystery on the Docks* e *Into the Woods*. Ela conseguiu seu primeiro papel na TV em 2002 no projeto de Ryan Murphy, *St. Sass*, apesar de não ter dado certo. "Eu sempre amei cantar e dançar da mesma forma, e aí pensei: 'Bom, qualquer um que dê certo primeiro, o outro virá depois!'", ela contou. "Tudo bem, porque eu posso fazer os dois e eu adoro os dois do mesmo jeito – eu não posso nem escolher!"

Fora esses poucos créditos, Amber não tem muita experiência profissional. Ela fez teste para o *American Idol* aos 17 anos, mas foi cortada logo; o resto dos seus créditos de televisão são muito escassos. Mas ela perseverou e aprendeu que não podia levar para o lado pessoal o fato de não conseguir trabalho. "A rejeição fez que eu me recuperasse rápido. Eu podia fazer teste para um papel e [se eu] não conseguisse, era, tipo, tudo bem. Aquilo não me atingia." Essa atitude profissional ajudou Amber a aprender que, se ela trabalhasse duro, sua grande chance estaria por perto.

Ela não sabia no que estava se metendo quando entrou no teste para o *Glee*. A sua colega de quarto a incentivou a fazer o teste depois que soube que o diretor de elenco ainda não tinha encontrado sua diva. "Nós não conseguíamos encontrar [a Mercedes] em lugar nenhum", contou o diretor de elenco Rob Ulrich à Emmys.com. "Um dia, uma amiga disse: 'A minha colega de quarto canta'. Isso foi muito perto do fim, então eu disse: 'Faça ela vir'". Amber achou que estava fazendo teste para o papel de *backing vocal* e nem se estressou. Eles pediram que ela cantasse "And I Am Telling You I'm Not Going", de *Dreamgirls*, apesar de Amber nunca ter cantado essa música antes. "Eu fiquei completamente apavorada!" Apesar dos seus receios, o papel era seu no minuto em que começou a cantar e deixou todos embasbacados.

Amber se identifica com a Mercedes, que sempre parece estar por perto do drama, mas nunca fazer parte dele. "O ensino médio para mim foi exatamente assim", ela admite ao *Daily Voice*. "Tinha sempre tanto drama acontecendo o tempo todo. É bom saber que eu não era a única que frequentava o Melrose Place High School." Não é só com isso que Amber se identifica. Como a sua personagem, ela também ama música e moda. Então não é de surpreender que Amber tenha um grande fetiche por sapatos! Ela tem mais de cem pares (mas considera o seu surrado Chuck Taylor o favorito), e gastou o seu primeiro salário de *Glee* em três pares de brilhantes Louboutins e, como ela disse a Wendy Williams, trata-os "como se fossem bebês".

Apesar da sua infinidade de sapatos, Amber não deixou o sucesso mudar as suas prioridades, e família e religião são ainda o centro da vida dela. "Deus é a minha grande inspiração na vida. E a minha família me inspira e me encoraja sempre. Eu sou realmente abençoada." Amber também se orgulha em ser um exemplo a seguir. Ela participou do *Save the Music* no VH1 e falou sobre educação artística e sobre ter uma imagem positiva do corpo. Já que ela ama moda, encoraja as meninas a terem orgulho do próprio corpo e a vestirem o que as deixam felizes. "Quando aprendi que eu não sou o tamanho do meu vestido e a não deixar ninguém me colocar de canto, fiquei mais feliz sendo eu mesma e deixando o mundo ver a minha luz brilhar."

You're the one that I want: personagens principais

Chris Colfer (Kurt Hummel)

Data de nascimento:
27 de maio de 1990
Música de teste:
"Mr. Cellophane", de *Chicago*

Nascido em Fresno, na Califórnia, e criado perto de Clovis, Christopher Paul Colfer rapidamente deixa claro que ele não é o seu personagem. Apesar de tanto Chris quanto Kurt terem crescido com uma paixão por atuar (e os dois sofreram socialmente por causa disso), na verdade Chris gostaria que a sua experiência no ensino médio tivesse sido mais parecida com a de Kurt. "Pegavam muito no meu pé na escola, e definitivamente eu estava no fim da cadeia alimentar: totalmente injustiçado socialmente, um verdadeiro *gleek*", disse ele à *The Advocate*. "Eu nunca fui como o Kurt; agora que eu assisto ao programa, gostaria de ter sido, mas eu nunca estive na moda. Eu gostaria de ter sido como o Kurt na escola!" Não que o Chris tenha se afastado da controvérsia na sua adolescência. No seu último ano do ensino superior, ele escreveu o roteiro, estrelou e dirigiu uma paródia de *Sweeney Todd* chamada *Shirley Todd*, na qual todos os personagens tinham o sexo trocado. Mas ele se assumiu na escola? "Ah, não. As pessoas são assassinadas na minha cidade natal por causa disso."

Chris seguiu seus sonhos de fama com o apoio da família, especialmente da sua mãe, que o acompanhava em viagens de oito horas a Los Angeles para fazer testes. Depois de mais de trinta testes ao longo dos anos, Chris acabou na frente do diretor de elenco de *Glee*. Originalmente ele fez o teste para o papel de Artie, e apesar de não se enquadrar no personagem, a equipe de elenco gostou dele. Ofereceram a Chris que voltasse depois com o produtor da série, para fazer o teste para um novo personagem que estavam escrevendo, um personagem (surpresa!) que escrevem especificamente para ele. Eles o chamaram de Kurt porque uma vez o ator interpretou Kurt von Trapp em *Sound of Music* (*Noviça rebelde*), e Hummel porque Ryan Murphy achou que ele era parecido com as estatuetas de cerâmica de Hummel, que têm as bochechas rosadas. "Ele nunca recebeu formação formal, mas eu achei que ele era tão talentoso, incomum e com um dom", disse Ryan ao *Los Angeles Times*. "Eu nunca tinha visto alguém como ele, ou que atuasse como ele, ou que cantasse como ele. Você pensa que ele esteve na Julliard por seis anos, mas não esteve."

O papel de Kurt pode ter sido escrito para Chris, mas o personagem foi inspirado na juventude de Ryan Murphy. Ryan cresceu homossexual em Indiana e teve uma experiência positiva na escola, apesar de debater-se com a sua identidade, algo que não é normalmente retratado na televisão. Além disso, ele achou que era importante ter um ponto de vista *gay* em um musical sobre crianças no ensino médio e sobre autoexpressão. Entretanto, vindo de uma cidade tão conservadora, Chris ficou nervoso por interpretar um personagem tão confiante com a sua sexualidade, e Ryan levou em consideração essas preocupações e o estilo de Chris. O ator explica: "No roteiro original, eles estavam com a propensão de deixá-lo muito exagerado, e eu não queria fazer isso porque é muito batido. Então eu o fiz mais contido e superior". O resultado? Um retrato comovente de um garoto amável e complicado que está lutando no ensino médio.

Chris achou que a inclusão de Kurt em *Glee* foi uma atitude importante e corajosa. Ele espera que tanto a história de Kurt quanto a de Chris ajudem jovens que sejam diferentes, quer sejam homossexuais, quer sejam artísticos ou apenas não populares. "Acho que tendo vindo de uma cidade pequena, e tendo crescido onde cresci, faz com que eu saiba, de modo particular, o tipo de jovens que estou afetando, porque eu fui um desses jovens", ele explicou ao *After Elton*. "E eu acho que tanto o meu personagem quanto a minha própria história geral de ter vindo direto de uma cidade pequena para essa montanha russa, para esse papel em *Glee*, estejam ajudando os outros."

Jenna Ushkowitz (Tina Cohen-Chang)

Data de nascimento: 28 de abril de 1986
Música de teste: "Waiting for Life", de *Once on This Island*

Jenna Noelle Ushkowitz é muito mais extrovertida que Tina Cohen-Chang, provavelmente graças à sua longa experiência atuando. Nascida em Seul, na Coreia do Sul, Jenna foi adotada e criada em Long Island, em Nova York, e entrou no *showbiz* aos três anos de idade. "Quando eu era pequena, os meus pais me colocaram para ser modelo porque eu era uma dessas crianças que queriam ser amigas de todo mundo e conversava com todos no jantar em restaurantes", explica Jenna. Rapidamente conseguiu várias pontas em comerciais, inclusive uma para Jell-O, com Bill Cosby, assim como uma para Fisher Price e para Toys "R" Us. Ela até apareceu em *Sesame Street* (*Vila Sésamo*).

A sua grande chance veio em 1996, quando ela foi selecionada para uma remontagem de *The King and I* (*O rei e eu*) na Broadway. Apesar de estar atuando havia anos, foi esse papel que fez Jenna perceber que realmente amava o teatro. "Foi aí que eu me toquei de que era algo que eu realmente amava fazer. Você encontra uma comunidade e uma família." Jenna continuou perseguindo a sua paixão, frequentando a escola de ensino médio católica, na qual, com o departamento de artes, fez papéis em *Les Misérables, Honk!, The Baker's Wife, Into the Woods* e *The Laramie Project,* e ainda fazia parte do coral (ela é o único membro do New Directions que esteve em um coral na vida real). Mais tarde, foi estudar teatro na Marymount Manhattan College, em 2007, onde se formou bacharel em artes, com formação principal em teatro e formação paralela em musicais. Mas Jenna não tinha se livrado do "vírus" da Broadway, e então voltou ao palco, aparecendo na produção original de *Spring Awakening* (com a coestrela de *Glee*, Lea Michele, que ela conhece desde os oito anos de idade), como substituta para três personagens diferentes de dezembro de 2006 a janeiro de 2009.

Jenna teve sorte em conseguir um teste para *Glee*, pois um dos diretores de elenco também tinha sido diretor de elenco de *Spring Awakening* e deixou a maior parte do elenco fazer o teste. "Eu saí do teste e pensei: 'Eu não consegui', e então eles me ligaram e me chamaram para L.A. E eu fui por um dia, fiz o teste para a emissora, e a Tina meio que aconteceu a partir daí", explica ela.

Apesar de Jenna se sentir muito diferente da sua personagem, ela consegue ver algumas coisas de si mesma na Tina. "Eu sou mais alegre e sorridente, mas definitivamente me identifico com a Tina pelo seu amor por atuar e com as suas inseguranças quanto a pertencer a algum lugar no ensino médio. Na verdade eu sou um pouco tímida, e a Tina também é muito tímida." Além de ter de trocar alegria por angústia e extroversão por timidez, Jenna também encarou o seu maior desafio quando filmou os primeiros nove episódios de *Glee* porque, ao contrário da sua personagem gaga, Jenna possui uma dicção perfeita. "Foi realmente difícil no começo. No início era um pouco mais forçado, e eu realmente precisava pensar no que estava fazendo, mas agora eu me pego gaguejando às vezes fora das filmagens também, só porque eu faço tanto."

Vegetariana, Jenna se preocupa com o meio ambiente e procura reduzir a emissão de carbono, uma preocupação que combina com o seu desejo de se manter vegetariana pela vida toda. Quando perguntam o que ela faria se não fosse atriz, ela responde: "Eu sempre quis trabalhar com os animais. Eu amo cães e golfinhos". Jenna também espera voltar aos palcos um dia: "Eu adoro fazer televisão, mas eu sempre fiz teatro e adoraria voltar".

Kevin McHale
(Artie Abrams)

Data de nascimento:
14 de junho de 1988
Música de teste:
"Let it Be", dos Beatles

Kevin Michael McHale pode não ter muitos créditos no seu *curriculum*, mas não se pode dizer que ele está lá para completar o elenco. Ele foi de queridinho em uma banda masculina para o *nerd* saltitante na cadeira de rodas no grupo de coral. Nascido em Plano, no Texas, Kevin sempre quis atuar, mas nunca pensou que cantar e atuar podiam virar uma carreira. Tudo isso mudou no quarto ano. "Minha irmã era empresária em Dallas", ele conta, "e eu me lembro que no quarto ano estavam fazendo testes para algum filme. Eu pensei: 'Ah, eu quero fazer!', e ela disse: 'Não, você não sabe atuar. Você não sabe'. Mas eu a forcei a me deixar fazer o teste, e tenho feito isso desde então".

Antes de seu grande papel em *Glee*, os pontos altos de Kevin incluem uma pequena participação em um episódio de *The Office*, uma participação de três episódios em *Zoey 101*, e um papel em dois episódios de *True Blood*. Mas a sua maior busca pela fama foi ser membro de uma banda masculina americana chamada NLT (iniciais de "Not Like Them"; "diferente deles", em português). A banda durou de 2003 a 2009, mas não foi antes de 2006 que o produtor Chris Stokes descobriu o grupo e assinou com a sua gravadora, TUG Entertainment. Apesar de o grupo lançar quatro *singles* de março de 2007 a abril de 2008, eles nunca lançaram um CD completo, e a banda se dissolveu em abril de 2009. Mas Kevin encontrou outro grupo "diferente deles" no elenco de desajustados de *Glee*, e ultimamente tem tido mais sucesso cantando e dançando em uma cadeira de rodas na TV.

Não que ele tenha achado que o seu primeiro teste para o *Glee* tenha sido bom. "Eu fiz o teste para o Artie muito cedo, e achei que tinha sido horrível. Eu cantei 'Let It Be', e cortei fora uma parte da música porque achei que estava chato demais. Então, no meio da música, eles disseram: 'Tá bom, continue cantando, não pare!'. E eu disse: 'eu não sei mais a letra!' Todo mundo começou a rir na sala de espera. Mas eles me chamaram de volta, e eu tive de esperar seis semanas para fazer o teste. Meus nervos ficaram em frangalhos."

Felizmente a proeza de Kevin cantando e atuando o fez conquistar o papel de Artie, mas ele não tinha largado completamente o visual de garoto de banda. "Nós tivemos que piorar o visual dele, de verdade", explicou Ryan Murphy ao NPR, "porque você sabe, nesse negócio de banda, ele veste uma camiseta agarrada e um visual sedutor, e nós tivemos que colocá-lo nessas roupas horrorosas de poliéster".

A cadeira de rodas foi outro grande desafio. Como iria fazer os seus suaves passos de dança sentado? Kevin diz que soube desse aspecto do personagem desde o primeiro dia, mas esse era o personagem que ele mais queria. "E não pensei duas vezes. Era esse. Eu pensei: 'Bom, preciso aprender a sentar em uma cadeira de rodas e não mexer as pernas. Cada projeto e cada coisa que você decide fazer é diferente de alguma maneira, e eu nunca tinha feito nada em uma cadeira de rodas, mas se era isso que precisava para o papel, então era isso que eu ia fazer". Kevin não teve alguém para ensiná-lo a dançar na cadeira de rodas – ele simplesmente aprendeu com a prática. "No ensaio ficávamos eu e o Zach, o coreógrafo, experimentando o que eu conseguia fazer. O primeiro número que nós aprendemos foi 'Sit Down You're Rocking the Boat', e todo esse número é baseado em cadeiras de rodas. Então, naqueles poucos dias no piloto, eu meio que já tinha entendido o que podia fazer." Interpretar um paraplégico não é simplesmente aprender alguns movimentos novos, mas também parar de fazer alguns movimentos antigos: "Instintivamente queria começar a dançar e bater o pé ao som da música. Então eu tive que aprender como controlar isso".

Mas deixando o meio de transporte de lado, Kevin se identifica com o Artie, particularmente no seu amor por atuar e pela indiferença em relação opinião dos outros. "Eu teria que dizer que sou mais parecido com ele na paixão pelas coisas que faz, com toda a coisa de cantar e da música. Todos que estão no clube do coral amam o que fazem, apesar de a escola inteira achar que eles são verdadeiras aberrações. Desde o quarto ano, eu sempre cantei, atuei e dancei. Eu não ligava para o que os outros diziam. Eu pensava: 'É o que eu gosto de fazer. Sinto muito que você não saiba do que gosta'. É dessa forma que eu mais me identifico com ele."

Mark Salling (Noah "Puck" Puckerman)

Data de nascimento: 17 de agosto de 1982
Apelido: Jericho

Mark Wayne Salling é um texano que cresceu em Dallas, em uma família cristã, com os pais, John e Condy, e o irmão, Matthew. Quando criança, fez pequenos papéis em *Children of the Corn IV* (*Colheita maldita IV*), *Walker, Texas Ranger* e em um comercial da cerveja Heineken, mas a música sempre foi o seu verdadeiro amor. O músico multitalentoso começou a tocar piano aos cinco anos de idade, a compor aos sete e mais tarde aprendeu violão, piano, baixo e bateria. "Isso nunca foi uma revelação para mim, era algo que eu fazia", ele diz. "Tocar música sempre foi uma parte da minha vida, eu não sei mais nada." Mark é atlético como o Puck e fez *rúgbi* e luta romana na escola, mas nunca praticou *bullying*. "Eu era maduro e desencanado. Me dava bem com todo mundo." Depois do ensino médio, foi para a Califórnia, matriculou-se na Los Angeles Music Academy e sonhava ter sucesso como um astro do rock.

Enquanto estava em Los Angeles, Mark ganhava dinheiro com pequenos papéis e dando aulas de violão. Ele tem ouvido para estúdio e produziu todas as músicas do seu CD de estreia, *Smoke Signals*, lançado com o nome de Jericho. Depois de passar sete anos vivendo de salário a salário, ele achou que poderia dar mais uma chance ao seu lado ator antes de voltar para o Texas e começar uma carreira artística em Austin. "Eu me matriculei em um curso de atuação e mandei cem currículos com foto. Eu os mandei para cinquenta diferentes empresários e cinquenta agentes, e um deles me ligou." Essa ligação levou a um teste de *Glee*. Mark queria tanto o papel de galanteador do Puck que até mentiu sobre a sua idade no teste e se atrasou no seu emprego! Originalmente ele fez um moicano no seu cabelo porque estava entediado e achou que se destacar no seu teste não faria mal. Funcionou e ele conseguiu o papel (e o moicano também).

Por mais famoso que Mark possa ficar, ele nunca irá se esquecer das suas raízes texanas, do seu cão blue heeler chamado Hank ou da mistura da comida texana e mexicana. Um filhinho da mamãe no coração, esse jovem educado é muito grato pela sua grande chance. "Com sorte eu vou continuar compondo e gravando músicas e ficarei na série pelo tempo que eles me quiserem", ele diz. "Se eu tiver 35 anos e ainda estiver no ensino médio, que seja. Eu só quero continuar crescendo como artista."

Jessalyn Gilsig (Terri Schuester)

Data de nascimento: 30 de novembro de 1971
Apelido: Jess

Desde o seu papel como Gina em *Nip/Tuck* até o de Terry em *Glee*, a atriz canadense Jessalyn Gilsig sabe como ser louca. Cresceu em Montreal, frequentou o ensino médio em Trafalgar School for Girls, onde ela metia o nariz no teatro e nas artes. "Eu ficava muito confortável na aula de teatro e de arte, era quando eu me sentia mais eu mesma. E quando essas aulas acabavam, e eu tinha de voltar para os corredores, ficava inquieta. Eu achei o ensino médio meio pesado. Quando estava nas aulas de artes, era quando percebia que podia ser eu mesma e era aceita, compreendida, e sentia uma conexão real com outras pessoas." Ela começou a atuar quando tinha 12 anos de idade e participou de *Masquerade*, um filme da agência de cinema do governo do Canadá de 1984, e em outra produção em 1989, *The Journey Home*. Seus pais, a tradutora Clare e o engenheiro Toby, davam apoio, mas com cautela. "Eu queria muito, muito ser atriz, mas meus pais ficavam dizendo: 'Espere até ter 18 anos, aí você pode fazer o que quiser'. Mas eu não queria esperar. Eu soube de um teste para ser narradora e meus pais disseram: 'Se você puder chegar até lá, tudo bem'. Então eu peguei um ônibus e fui para o meu primeiro teste", ela contou à *South Beach*. "Isso nunca parou. Eu sempre tive o 'vírus'."

Depois de se formar na McGill University com um diploma em inglês, estudou na Harvard University's American Repertory Theater, onde ela estrelou *The Cherry Orchard*, *Henry V* (*Henrique V*), *The Oresteia*, *Tartuffe* e *The Tempest*. Esses poucos anos afiaram as suas habilidades de atuação, mas ela sabia que queria tentar o cinema ou a televisão de novo. A sua grande chance veio quando fez uma participação na série de David E. Kelley, *The Practice*. O seu papel durou apenas dois episódios, mas ela impressionou Kelley de tal maneira que ele escreveu a personagem Lauren Davis da sua próxima série, *Boston Public*, para ela. Jessalyn saiu do programa depois de duas temporadas e conseguiu outro grande trabalho – interpretar a louca viciada em sexo, Gina Russo, no *Nip/Tuck*. Em 2008, Jessalyn tinha papéis frequentes em *Friday Night Lights* e *Heroes* e papéis pequenos em filmes como *The Stepfather* (*O padrasto*), *Prom Night* (*A Morte convida para dançar*), *The Horse Whisperer* (*O encantador de cavalos*) e *XIII*.

Ryan escreveu a personagem Terry pensando em Jessalyn, e ela ficou emocionada em aceitar. "[*Nip/Tuck*] foi uma das melhores experiências como atriz que eu tive na minha carreira. Ele realmente me desafia como atriz, e realmente faz que eu me esforce." Jessalyn admite que interpretar a pessoa que é mais detestada em *Glee* é difícil, mas ela adora o desafio. Gina Russo era outra personagem detestável e Jessalyn ficou com ela por cinco anos. "Eu adoro interpretar personagens desse tipo; é muito divertido, porque você tenta encontrar a lógica e o mundo na cabeça delas, onde todas essas escolhas fazem sentido para elas, enquanto do lado de fora não faz sentido para mais ninguém. Eu acho que papéis como esse são desafiadores, mas eles também são divertidos, porque é como um jogo da mente."

Ao contrário do seu casamento na televisão, o seu, na vida real, com o produtor de cinema Bobby Salomon, é feliz e de sucesso. A sua filha Penelope nasceu em 26 de setembro de 2006. Quando ela não está trabalhando, gosta de passar o tempo com a sua pequena família e deixar aflorar a sua adolescente artista *nerd* interior – ela pinta no seu tempo livre, e as suas obras de arte até apareceram no filme *The Station Agent* (*O agente da estação*).

Iqbal Theba (Diretor Figgins)

Data de nascimento:
20 de dezembro de 1963

Você até pode não conhecer o nome dele, mas provavelmente conhece o seu rosto. Iqbal Theba tem mais de 70 créditos de filme e televisão no seu nome, começando com uma pequena participação no filme de 1993 *Indecent Proposal* (*Proposta indecente*), passando por participações em *Arrested Development* e *Friends* até papéis em programas como *Married... With Children* (*Um amor de família*), *The George Carlin Show* e *ER*. Mas foi só com o papel de Diretor Figgins em *Glee* que Iqbal finalmente se tornou um verdadeiro membro do elenco de programas de televisão.

Nascido em Karachi, no Paquistão, Iqbal se mudou para os Estados Unidos para frequentar a faculdade na University of Oklahoma em 1981, onde obteve o diploma de engenheiro civil – bem distante da atuação! Felizmente para os *gleeks*, logo Iqbal percebeu que a sua primeira carreira não era a escolha certa para ele, e ele voltou para a faculdade em 1986, dessa vez para se formar em teatro. Depois de alguns anos, já de volta na faculdade, Iqbal decidiu que a sua melhor chance para ter sucesso atuando era, bem, atuar. Iqbal deixou a faculdade em 1989 e passou alguns anos em Nova York antes de finalmente se mudar para Los Angeles, a cidade do cinema, em 1991, com apenas 37 dólares no bolso.

Como muitos atores que estavam passando necessidade, Iqbal serviu mesas para ganhar dinheiro e aceitou qualquer papel pequeno que podia para aumentar o seu *curriculum*. Durante esse período, interpretou o papel mais desafiador da sua carreira: o confiante aspirante a ator. "Desde o verão de 1986, quando eu decidi ser ator, até o fim de 1994, foram oito longos anos em que eu ficava paralisado de medo pelos primeiros cinco minutos, logo que acordava. Eu não conseguia me mexer na minha cama. Tudo que eu conseguia pensar era e *se* eu nunca conseguir viver como ator? E se eu estiver com 75 anos e ainda for garçom?! Todo o meu corpo ficava gelado", ele conta. "Então eu finalmente encontrava forças para levantar da cama. Quando saía da cama, eu estava bem, pronto para encarar o dia."

Iqbal continuou tentando e descobriu que era mais fácil para ele conseguir trabalhos na televisão. "Os filmes são mais limitados; é difícil até para as mulheres encontrarem papéis nos filmes... a TV tem a cabeça mais aberta. Mas você sabe, sempre há papéis para mim. Se o personagem é de um taxista de 40 e poucos anos de idade que não fala inglês, provavelmente eu vou receber uma ligação, sabe? Mas eu posso ganhar a vida fazendo o que gosto, então é ótimo."

Mesmo com a atitude relaxada em relação a essa tendência a ser escalado para um tipo de papel, o ator deve ter se sentido aliviado com a mente aberta do diretor de elenco de *Glee*. O personagem do Diretor Figgins foi escrito sem nenhuma etnia específica em mente, e Iqbal estava disputando o papel com mais ou menos meia dúzia de atores caucasianos. Eles não eram páreo para ele: Iqbal ganhou o papel do diretor muquirana no seu primeiro teste.

Para fazer o Diretor Figgins ganhar vida, Iqbal entra na sua cabeça e cria um passado elaborado. "Figgins é alguém que queria ser um diretor executivo, mas não é, por alguma razão, qualquer que seja. Eu acho que ele é um cara que queria ser alguém grande, mas não é, e agora precisa lidar com isso. Ele precisa lidar com essas coisas triviais do dia a dia, como dinheiro, alunos, professores e a Sue; eles o procuram com a velocidade da luz."

E se um dia nós veremos ou não o diretor de New Directions cantando e dançando? Se depender de Iqbal e do coreógrafo Zach, então definitivamente veremos. "O nosso brilhante coreógrafo me viu e disse: 'Nós precisamos fazer você dançar!', e eu respondi: 'Claro, fale com o Ryan'. Eu adoraria. Eu cantarei, dançarei, tudo. Serei um sucesso. Você sabe, tudo é possível no *Glee*."

Patrick Gallagher (Ken Tanaka)

Data de nascimento: 21 de fevereiro de 1968

Sue Sylvester estava certa quando se referiu a Ken Tanaka como "mistura de etnias". Patrick Gallagher, o ator que o interpreta, nasceu em Chilliwack, na Colúmbia Britânica, tem um pai americano e ascendência tanto chinesa quanto irlandesa. "Chirlandesa", é como ele chama. "Eu sou uma ambiguidade étnica", disse ele à *Vancouver Sun*, "o que é uma grande oportunidade".

Patrick mantém essa atitude generosa e apreciativa em relação ao seu sucesso no mundo da atuação também. Depois de concluir o ensino médio na sua cidade natal, Patrick se mudou para o leste e frequentou escolas de teatro em Toronto e em Montreal, no começo dos anos 1990. Apesar de ter tido algumas pequenas participações de um episódio em séries como *Dark Angel* (*Gangues da noite*), *Stargate SG-1* e *Smallville* nos primeiros anos do milênio, foi só quando ele conseguiu um papel fixo como o Detetive Joe Finn na popular série canadense *Da Vinci's Inquest* que ele começou a ficar famoso. Desde então, apareceu como

Átila – o Huno em *Night at the Museum* (*Uma noite no museu*) e suas sequências e como um vampiro em quatro episódios em *True Blood*.

E quanto ao seu papel de Ken Tanaka, o técnico de futebol que odeia futebol? Patrick diz que, apesar de não se ver como um cara durão, existem mais semelhanças entre eles do que ele gostaria de admitir. "Eu percebi que estava fazendo uma versão mais velha de mim. Acho que Ken não está feliz com a sua vida no momento. Acho que ele ainda tem um bom coração, mas existe essa insegurança e amargura em cima dele. Eu acho que o amor está na cabeça de Ken, e para mim o amor é como um conceito idealista. Mas tem uma coisa que eu respeito nele, que é o fato de, se ele quer uma coisa, vai atrás – ele corre obstinadamente atrás da Emma. Eu gostaria de ser assim. De alguma maneira, ele é um pouco mais corajoso que eu. Quero dizer – olha como ele se veste. O cara tem coragem."

Curiosamente, nem todos os uniformes de Ken foram criados pelo responsável do figurino de *Glee*, Lou Eyrich. Os *shorts* curtos e as camisetas apertadas? Ideia do Lou. A pochete que já é marca registrada? Ideia do Patrick. "O figurino ajuda muito, você o coloca e é impossível não se sentir de uma determinada maneira. Eu acho que é uma mistura dos meus professores de educação física do ensino médio e dos treinadores de Chilliwack, onde eu cresci."

Apesar de Patrick ser um membro fixo do elenco de um sucesso da televisão, a fama não lhe subiu à cabeça. Ele está muito animado por ser um ator em atividade e que foi capaz de viver disso por mais de oito anos. (Seu último emprego, que não era como ator, foi como *barman* em um restaurante White Spot em Vancouver, o mesmo restaurante em que trabalhou o colega Cory Monteith, dois anos antes!) Patrick espera continuar treinando o time de futebol americano do McKinley (não importa o quão ruim sejam as suas pontuações) por mais alguns anos. Ele adora os desafios criativos que *Glee* traz para ele, declarando que "o roteiro é tão bom que eu acho que o verdadeiro desafio é encontrar o equilíbrio entre tentar não ser tão engraçado, não tentar fazer de forma engraçada, apenas deixar ser engraçado e deixar que o roteiro faça o trabalho para você".

Heather Morris (Brittany)

Data de nascimento:
1º de fevereiro de 1987
Apelido: HeMo

É preciso uma pessoa muito especial para interpretar um personagem tão tolo que faça você realmente acreditar que ele ache que a raiz quadrada de quatro é arco-íris. Heather Morris é essa pessoa. O *New York Daily News* até a chamou de "arma secreta de *Glee*".

A carreira de Heather começou na dança; ela teve a sua primeira aula de dança com apenas um ano de idade! Tendo crescido no Arizona, vivia para a dança, fazendo o máximo de aulas e participando do máximo de competições que podia. "Eu era uma dançarina de competição. Dançava *jazz*, sapateado, dança contemporânea, tudo", ela conta. Depois de concluir o ensino médio, Heather decidiu tentar levar uma vida "normal", e se matriculou em uma universidade local. Não deu certo. "Eu fui para a faculdade e comecei uma vida normal. De repente, estava pensando: 'Não é isso que eu quero fazer, quero me mudar para L.A. e ser uma dançarina profissional'." Heather se sentiu compelida a seguir os seus sonhos porque sabe o quão preciosa é a vida: seu pai faleceu de câncer quando ela tinha apenas 14 anos. Com o apoio da família, Heather resolveu assumir o risco e se mudou com 19 anos, chegando a ser colega de quarto da atriz Ashley Lendzion.

Depois de alguns anos de aulas de dança e testes, Heather achou que era a sua grande chance quando chegou até a semifinal da segunda temporada do sucesso da Fox, *So You Think You Can Dance*. Heather fez o teste com o seu grande amigo Ben Susak, mas não era para ser. Após uma rejeição de cortar o coração, Heather se atirou em outros projetos. Ela estava fazendo teste para um filme quando a coreógrafa da Beyoncé a viu. "Tina, a coreógrafa, me chamou e disse: 'Você estava dançando perto da antiga dançarina da Beyoncé, e ela não quer ir a turnê. Você gostaria de fazer um teste?'", lembra-se Heather. Ela trabalhou sem parar nos testes e atingiu o nível das dançarinas experientes de Beyoncé, aparecendo com a superestrela no *Saturday Night Live* e no American Music Awards de 2008. Dançar perto da Beyoncé noite após noite nas turnês inspirou Heather a se esforçar e seguir os seus sonhos. "Ela é uma das pessoas mais inspiradoras e respeitosas com quem eu já trabalhei", disse Heather à WKBW. "Todas as noites ela vai e se acaba de dançar."

Heather adora todos os aspectos de se apresentar, e depois da turnê, decidiu tentar atuar, e conseguiu pequenos papéis em *Swingtown*, *Fired Up!* (*Pelas garotas e pela glória*) e *Eli Stone*. Então, foi chamada para o *Glee*, que queria que ela ensinasse o elenco a dançar "Single Ladies". O programa também estava procurando uma terceira animadora de torcidas, e antes mesmo que colocasse o pé no palco, ela já tinha uma torcida no coreógrafo de *Glee*, Zach Woodlee, que havia trabalhado com Heather tanto em *Fired Up!* quanto em *Eli Stone*. Zach a encorajou a fazer o teste, dizendo que, se ela viesse vestida para o personagem e pronta para impressionar, o papel seria dela. E foi exatamente isso que aconteceu. Heather ficou impressionada com a facilidade com que foi escolhida para o papel. "Eu achava que teria de ler. Eu estava preparada para ler ou cantar, mas não precisou, eu só tive de dançar e ser bonita."

Heather admite que é muito parecida com a sua personagem, mas jura que não é tão tola. Entretanto, ela tem os seus momentos! "Eu tenho meus momentos de Brittany. Não sou uma garota burra, mas posso dizer algumas coisas realmente estúpidas às vezes. Faz parte de ser eu." Ela sempre sonhou em ter uma carreira que mostrasse as suas diferentes habilidades, e *Glee* lhe dá isso. "O que mais gosto em trabalhar em *Glee* é que eu posso fazer o que amo o dia inteiro, todos os dias", ela contou ao *Examiner*. "Eu posso fazer música, posso dançar e posso atuar. É maravilhoso, e todos são o máximo."

Naya Rivera (Santana Lopez)

Data de Nascimento: 12 de janeiro de 1987
Música de teste: "Emotions", dos *Bee Gees*

Nascida e criada em Valência, na Califórnia, Naya Rivera é a mulher por trás da sacana animadora de torcidas que tem um amor secreto pelo grupo do coral. Metade porto-riquenha, um quarto alemã e um quarto negra, Naya está no caminho do estrelato desde o nascimento. Sua mãe se mudou para Los Angeles para tentar ser modelo, e Naya seguiu seus passos desde muito nova. Quando ela tinha oito ou nove meses, o empresário de sua mãe passou a representá-la também, e a linda bebê começou a trabalhar imediatamente, aparecendo em comerciais da Kmart quando ainda engatinhava.

A atriz mirim conseguiu seu primeiro trabalho com quatro anos de idade, estrelando como Hillary Winston na comédia da TV, *The Royal Family*, criada por Eddie Murphy. A partir daí ela entrou e saiu do ar em pequenos papéis em programas como *Fresh Prince of Bel-Air* (*Um maluco no pedaço*), *8 Simple Rules... for Dating My Teenage Daughter* e *CSI: Miami*, enquanto também fazia papéis fixos em *Family Matters* e *The Bernie Mac Show*. Mas combinar seu amor por atuar, cantar e dançar em um único papel? Sim, definitivamente *Glee* foi a combinação perfeita para Naya. "Minha empresária sabe que eu gosto de cantar e dançar, então eu fui chamada. Sempre quis cantar e dançar em um programa de TV, então ela me disse que essa série seria perfeita para mim." Não só Naya adora cantar, como ela também gosta de compor músicas, uma paixão que, aos 15 anos de idade, demonstrou ser muito forte, como uma forma de expressar as suas emoções. Se não está escrevendo letras, Naya passa seu tempo livre comendo *sushi*, fazendo compras, passeando com seus amigos e lendo, e afirma que é uma traça de livros quando tem tempo. Naya também disse em entrevistas que, se não fosse atriz, provavelmente seria escritora, e ainda pretende perseguir essa carreira em algum momento.

Entretanto, no que a atriz multitalentosa não possui experiência é em animação de torcidas! A sua ocupada agenda de atriz a impediu de perseguir esse sonho no ensino médio. "Eu implorei aos meus pais para me deixarem ser uma animadora de torcidas no primeiro ano do ensino médio, mas no final das contas, eu era tão ocupada com o trabalho que não tinha tempo para os treinos, e eu não queria decepcionar as outras garotas", explicou Naya ao *American Cheerleader*. "Assim, fazer o papel de uma animadora de torcidas na série me dá a chance de realizar esse sonho abandonado do ensino médio. Eu absolutamente *amo* fazer esse papel. Eu posso usar o uniforme na maioria das minhas cenas, e eu tive a oportunidade de aprender alguns movimentos das animadoras. É trabalho duro!"

Apesar de amar a sua segunda chance de estar na equipe de animadoras, Naya não acha que tem muitas coisas parecidas com a Santana. "Ela adora se apresentar, e eu também, mas não fico planejando maldades. Ela é uma grande 'maria vai com as outras' só para continuar popular, e definitivamente eu nunca fiz isso no ensino médio." Ao contrário, Naya é apaixonada por melhorar a autoestima de adolescentes, um problema que ela teve de encarar e que às vezes ainda a incomoda. "É preciso muito para se aceitar como você é e ser realmente feliz consigo mesmo. Sempre existirão coisas de que você não gosta em si mesmo ou razões para se comparar com os outros, mas quando você percebe que você só tem *um* de si mesmo, é melhor mesmo se amar."

Harry Shum Jr. (Mike Chang)

Data de nascimento: 28 de abril de 1982
Apelido: LXD, Jyve
Música de teste: "L-O-V-E", de Nat King Cole

Com trabalhos de sucesso como ator, dançarino e coreógrafo debaixo do braço, essa estrela ascendente de 28 anos está no caminho de se tornar conhecido mais que por apenas "o outro asiático". Nascido em Puerto Limon, na Costa Rica, Harry, seus pais e suas duas irmãs mais velhas se mudaram para a pequena cidade de Arroyo Grande, na Califórnia, quando ele tinha cinco anos de idade. Surpreendentemente, essa estrela da dança não descobriu o seu amor pelos palcos até o ensino médio, quando um amigo o desafiou a entrar para o time de dança da escola. Por ter se tornado um verdadeiro dançarino, Harry tem de agradecer à TV: "O treinamento eram vídeos de música, assistir aos vídeos de música. Eu comecei a frequentar diferentes aulas de dança, mas *hip-hop* não era famoso na nossa pequena cidade, e os caras dançando não era um grande acontecimento. Eu queria mudar isso com alguns amigos meus, e nós conseguimos".

A carreira de dançarino de Harry começou mesmo em 2002, quando ele era o único dançarino homem no BET's *Comic View*, um show de comédia *stand-up*. Desde então ele tem se apresentado na turnê da Beyoncé (junto com a futura coestrela Heather Morris), Jennifer Lopez, Mariah Carey e Jessica Simpson, dançou como uma silhueta em comerciais de iPod, e trabalhou tanto como dançarino quanto como coreógrafo para o Legions of Extraordinary Dancers. O grupo LXD é tão bom que se apresentou no *So You Think You Can Dance* e na 82ª edição do Oscar, e no site deles, a *première* da série online aconteceu em 2010.

Em termos de atuação, Harry considera que seu papel em *Glee* é a sua grande chance. "É uma coisa engraçada, eu não sabia o quão grande isso era. Eu não sabia o que era o *Glee*", ele confessa. "Eu tinha ouvido que era do Ryan Murphy, que haveria dança e canto, e que seria um projeto bem legal. Mas eu não tinha ideia de que seria tudo isso. E também eu não sabia que ficaria na série esse tempo todo. Eles disseram um episódio, e depois virou dois, três..."

Felizmente um episódio, e depois dois e três no *Glee* resultaram em Harry se tornar um membro fixo do New Directions da Escola McKinley, e ele não toma isso por certo. "Cara, poder acordar de manhã e cantar e fazer o que a gente ama – você sabe, vários programas não são capazes de fazer isso", ele explica. "Existem vários programas de comédia, mas nós temos de tudo. Você tem comédia, drama, você pode cantar e dançar. Então essa é uma das minhas coisas favoritas, e eu me sinto muito sortudo e abençoado por fazer parte disso."

Não deixe de acreditar

Dijon Talton
(Matt Rutherford)

Data de nascimento:
17 de setembro de 1989
Música de teste:
um mistério, como ele

Não se sabe muito sobre esse homem que raramente fala. Parece certo considerar o quão misterioso é Matt Rutherford, o personagem de Dijon. Dijon Hendra Talton nasceu em Los Angeles, na Califórnia, praticamente embaixo do letreiro de Hollywood, e começou a trabalhar ainda novo, aparecendo em comerciais do McDonald's e em alguns programas infantis. Além disso, a sua experiência atuando limita-se ao filme pouco visto de 1998, *L.A. Without a Map* (*Absolutamente Los Angeles*). O devoto cristão gosta de passar o tempo no *set* de *Glee* com os outros membros do elenco. Dijon acha que ele, Heather, Naya e Harry se uniram porque os seus personagens entraram para o New Directions na mesma época.

Ele está animado com o fato de o New Directions estar deixando que Matt encontre seus verdadeiros talentos e a si mesmo, e que ele não esteja mais submetido à pressão de ser legal. "Eu acho que é isso que ele sempre quis, mas vivendo em uma cidade pequena como eles vivem, onde ou você é um perdedor ou um jogador de futebol americano ou de basquete, ele escolheu ser um cara legal", especula Dijon. "O personagem de Finn faz que seja normal ser honesto em relação a quem você é, e eu queria fazer alguma coisa a mais do que aquilo que é colocado diante de mim, e Matt embarcou nessa."

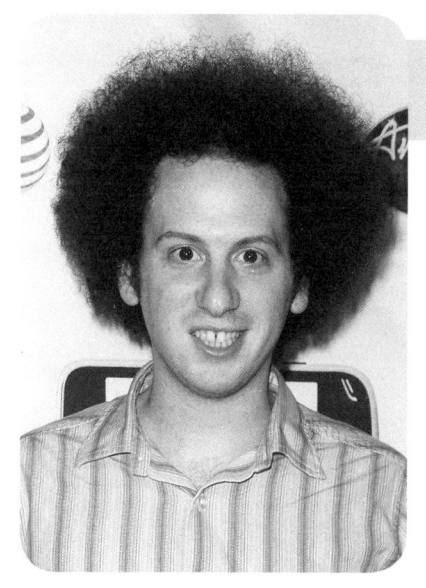

You're the one that I want: personagens principais

Josh Sussman (Jacob Ben Israel)

Data de nascimento:
30 de dezembro de 1983

Nascido em Teaneck, New Jersey, Josh Sussman, que interpreta o *nerd* com o cabelo afro e um desejo ardente por Rachel Berry, estudou teatro na School for Film and Television em Nova York antes de embarcar nessa carreira. Josh se identifica com o seu personagem impopular e admite que era muito parecido com ele quando estava crescendo: "Bom, eu não era o garoto mais popular no ensino médio". Em vez disso, ele era membro do clube do xadrez e do clube do teatro e adorava jogar *Connect four* (juntar os quatro). Depois do ensino médio, decidiu ser ator e conseguiu pequenos papéis em *What About Brian* e nos sucessos juvenis *Drake & Josh* e *The Suite Life of Zack & Cody* (*Zack & Cody: Gêmeos em Ação*), com um papel de seis episódios em *Wizards of Waverly Place* (*Os feiticeiros de Waverly Place*), antes de aterrissar no papel de Jacob Ben Israel em *Glee*.

Originalmente Josh fez o teste para uma ponta de um episódio como um tarado no clube do celibato. Ele não era adequado para o papel, mas Ryan Murphy o adaptou para Josh e expandiu o papel, tornando-o o maior fã de Rachel Berry. "As pessoas dizem que sou horroroso, mas eu gosto de pensar que também sou amável", ele disse à *Young Hollywood*. "É como um horroroso adorável."

Josh é o único membro do elenco de *Glee* que não canta e promete que nós nunca seremos obrigados a ouvi-lo tentar! Entretanto, adora interpretar o papel do *nerd* caçador. "Eu adoro horrorizar a Rachel!"

Primeira temporada:
maio de 2009 – junho de 2010

Elenco recorrente: Max Adler (Dave Karofsky), Jennifer Aspen (Kendra Giardi), Kent Avenido (Howard Bamboo), Kristin Chenoweth (April Rhodes), Kenneth Choi (Dr. Wu), Earlene Davis (Andrea Carmichael), James Earl II (Azimio), Eve (Grace Hitchens), Ethan Freedman (Giardi Triplet n. 1), Aidan Freedman (Giardi Triple n. 2), Ben Freedman (Giardi Triplet n. 3), Josh Groban (ele mesmo), Jonathan Groff (Jesse St. James), Michael Hitchcock (Dalton Rumba), Bill A. Jones (Rod Remington), Michael Loeffelholz (Phil Giardi), Idina Menzel (Shelby Corcoran), Olivia Newton-John (ela mesma), Mike O'Malley (Burt Hummel), Romy Rosemont (Carole Hudson), Molly Shannon (Brenda Castle), Stephen Tobolowsky (Sandy Ryerson).

♪♫♪

1.01 "Piloto"
Data original de exibição: 19 de maio de 2009
Data da exibição da versão do diretor: 2 de setembro de 2009
Escrito por: Ryan Murphy, Brad Falchuck e Ian Brennan
Dirigido por: Ryan Murphy

Não deixe de acreditar

Música: ★★★
Enredo: ★★ ⟡
Risadas: ★★ ⟡

Rachel: Fazer parte de alguma coisa especial faz você especial, certo?

Will Schuester, professor de espanhol da William McKinley High School, assume o clube do coral (um grupo de socialmente deslocados), recruta o quarterback* *do time de futebol americano para o seu projeto musical e lembra porque se tornou professor.*

Bem vindo ao William McKinley High School em Lima, Ohio, onde os atletas e as animadoras de torcidas reinam supremos e já é um bom dia para os socialmente rejeitados, se eles não receberem um suco na cara. Mas essa hierarquia é abalada quando Will Schuester assume o clube do coral e faz que o menino de ouro do futebol comece a cantar e a dançar com os esquisitos da escola. O novo *hobby* de Will pode ser tanto uma tentativa de reconquistar um pouco da sua antiga glória (como pensa a sua esposa Terri) como de compartilhar o que ama com os seus alunos (como a orientadora educacional Emma Pillsbury acredita), mas isso se tornará uma das questões contínuas da série. Essa "nova direção" não vem sem problemas – a escola não financia o coral, são apenas cinco os alunos interessados e a gravidez da esposa do Will está causando um problema financeiro no lar dos Schuester.

Esse episódio apresenta a todos nós a estrutura social do McKinley e os três personagens principais da série: Rachel Berry, a nada popular, porém determinada "jovem inocente e impressionante", como ela mesma se descreve; Finn Hudson, o *quarterback* bem-intencionado, mas lerdo; e Will Schuester, o professor de espanhol e diretor do clube do coral.

Rachel prova ser uma das personagens mais indomáveis da televisão, fazendo que o antigo diretor do clube do coral, Sandy Ryerson, seja demitido para aumentar as suas chances de estrelato. Apesar dos sucos na cara, comentários depreciativos na sua página do MySpace e o que ela pensa dos seus parceiros menores do coral, ela prossegue, colocando estrelas douradas do lado da sua assinatura até que consiga ter uma na porta do seu camarim, e esconde a sua solidão com um sorriso perfeito e meias três quartos.

Finn Hudson, o *quarterback* popular de futebol americano, parece ser um cara legal – ele deixa que Kurt tire a sua jaqueta antes de jogá-lo na lixeira, quer deixar

---

* N.T.: *Quarterback* é uma posição ofensiva do time de futebol americano. Alinha-se atrás da linha central.

a sua mãe orgulhosa e ajuda Artie a sair de um banheiro químico fedido –, mas as pressões sociais de ser um jogador de futebol ditam muitas das suas decisões. Apesar de originalmente ter sido forçado a entrar no clube do coral pelo Sr. Schuester, Finn redescobre o amor pela música que ele tinha quando criança e começa a gostar do grupo. Mas sendo o clube do coral composto pelos garotos mais impopulares da escola, por quanto tempo Finn conseguirá se equilibrar entre ser um jogador de futebol e um dançarino? A popularidade é uma coisa volúvel, e nem mesmo o melhor jogador de futebol está isento do ridículo que um clube de coral traz para os seus membros, por exemplo quando Finn recebe uma saraivada de tiros de *paintball* quando seus colegas de futebol descobrem o que ele tem feito escondido.

A partir desse episódio, já podemos ver os paralelos claros entre os personagens adolescentes e os adultos da série. Will e Finn, dois caras legais, controlados por suas companheiras exigentes, redescobrem sua paixão infantil pela apresentação. Entretanto, as suas companheiras se preocupam mais com as aparências (muito dinheiro para Terri e *status* social para a namorada animadora de torcida de Finn, Quin Fabray) do que com a felicidade dos seus parceiros. Por outro lado, Rachel e Emma encorajam-nos a continuar perseguindo seus sonhos e fazer o que amam. Os seus motivos podem ser egoístas (Emma gostaria de ter Will por perto e Rachel precisa de um parceiro no coral), mas as suas ações são boas.

Também parece que a família será uma parte importante na série. Os dois pais homossexuais de Rachel têm uma grande influência na vida dela, colocando-a em aulas de canto e dança logo cedo e encorajando-a aos seus sonhos de estrelato. A mãe de Finn o criou sozinha depois que seu pai morreu na primeira Guerra do Golfo, e, como resultado, seu grande desejo de fazer a mãe se orgulhar dele o influencia em quase todas as decisões que toma. Esses familiares podem ser personagens pequenos, mas podem ter um imenso impacto.

Glee tem um grande elenco, mas fora os três principais, estão todos em segundo plano nesse episódio. Conhecemos a orientadora educacional supersensível, Emma Pillsbury, e a agressiva treinadora de animadoras de torcidas, Sue Sylvester, que terão uma participação maior em episódios futuros. A queda de Emma por Will ameaça causar tensão conforme a família de Will cresce, e o desdém de Sue e Ken Tanaka, o treinador de futebol americano, pelo clube do coral se tornará problemático, pois os treinadores irão brigar pelo limitado orçamento da escola e pelo limitado tempo dos alunos. Kurt, Mercedes, Tina e Artie trazem diversidade, profundidade e humor ao New Directions, e nós quisemos saber mais sobre esses, assim chamados, desajustados. As Cheerios (as animadoras de torcida) e os outros jogadores de futebol americano parecem

O elenco apresentando "Don't Stop Believin'", a música que deu início a tudo, no White House Easter Egg Roll de 2010.

ser escravos unidimensionados da popularidade, mas esse é apenas o primeiro episódio. Quem sabe o que acontecerá nos corredores da escola McKinley?

Nota alta: a apresentação do Vocal Adrenaline de "Rehab", de Amy Winehouse, e a versão do New Directions de "Don't Stop Believin'" marcam o alto nível das apresentações dos números musicais.

Nota baixa: Kurt, Tina, Artie e Mercedes parecem personagens realmente interessantes, mas infelizmente não conseguimos vê-los muito no piloto. Artie nem canta na parte de teste do New Directions! Com sorte, veremos mais deles nos próximos episódios.

Por trás da música:
"Where Is Love?" (Hank e Sandy)
Oliver! (1960)
Baseada no romance de Charles Dickens de 1838, *Oliver Twist*, o musical *Oliver!* conta a história de um jovem órfão na Inglaterra que nasce em um orfanato e é forçado a trabalhos pesados até que foge para se juntar a uma gangue de batedores de carteira em Londres. "Where Is Love?", composta por Lionel Bart, é cantada por Oliver após ser jogado no porão por brigar com outro trabalhador, e ele canta a

> ### Diferenças da versão do diretor
> Foram criadas duas versões desse episódio: a versão estendida do diretor e o episódio de uma hora, que foi ao ar como piloto no dia 19 de maio de 2009. No final, as duas versões foram exibidas na Fox, e a versão do diretor está disponível na Primeira Temporada de *Glee* em DVD. Se você não pôde assistir à versão do diretor, aqui está o que você perdeu em *Glee*:
> - A série começa com o Glee National Invitational de 1993.
> - Em narração, Will se pergunta por que o "coral se afastou tanto e tão rápido", e culpa Sandy Ryerson e o crescimento das Cheerios. Ele também revela que atropelou o cachorro de Terri na noite da formatura e menciona rumores de que Sue posou para a revista *Penthouse* e toma estrogênio de cavalo.
> - A cena em que Rachel pega Sandy Ryerson e aquela em que o Diretor Figgins o demite são mais longas.
> - Will força o clube do coral a vestir figurinos horríveis de 1993. Graças à insistência de Mercedes, eles são poupados de usar esse pesadelo em poliéster.
> - Quando Will tenta falar com o time de futebol americano, Puck solta um pum na frente de todos.
> - Ken briga com Will por estar "roubando" seu *quarterback* e convida Emma para ir ao rali *Monster Truck "Trucksaurus"*. Aparentemente, Ken convida Emma para sair (e é recusado) constantemente.
> - Will canta "Leaving on a Jet Plane", acompanhado por uma montagem em que ele está fazendo a prova de contabilidade e Emma está rabiscando, como uma adolescente apaixonada, a página de Will do anuário.

música enquanto se consome pela amada mãe que nunca conheceu. Após as tentativas parecidas de salvar o clube do coral que estava indo por água abaixo e, então, ser demitido, Sandy, assim como Oliver, se sente sozinho, mal-amado e sem apoio.

"Respect" (Mercedes)
Aretha Franklin, em *I Never Loved a Man the Way I Love You* (1967)
"Respect", a música mais famosa de Aretha Franklin e a quinta na lista das 500 Melhores Canções de Todos os Tempos da *Rolling Stone*, foi composta e gravada por Otis Redding e regravada por Aretha alguns anos mais tarde. Esta versão se tornou um hino feminista e a transformou em uma das principais superestrelas da R&B, ganhando o Grammy por Melhor Gravação de *Rhythm & Blues* e Melhor Cantora de *Rhythm & Blues*. Mercedes, que canta "Respect" para o teste do New Directions, se sente ignorada e ofuscada por Rachel. Ela quer o reconhecimento que merece, tanto no clube do coral quanto fora.

"Mr. Cellophane" (Kurt)
Chicago (1975)
Montado na época de proibições de Chicago, o musical *Chicago* fala, satiricamente, da corrupção no sistema de justiça criminal. Amos Hart, marido da corista assassina Roxy, canta "Mr. Cellophane" depois de perceber que é irrelevante e invisível para a sua esposa e para todos à sua volta. Como Amos, Kurt se sente invisível e desvalorizado. Só é notado na escola McKinley quando o time de futebol decide atormentá-lo, e com certeza, ser jogado na lixeira é o tipo de reconhecimento que Kurt dispensa.

"I Kissed a Girl" (Tina)
Kate Perry, *One of the Boys* (2008)
A música de teste de Tina, que fala de curiosidade bissexual e protetor labial, foi o grande sucesso de Kate Perry, chegando ao topo da lista da Billboard Hot 100 e ganhando uma indicação para o Grammy na categoria de Melhor Cantora *Pop*. Essa música provocativa tornou Kate imediatamente mordaz – uma característica que Tina tem aos montes. Ela não aparece muito nesse episódio, mas o seu visual *punk rock* e seus movimentos de dança provocativos já dizem tudo.

"On My Own" (Rachel)
Les Misérables (1980)
"On My Own", uma marca da "clássica produção da Broadway" *Les Misérables*, é uma música de cortar o coração, sobre amor não correspondido. A escolha de uma música tão famosa e difícil prova que Rachel leva a sério e quer seu posto de estrela do New Directions, mas também salienta o fato de que é uma garota solitária cuja busca pela fama é tudo que tem. O seu desafio da Broadway esconde a sua dor particular.

"Sit Down, You're Rockin' the Boat" (New Directions)
Guys and Dolls (1950)
Frank Loesser compôs essa música sobre criminosos insignificantes e jogadores profissionais da década de 1940, em 1950, em Nova York, e mais tarde nesse mesmo ano ela chegou ao musical da Broadway *Guys and Dolls*. "Sit Down, You're Rockin' the Boat" é uma canção capaz de acalmar uma multidão depois de um gol importante. O clube do coral da escola McKinley estava certamente balançado: Sandy saiu, Will entrou e agora trocou o nome do clube, e está ativamente recrutando novos membros. Will precisa desacelerar e sentar se quiser guiar com sucesso esse barco em uma "nova direção".

"Can't Fight This Feeling" (Finn)
REO Speedwagon, *Wheels Are Turnin'* (1984)
"Can't Fight This Feeling", uma poderosa balada de *rock* clássico composta pelo vocalista líder Kevin Cronin, tornou-se o segundo grande sucesso de REO Speedwagon. Enquanto a música fala sobre descobrir sentimentos escondidos por um amigo de longo tempo, ela ajuda Finn a descobrir seu amor perdido pela música e percebe que não pode mais lutar contra a alegria de estar no coral.

"Lovin', Touchin', Squeezin'" (Darren e Finn criança)
Journey, *Evolution* (1979)
"Lovin', Touchin', Squeezin'" conta uma história de cortar o coração, de uma mulher que abandona o seu homem por outra pessoa, exibindo letra de "Nothing Can Change This Love", sucesso de 1962 do cantor de R&B Sam Cooke. Darren, que era funcionário da Emerald Dreams, namorou a mãe de Finn, mas largou-a por uma loira gostosa. Finn adolescente está namorando a sua própria loira gostosa, mas como Quin é a presidente do clube de celibato, amar, tocar e apertar é exatamente o que ele não tem feito.

"You're the One That I Want" (New Directions)
Grease (versão do cinema de 1978)
Danny e Sandy, dois jovens de mundos diferentes, declaram o seu amor um pelo outro na música "You're the One That I Want", em *Grease*. Apesar de essa canção não estar no musical na produção original dos palcos, de 1972, ela se tornou um grande sucesso quando a trilha sonora foi lançada antes do filme, resultando em um fenômeno no estilo de *Glee*, em que a música garantiu o sucesso do filme. O que Rachel quer é um parceiro que faça dela uma estrela. Quando Finn chega, Rachel o quer (em mais de uma maneira), e Finn quer ficar no clube do coral, mesmo que isso resulte em regulares sucos na cara.

"Rehab" (Vocal Adrenaline)
Amy Winehouse, *Back to Black* (2006)
A própria Amy Winehouse compôs esse sucesso sobre não querer ajuda contra o seu alcoolismo, e ganhou o prêmio Grammy pelo Melhor Álbum do Ano, Melhor Música do Ano e Melhor Cantora *Pop*, um fato ainda mais impressionante que a apresentação do Vocal Adrenaline. O New Directions estava começando a ficar convencido depois da entrada de Finn, mas após assistirem à apresentação do

Vocal Adrenaline perceberam que precisariam ir para a reabilitação dos clubes de coral se algum dia competissem com o nível do Vocal Adrenaline.

"Leaving on a Jet Plane" (Will)
Peter, Paul e Mary, *Album 1700* (1967)
Originalmente intitulada de "Oh, Babe, I Hate to Go", a música folclórica de John Denver, que fala sobre abandonar relutantemente uma pessoa amada, tornou-se o único sucesso de Peter, Paul e Mary, apesar de a banda ter sido uma das maiores e mais influentes da década de 1960. Will pode não estar indo embora num avião a jato, mas é na versão do diretor do piloto que ele usa essa música para dizer o seu amargurado adeus à escola McKinley.

"Don't Stop Believin'" (New Directions)
Journey, *Escape* (1981)
Essa canção animada sobre seguir os seus sonhos e nunca desistir poderia ser a música tema de *Glee*. O New Directions enfrenta vários obstáculos que precisa superar: tem apenas seis membros, não tem dinheiro nem apoio da escola, não é popular e Sue Sylvester está na cola dele. Sim, desde que não deixem de acreditar, eles podem, e irão ter sucesso. New Directions pode usar a inspiração da música: apesar de nunca ter sido um grande sucesso, depois de vinte anos é uma das músicas mais baixadas da internet de todos os tempos.

Mande lembranças à Broadway: baseado no romance de 1862 de Victor Hugo, que tem o mesmo nome, o musical *Les Misérables* acompanha a vida de muitos personagens que viveram no século XIX na França e que são interligados de maneiras inesperadas enquanto procuram amor, redenção e mudanças pessoais e políticas. Originalmente *Les Misérables* era uma produção francesa, até que Cameron Mackintosh, o produtor de *Cats*, concordou em trazê-la para os palcos ingleses e estreou no London's West End em 1985. Os críticos estavam convencidos de que as complicadas tramas e os assuntos pesados iriam afastar o público, mas o *show* foi um grande sucesso. A sua estreia na Broadway foi no dia 12 de março de 1987, e foi indicado para 12 premiações de Tony, ganhando quatro, incluindo Melhor Musical. Foi encerrado em 18 de maio de 2003, depois de 6.680 apresentações, fazendo dele o terceiro musical mais apresentado da Broadway na história, logo atrás de *The Phantom of the Opera* (*O fantasma da ópera*) e *Cats*. Uma adaptação do musical para o cinema tem sido trabalhada há anos, mas nada concreto foi desenvolvido.

Isso é muito *Popular*: em *Popular*, o *quarterback* Josh Ford faz teste para o musical da escola – e consegue o papel principal – contra a vontade do pai, do técnico, da namorada e dos outros jogadores. A namorada de Josh é a animadora de torcidas, loira, virginal e popular Brooke McQueen. A sua inimiga? A morena não popular que corre atrás do que quer, Sam McPherson, que não desiste por nada da ambição de ser uma jornalista premiada. O corpo docente também parece familiar, com um jovem e ansioso professor que quer fazer a diferença e uma veterana de coração duro que quer fazer da vida das crianças um inferno. "Eu queria que ela fosse a professora mais malvada do mundo e totalmente andrógina", contou Ryan Murphy ao *Television Without Pity* sobre Roberta Glass, a vilã professora de biologia de *Popular*. A mesma descrição se aplica à treinadora das animadoras de torcida, Sue Sylvester, assim como o seu figurino de abrigos andróginos.

Suco na cara:
- Kurt é jogado na lixeira.
- Jogam suco vermelho na cara de Rachel.
- Rachel recebe as seguintes mensagens no MySpace:
  - Sky Splits: Se eu fosse os seus pais, te mandaria de volta.
  - Hi Ho Cheerio: Eu vou arrancar fora os meus olhos.
  - As Cheerios: Por favor, seja esterilizada.
- Fora da cena, o time de futebol raspou as sobrancelhas de um colega do time por ter assistido *Grey's Anatomy*.
- Finn recebe uma saraivada de *paintball* do time de futebol.
- O time de futebol praticamente derruba o Artie dentro do banheiro químico.
- Ouvimos que Finn atira ovos em Rachel, joga bexigas de xixi em Kurt e que o time de futebol prega a mobília de jardim de Kurt no teto.
- O time de futebol inscreve para o New Directions o Gaylord Weiner, Bundão e Pênis.

Fora do tom:
- O que aconteceu com os antigos membros do clube do coral, além de Rachel? Se a quantidade já era pequena, por que o Sr. Schue achou que precisava testar novamente essas pessoas?
- No papel para os testes do New Directions, Tina assina seu nome como ela fala, TTTTina C. Mas depois de Rachel assinar o mesmo papel, o nome de cima é Tina C.

A evolução de *Glee*: diferenças de roteiros

Como todos os bons programas de TV, *Glee* passou por muitos rascunhos e muitas mudanças antes que o roteiro do piloto virasse o que vimos na tela. Tivemos muita sorte de conseguir colocar as mãos em um rascunho do episódio piloto de julho de 2008, e algumas diferenças são chocantes! Estas são algumas das maiores mudanças:

- Sue Sylvester? Não nesse retrato! A treinadora que todos amam odiar nem existia quando esse rascunho foi escrito.
- A namorada de Finn e presidente do clube do celibato era Liz Fabray, e não mencionam que ela era uma animadora de torcidas. Ela também não tem nenhuma fala!
- Os alunos do New Directions, nessa versão, frequentavam a escola Harrison High School, e não McKinley.
- Existe uma longa cena de uma lembrança de Rachel, na qual vemos o seu nascimento, da sua mãe de aluguel, com seus dois pais homossexuais presentes, assim como uma cena de lembranças do seu teste para *American Idol* e com o Simon Cowell dizendo: "Rachel, você me parece ser uma garota de quem as outras pessoas não gostam muito".
- Como o papel de Kurt foi escrito especialmente para Chris Colfer, ele não estava nesse rascunho. Em vez disso, havia um personagem indiano chamado Rajeesh que era quem os atletas jogavam na lixeira. Também havia dicas de uma possível relação entre Rajeesh e Mercedes.
- Muitas músicas foram mudadas desse rascunho para a versão final. Para a sua página no MySpace, Rachel canta "Look at Me, I'm Sandra Dee", de *Grease*, em vez de "On My Own", de *Les Misérables*; no primeiro ensaio de Finn no clube do coral, o grupo cantou "Summer Lovin'", de *Grease*, em vez de "You're the One That I Want", do mesmo filme; e o Vocal Adrenaline canta "Let Me Entertain You", de Robin Williams, em vez de "Rehab", de Amy Winehouse, na sua apresentação.
- Will de fato aceita o emprego na H. W. Menken e passa alguns dias trabalhando lá, até que se encontra com Emma e ela o convence de que aquela não é a carreira certa para ele.

- E no mesmo papel, o nome de Artie está escrito Arty.
- Quando Finn está cantando no chuveiro, pode-se ver a tatuagem que envolve o bíceps de Cory Monteith. Normalmente a sua tatuagem é encoberta pela manga da camisa ou com maquiagem para que Finn pareça mais novo e mais inocente.

Por trás da cena:
- A música que Finn canta no chuveiro, "Can't Fight This Feeling", não foi a música com a qual Cory Monteith fez o seu teste, como suspeitavam. Ele

recebeu o roteiro do piloto (que já incluía esse número) antes de mandar a sua fita. Cory cantou essa música no seu conjunto de números para o teste, mas até hoje não se sabe com certeza se essa fita realmente chegou até a Fox. Quando foi chamado a Los Angeles, ele cantou "Honesty", de Billy Joel.
- A música de teste de Rachel, "On My Own", foi a mesma do teste de Lea Michele. No roteiro original era "Look at Me, I'm Sandra Dee", mas a música foi trocada depois que Lea impressionou os produtores com a sua versão do clássico de *Les Misérables*.
- A música de teste de Kurt para o New Directions, "Mr. Cellophane", também foi a mesma de teste para o *Glee* de Chris Colfer.
- O piloto foi quase todo filmado na Cabrillo High School, em Long Beach, na Califórnia, por mais de 17 dias. Assim que a série decolou, foram construídos *sets* de filmagem nos estúdios da Paramount, em Hollywood. Os novos *sets* eram baseados em Cabrillo para manter a mesma aparência. Entretanto, os números apresentados ainda são filmados no teatro de Cabrillo.
- "Vocês acham que isso é difícil?" é uma frase que foi improvisada por Jane Lynch. Ryan Murphy gostou tanto que começou a usar variações disso por toda a série como uma frase recorrente.
- Lauren Gottlieb, uma finalista da terceira temporada de *So You Think You Can Dance*, mostra as suas habilidades como dançarina pelo Vocal Adrenaline.
- Jayma Mays come manteiga de amendoim todos os dias. Emma pode não comer sempre, mas divide um sanduíche de manteiga de amendoim com geleia com Will na apresentação do Vocal Adrenaline!
- Finn tem vontade de comer balas de goma Sour Patch Kids antes da apresentação do Vocal Adrenaline. Será isso uma referência à série *Kyle XY*? Cory Monteith esteve no programa da ABC Family na temporada de 2006 a 2007. Sour Patch Kids era o patrocinador oficial do programa e era mencionado em quase todos os episódios.
- Conseguir a autorização para "Don't Stop Believin'" foi difícil porque Steve Perry, o antigo líder da banda Journey, estava preocupado que a música ficasse superexposta. Depois de muita persuasão, ele finalmente concordou.

Palco principal:
- Puck diz: "It's Hammertime". O rapper MC Hammer disse isso no sucesso de 1990 "U Can't Touch This", do álbum *Please Hammer, Don't Hurt 'Em*.

Ela se tornou a frase de efeito de Hammer, e *Hammertime* virou o nome do seu *reality show* da A&E, que estreou em 2009.
- William McKinley High School também foi o nome da escola no *Freaks and Geeks* da NBC, outro programa sobre adolescentes desajustados.
- A antiga diretora do clube do coral de Will, Lilian Adler, compartilha o sobrenome com dois gênios da música: Luther Adler, ator da Broadway que se apresentou em *Awake and Sing!, Alien Corn, Paradise Lost, Johnny Johnson* e *Golden Boy,* em 1930, e o produtor Lou Adler, que trabalhou com atores como Sam Cooke, The Mama's & The Papa's, Carole King e Cheech and Chong.
- Kelly Rowland fez parte do grupo original da Beyoncé, o Destiny's Child. Assim como Beyoncé, Kelly agora é uma cantora solo. Apresentou o *reality show The Fashion Show* em 2009 e teve participação em séries de TV e filmes.
- Will se candidata a um emprego na H. W. Menken. Alan Menken é um renomado compositor de musicais e filmes que ganhou oito Oscars pelo seu trabalho em *Aladin, Beauty and the Beast* (*A Bela e a Fera*), *The Little Mermaid* (*A pequena sereia*) e *Pocahontas*.
- Quinn chama Rachel de "RuPaul". RuPaul é a mundialmente famosa *drag queen*, que antes era apresentadora de um programa de entrevistas e uma artista de sucesso. Atualmente ela é apresentadora do *reality RuPaul's Drag Race*.

Mãos de jazz:
- As animadoras da Sue estiveram no Fox Sports Net no ano passado. Fox Sports Net é um canal afiliado à Fox, o canal que passa o *Glee*.
- Quando Will acusa Finn de posse de maconha, o pôster atrás dele diz: "Prioridade n. 1: ajudar os alunos".
- Os adoráveis vestidos azul e preto de bolinhas foram desenhados por Betsey Johnson.

O palco de Ohio: Lima é uma verdadeira cidade do noroeste de Ohio, com aproximadamente 38 mil habitantes. Fundada em 1831, é mais conhecida pela produção de petróleo e pelas vias férreas. Al Jardine, dos Beach Boys, a atriz Phyllis Diller e o lutador profissional Al Snow vieram todos de Lima. Entretanto, William McKinley Jr., o 25º presidente dos Estados Unidos (que ficou no cargo de 4 de março de 1897 até ser assassinado em 14 de setembro de 1901) não era de lá, apesar de essa escola (de ficção) ter o seu nome. Ele nasceu em Niles, também em Ohio, que fica 320 km a leste de Lima. Ryan Murphy escolheu fazer o *set* de *Glee* em Lima porque é muito parecida com a pequena cidade de Indiana, que ele conheceu na sua infância. Na verdade, qualquer lugar no centro da América serviria, mas Ryan se lembrava de que Lima, em um certo ano quando ele era criança, fora atingida por grandes tornados, o que foi um grande fato histórico.

Como a Sue vê isso: "O seu ressentimento é delicioso."

♪♫♪

1.02 "Romance no ar" (Showmance)
Data original de exibição: 9 de setembro de 2009
Escrito por: Ryan Murphy, Brad Falchuk e Ian Brennan
Dirigido por: Ryan Murphy

Música: ★★♪
Enredo: ★★★
Risadas: ★★♪

Will (para a Sue): Eu sei que você está acostumada a ser a durona por aqui, mas parece que as suas animadoras de torcida terão alguma concorrência.

O Sr. Schuester precisa de mais alunos, se quer que o clube do coral tenha sucesso, e planeja uma apresentação para atrair novos recrutas. Em um esforço para não envergonhar os poucos membros do clube, Rachel recorre à única coisa que ela sabe que chamará a atenção de todos: sexo.

Com o Sr. Schue no controle de tudo e as mentes focadas nas Regionais, os alunos do New Directions estão mais confortáveis com o seu *status* social bem baixo. Mas não seria ensino médio (ou série adolescente de TV) se obstáculos monstruosos não atrapalhassem constantemente a sua felicidade ou a sua aceitação própria.

O primeiro obstáculo é a luta constante dos garotos do coral por popularidade. Precisando de 12 membros para poderem participar das Regionais, o Sr. Schue os inscreve para se apresentarem antes do jogo na escola, com a

Pessoas famosas que estiveram em clubes de coral

Rachel estava certa: participar do coral pode fazer de você uma estrela! Aqui estão dez grandes nomes de quem já cantou e dançou em coral:

1. **Woodrow Wilson, 28º presidente dos Estados Unidos:** em 1879, Woodrow Wilson estudou Direito na University of Virginia e, apesar de nunca ter se formado, o futuro presidente foi um notável membro do Virginia Glee Club por um ano.
2. **Cole Porter, compositor:** enquanto frequentou a Yale University, de 1909 a 1913, Cole Porter cantou tanto no Yale Glee Club quanto no Yale Whiffenpoofs, um grupo sem acompanhamento instrumental (capela). Ele compôs impressionantes trezentas músicas enquanto estava em Yale, inclusive vários hinos de futebol da escola.
3. **Ashton Kutcher, ator:** além de garanhão do futebol do Yale Whiffenpoofs, o Sr. Demi Moore também foi um galã do Clear Creek-Amana High School, do qual fez parte de 1992 a 1996. Ele poderia ensinar algumas coisas ao Finn sobre como equilibrar esportes e coral!
4. **Blake Lively, atriz:** enquanto Ashton pode ser uma primeira versão de Finn, parece que a Quinn está encarnando Blake Lively, mais conhecida como Serena van der Woodsen de *Gossip Girl*. Ela frequentou a Burbank High School de 2001 a 2005, onde fez parte do coral e do time de animadoras de torcida.
5. **Theodore Roosevelt, 26º presidente dos Estados Unidos:** o presidente era muito ocupado enquanto frequentava a Faculdade de Harvard (parte da Universidade de Harvard) de 1876 a 1880: praticava remo, boxe, era da fraternidade Delta Kappa Epsilon e do Harvard Glee Club.
6. **Franklin D. Roosevelt, 32º presidente dos Estados Unidos:** não só FDR seguiu os passos do seu primo ao se tornar presidente, como também cantava no Harvard Glee Club durante seu tempo na Harvard College, de 1900 a 1904.
7. **Bob McGrath, ator e cantor:** mais conhecido pelo seu papel de Bob no *Sesame Street* (*Vila Sésamo*), Bob frequentou a University of Michigan de 1950 a 1954 e foi membro do Men's Glee Club da University of Michigan.
8. **Lance Bass, cantor:** antes de se unir ao N'Sync, Lance foi membro do coral ganhador de prêmios nacionais Attaché Show Choir, da Clinton High School, que ele frequentou de 1993 a 1997.
9. **Glenn Close, atriz:** por muitos anos, no final da década de 1960, Glenn se apresentou no Up with People, uma organização motivacional e grupo musical conhecido como um dos primeiros do conceito de apresentação de coral.
10. **Marc Cherry, escritor e produtor:** antes de ser o criador de *Desperate Housewives*, Marc fez turnês com o Young Americans, outro coral que recebe o crédito por ter começado a loucura na década de 1960.

esperança de que consigam novos membros. Mas com o seu destemido líder preso no ano de 1993 e decidido a reviver a era disco, é mais fácil que recebam uma saraivada de frutas podres que de aplausos (claro que esses alunos encaram diariamente os sucos na cara, mas pelo menos eles são saborosos!). É difícil dizer o que é mais frustrante: ser envergonhado na frente da escola inteira ou ter um professor que não liga para as suas preocupações. Will tem boas intenções, mas um pouco de compreensão ajudaria muito os membros do New Directions.

E ainda há o segundo obstáculo: o amor. Pat Beatar está certa: o amor é um campo de batalha. Emma e Rachel, que anseiam pelo tipo forte e de mente simples, não são correspondidas, mas quando os seus amados as provocam com leves toques (Will no nariz e Finn nos lábios) e fazem escolhas de roupa que combinam (azul-violeta para Will e Emma e marrom para Finn e Rachel), como elas podem resistir? Tanto Will quanto Finn precisam parar de brincar com fogo quando se trata do coração dessas pobres garotas.

As coisas não estão muito melhores para a esposa de Will ou para a namorada de Finn. Graças aos flertes dos seus companheiros, Terri e Quinn se sentem ameaçadas e não estão sendo honestas com eles. Terri mente sobre a sua gravidez, mas ela faz isso para salvar o seu casamento. E o recente interesse de Quinn pelo coral não é só para espionar para Sue Sylvester: ela também quer salvar o seu relacionamento.

Quinn vence o primeiro *round* na batalha pelo coração de Finn. Rachel pode terminar o episódio cantando sobre o seu coração partido, mas antes a sua confiança estava muito alta, e parecia que, pela primeira vez, ela iria conseguir o que desejava – finalmente ser respeitada e aceita pelos seus talentos. É preciso muita coragem para defender suas crenças sobre sexualidade adolescente e usar o conceito de que "sexo vende" e atrair novos estudantes para o clube do coral. Será que ela vai descobrir essa confiança e aprender que Finn está tão assustado e confuso quanto ela?

Quanto a Will e Terri, os seus problemas são um pouco mais complicados. Terri quer uma casa maior para o bebê que está carregando, e dane-se o orçamento! Sendo sempre o marido que apoia (bom, exceto quando ele está flertando com a Emma), Will aceita o emprego de meio-período na escola como zelador para conseguir tudo, enquanto Terri continua escondendo que a sua gravidez é psicológica. Entre o flerte não tão inocente de Will e as mentiras de Terri, dá para ver que esses namoradinhos do ensino médio vão ter problemas se não começarem logo a ser mais honestos uns com os outros.

"Showmance" normalmente se refere ao amor que continua mesmo fora do palco, mas também se refere às relações românticas que são planejadas para as câmeras ou a televisão. Enquanto o primeiro significado está evidente nesse episódio, com Rachel e Finn, o lado mais sinistro do título pode se aplicar ao outro casal problemático. Quando se trata de Finn e Quinn, e Will e Terri, será possível que seus relacionamentos sejam só para se exibir? E será que os olhos de sua plateia imaginária no final se tornarão menos importantes que manter o papel um para o outro?

Nota alta: tudo, desde as joelheiras até Kurt dando um tapinha no traseiro de Finn durante "Push It", é incrivelmente inadequado. A dancinha desajeitada da Emma, o óbvio balanço do Diretor Figgins e os olhares de horror de Will e Sue apenas melhoram a apresentação.

Nota baixa: uau, Finn e Rachel são rápidos! Não só os sentimentos de Finn aparecem do nada, como ele tem uma namorada! O que é toda essa infidelidade correndo solta na escola McKinley?

Por trás da música:
"Le Freak" (New Directions)
Chic, *C'est Chic* (1978)
Quando os membros do Chic, Nile e Bernard, não puderam entrar no Studio 54, o clube mais famoso dos anos 1970, eles se inspiraram para compor o seu primeiro sucesso, "Le Freak", como forma de retaliação. Eles não precisavam do Studio 54 para se divertir e o New Directions também não precisa do "Le Freak" para envergonhá-los. Enquanto o Sr. Schue está determinado em reviver os seus dias de glória com o coral, o New Directions está preocupado que o fato de apresentar essa música dê aos outros o direito de chamá-los de "esquisitos".

"Gold Digger" (Will com New Directions)
Kanye West com Jamie Foxx, *Late Registration* (2005)
O esmagador sucesso de Kanye (ficou nove semanas em primeiro lugar) conta a história de um homem trabalhador e saudável cuja mulher abusa da sua boa--fé por causa do seu dinheiro. Jamie Foxx (que encarnou Ray Charles, no filme *Ray*, de 2004) adiciona a parte expressiva. A música foi originalmente escrita em 2004, de um ponto de vista feminino, mas foi mudada pelo *rapper* Shawnna.

Como Kanye, Will e Finn estão lidando com mulheres interesseiras. Terri quer a casa de seus sonhos, que está muito além do orçamento de Will, e Quinn exige que Finn largue qualquer atividade que possa privá-lo da coisa mais importante no ensino médio – popularidade.

Perguntas e respostas: Jennifer Aspen como Kendra Giardi

Como Kendra, a irmã maluca de Terri, Jennifer Aspen faz a miraculosa façanha de, ocasionalmente, fazer Terri parecer sã. Nascida em 6 de outubro de 1976, em Richmond, na Virginia, Jennifer é uma estrela desde o ensino médio. Depois de conseguir o papel principal na produção da sua escola *How to Succeed in Business Without Really Trying*, ela foi estudar teatro na School of Theater, Film and Television da Ucla. Desde então, Jennifer trabalhou sem parar no teatro, nos filmes e na televisão, estrelando *Party of Five (O Quinteto)*, *Bob Patterson*, *Rodney*, *Vanilla Sky*, *Mr. Woodcock (Em pé de guerra)* e *A Very Brady Sequel (A família sol, lá si, dó)*. Praticante da Cientologia, ela mora em Los Angeles com seu marido. Ganhou o papel de Kendra em *Glee* depois de fazer o teste para Terri. Não conseguiu o papel, mas Ryan Murphy gostou tanto dela que escreveu o personagem de Kendra especificamente para ela.

Contatamos Jennifer, e a graciosa atriz (que não se parece em nada com a sua personagem maluca!) gastou alguns minutos para nos dar mais um pouco de informação sobre como foi interpretar o papel de Kendra:

Como você vê a Kendra?

Eu adoro fazer a Kendra. Ela é louca, mas tem consciência disso. Interpretando a personagem, eu me torno ela completamente. Quando troco de roupa é como se eu ligasse um botão e, pronto, sou uma louca. O guarda-roupa dela é insano, o que já é uma excelente porta de entrada. É incrivelmente divertido, e um personagem como a Kendra te dá muita liberdade. Você pode dizer qualquer coisa que dá certo. É muito fácil improvisar com essa personagem.

Você vê alguma intenção boa por trás das ações da Kendra?

O legal é que ela é como um porto seguro para a Terri. Faz qualquer coisa por ela. Mesmo que ela tenha de fingir uma gravidez e roubar o bebê de outra pessoa, ela faz pela Terri. Definitivamente é assim que eu interpreto Kendra. É uma qualidade muito grande, mesmo que as suas ações sejam loucas. Não há nada que ela não faça pela irmã.

> **Se a Kendra fosse cantar uma música, qual seria?**
> Eu implorei para ter uma música no episódio da Madonna, mas não aconteceu. Não fui contratada pela minha voz, ou para cantar, mas sou afinada. Comecei em musicais e acho que é a coisa mais miraculosa. Não sou a Lea ou o Matthew, mas quero muito cantar. Acho que a Kendra deveria cantar em um pesadelo do Will. Ele pode ter um pesadelo sobre escolher a lista de músicas para as Regionais ou estar preocupado com a competição, ou alguma coisa assim, e a Kendra aparece cantando "Umbrella" [da Rihanna].
>
> **Qual é a melhor parte de estar em *Glee*?**
> Definitivamente procurei alguma coisa especial e diferente por muito tempo. Quando li o roteiro, eu sabia que era esse o caso e que era o que eu estava procurando. Eu vou filmar esse piloto, será um grande sucesso e vai ganhar todos os prêmios. Eu sabia que seria uma coisa diferente. Quando assisto à série, tem momentos em que choro, momentos em que dou risada, momentos em que fico completamente emocionada. *Glee* é mais que a televisão de todo dia. É incrível e realmente especial.

"All by Myself" (Emma)
Eric Carmen, *Eric Carmen* (1975)
A orientadora educacional Emma Pillsbury é solitária, e suas perspectivas românticas são desanimadoras. Não é nenhuma surpresa que ela se identifique com a poderosa balada de Eric Carmen sobre solidão e azar no amor. Vários artistas, como Céline Dion e Frank Sinatra, já gravaram esse sucesso que estraçalha o coração. A versão original de Eric tem um solo de sete minutos de piano e a melodia é baseada no "Let's Pretend", do Raspberrie, e no Concerto para Piano n. 2 em Dó menor, de Sergei Rachmanioff, Opus 18.

"Push It" (New Directions)
Salt-n-Pepa, *Hot, Coll & Vicious* (1986)
"Push It" permitiu que a música *rap* e o Salt-n-Pepa aparecessem no mercado nas décadas de 1980 e 1990. A frase "essa dança não é para todos, apenas para as pessoas *sexy*" era uma provocação à principal música, "The Bird", da banda de *funk* The Time. Rachel decide dar aos seus iguais uma amostra do sexo pelo qual eles estão ansiando, mas ela não é a única que está forçando a barra: Finn está forçando as barreiras sociais ao se apresentar com o New Directions na frente da escola inteira.

"I Say a Little Prayer" (Quinn, Santana e Brittany)
Dionne Warwick, *The Windows of the World* (1967)
A ode de Dione Warwick aos soldados que lutavam na Guerra do Vietnã foi a sua única música da década de 1960 a atingir a marca de um milhão de discos vendidos, apesar de, na verdade, nunca ter sido pensada para ser lançada como *single*. Quinn pode ser religiosa e fazer as suas orações regularmente, mas dessa vez fez mais que rezar: ela toma uma atitude e se junta ao clube do coral.

"Take a Bow" (Rachel com Tina e Mercedes)
Rihanna, *Good Girl Gone Bad* (2007)
O primeiro sucesso de Rihanna diz a seu namorado para ir embora ou tomar jeito, pois ela cansou das mentiras e traições, mesmo que a separação esteja partindo o seu coração. Rachel se identifica com isso, pois parece que Finn se aproveitou dela e mentiu sobre isso – uma ofensa séria o suficiente para enfraquecer o sorriso brilhante e permanente da Rachel.

Isso é muito *Popular*: tanto Sam como Rachel têm uma queda por atletas cantores com namoradas que não deixam os namorados fazer nada. Ambas as escolas têm clubes de abstinência de animadoras de torcidas e a Poppy Fresh, da Glamazon, é a presidente na escola Kennedy. Os orçamentos são apertados nas duas escolas, mas parece que o sindicato do zelador é mais presente na escola Kennedy. Em vez de ser dispensada quando o orçamento começa a ficar apertado, a equipe de manutenção entra em greve em "Muita, Muita Bagunça" para brigar por salários e condições de trabalho melhores.

Suco na cara:
- Kurt é jogado na lixeira pelo time de futebol.
- Rachel recebe uma dose dupla de suco na cara.

Fora do tom:
- A fala sobre o reflexo do vômito parece não pertencer a uma personagem tão afetada e peculiar como Emma.

Por trás da cena:
- Este é o primeiro episódio com Heather Morris (Brittany) e Josh Sussman (Jacob).

- "Take a Bow" foi a primeira música oferecida ao *Glee* por valores de licença reduzidos (algo que ocorre regularmente nos próximos episódios).
- A lixeira na qual Kurt é jogado pode ter vários travesseiros, mas não quer dizer que não seja perigosa! Chris Colfer deslocou o polegar em uma das muitas tomadas que precisou fazer para a cena ficar boa.
- O cachorro de porcelana que fica na prateleira superior da sala de ensaios do coral pertencia a um dos professores favoritos de Matthew Morrison no ensino médio.

Palco principal:
- Sue se refere ao New Directions como uma "Ilha de Brinquedos Perdidos", o destino de Rudolph, Hermey (um elfo desajustado) e Yukon Cornelius (um caçador de tesouros) no especial de Natal de 1964, *Rudolph the Red-Nosed Reindeer* (*Rudolph, a rena do nariz vermelho*).
- Quinn chama Rachel de "mãos de homem", um termo pescado na série de *Seinfeld*. No episódio "O Jerry Bizarro", Jerry estava saindo com uma bela mulher, mas não conseguia se sentir atraído por ela por causa das suas mãos enormes e masculinas.
- Will instrui o New Directions a usar "as mãos de John Travolta". John Travolta não é só ator, como também é um dançarino maravilhoso que dá um *show* na pista de dança, em 1977, no filme *Saturday Night Fever* (*Embalos de sábado à noite*). Os movimentos das suas mãos nesse filme são um ícone e têm sido copiados (e parodiados) milhares de vezes.
- Quando precisa escolher entre uma poltrona aconchegante e uma lareira, Terri diz que é a sua própria "Escolha de Sofia". *Sofie's Choice* (*A escolha de Sofia*) foi um romance de 1979, de William Styron (e um filme de 1982, estrelado por Merryl Streep), sobre uma sobrevivente polonesa do Holocausto que teve de escolher qual dos seus filhos iria viver e qual iria morrer no campo de concentração da 2ª Guerra Mundial.
- Kurt usa uma camiseta que diz "Sing Your Life". Esse era o nome de um *single* lançado em 1991, pelo cantor e compositor inglês Morrissey, do seu álbum *Kill Uncle*. Morrissey foi o líder da banda The Smiths, dos anos 1980, e seguiu uma carreira solo de sucesso desde que se separaram em 1987. Morrissey também é conhecido por dar respostas conflitantes e ambíguas quando perguntam sobre a sua sexualidade.
- Os artistas que "conseguiram a sua estrela no coral", que estão no cartaz que Rachel fez para o New Directions, são Justin Timberlake, Kelly Clarkson, do

American Idol, e Robin Thicke. De maneira bastante útil, Rachel identifica Robin Thicke, um cantor e compositor americano de R&B, que escreveu músicas para Christina Aguilera, Mya, Brandy, Marc Anthony e Jordan Knight.
- A apresentação de "Push It" do New Directions foi a coisa mais ofensiva que Sue Sylvester já tinha visto desde uma apresentação escolar do musical *Hair*. *Hair* é um musical de *rock* sobre a cultura *hippie* e a revolução sexual da década de 1960 – assunto nada apropriado para crianças que cantam no *playground*.
- O diretor Figgins diz que nunca viu o corpo estudantil tão animado desde que Tiffany se apresentou no *shopping* local. Tiffany foi uma estrela *pop* da década de 1980 que fez uma longa turnê por *shoppings*, conhecida como "The Beautiful You: Celebrating the Good Life Shopping Mall tour'87". Tiffany foi a primeira grande artista a se apresentar em *shoppings* e tem sido um ícone da música *pop* desde então. O elenco de *Glee* fez a sua própria turnê em *shoppings* em 2009, visitando os da rede Hot Topic em dez cidades americanas para promover a estreia do *show* de outono.
- Quando Will mostra a Rachel a lista de músicas pré-aprovadas, ela pergunta o que é *luftballoon*. "99 Luftballoons" é uma música de protesto político contra a Guerra Fria, a qual se tornou um sucesso dos anos 1980, cantada na Alemanha por Nena.

Mãos de jazz:
- Sr. Schue mudou a placa do carro de "RP8 9624" para "glee".
- Kendra não quer que Terri dê uma de "Susan Smith" com seu bebê. Susan Smith dirigiu o seu carro até um lago e afogou os dois filhos pequenos, em 1993, para poder ter um relacionamento com um homem saudável que não queria ter filhos.
- Sr. Schue está usando uma camiseta que diz "Ditch Plains." Ditch Plains fica em Montauk, em Nova York, e possui a melhor arrebentação de ondas da costa leste, o que é uma escolha estranha para um professor de uma pequena cidade no centro da América.
- A coleção de panfletos de Emma é: "Ai! Isso dói!", "Divórcio: por que seus pais deixaram de amar você", "Eu não consigo parar de me tocar", "Radônio: o assassino silencioso", "A minha mãe é bipolar e ela não para de gritar", "Uau! Tem cabelo lá embaixo!" e "Então você gosta de vomitar".
- Mercedes chama Rachel de "Eva Perón". Eva foi a segunda esposa do presidente da Argentina Juan Domingo Perón e a primeira dama do país desde 1946, até que morreu de câncer, em 1952, aos 33 anos de idade.

Originalmente era atriz, e lutou pelos direitos dos trabalhadores, das mulheres e da saúde, e foi indicada para concorrer como vice-presidente da Argentina. Ela foi o tema do musical *Evita,* de 1976, que virou um filme em 1996, estrelado por Madonna.

Como a Sue vê isso:
Sue: Comprimidos de ferro? Ajudam a manter a força enquanto você está menstruando.
Will: Eu não menstruo.
Sue: Mesmo? Eu também não.

♪♫♪

1.03 "Acafellas"
Data original de exibição: 16 de setembro de 2009
Escrito por: Ryan Murphy
Dirigido por: John Scott

Música: ★★★
Enredo: ★★♪
Risadas: ★★★

Rachel: Nós vamos ganhar porque somos diferentes. E é isso que nos torna especiais.

Quando Rachel questiona a capacidade de liderança do Sr. Schue, ele forma um grupo a capela para aumentar a sua confiança. New Directions tenta seguir em frente, contratando o coreógrafo sádico Dakota Stanley.

"Acafellas" é sobre confiança – ou você tem ou não tem. Tanto os personagens principais quanto os menores estão cheios de dúvidas sobre si mesmos e aprendem a importância de acreditar em suas próprias qualidades. E embora essa mensagem seja entregue por uma mão um pouco pesada, é meio difícil levar isso muito a sério quando há uma grande dose de *rap* cantado a capela em toda essa mistura.

O ego do Sr. Schue é o primeiro a levar um golpe, quando Rachel (influenciada por uma agente dupla das Cheerios) sugere que as suas habilidades de coreógrafo não estão no nível de que eles precisam. Sentindo-se afastado, Will sai em busca do seu pequeno pedaço de glória, precisando provar (não só ao New Directions, como também a si mesmo) que ele tem o necessário para levá-los até as Regionais. Ele acaba formando o Acafellas, um grupo a capela com outros três infelizes: Howard Bamboo, que trabalha com Terri no Sheets 'N Things, o professor de marcenaria sem polegares, Henri St. Pierre, e o técnico de futebol Ken Tanaka. Dançar e cantar traz a alegria de volta aos seus passos conforme os quatro começam a ver o grupo como talentoso e de sucesso. Infelizmente, os seus 15 minutos de fama acabam muito cedo, com o aprendizado de uma difícil lição: você não pode dançar para fugir de grandes problemas – você precisa encará-los de frente, quer seja encontrando a confiança, percebendo que amigos não entram com medida cautelar, quer seja lutando contra o vício em xarope de tosse.

Enquanto isso, os alunos do clube do coral estão lutando com as suas próprias inseguranças quando contratam o famoso coreógrafo Dakota Stanley. Os membros do New Directions acham que um instrutor de dança de sucesso vai ajudá-los a melhorar a autoestima, dando-lhes uma vantagem na competição, mas o resultado é bem o contrário. É claro que o problema é o que nós já sabíamos desde o primeiro episódio: o New Directions é diferente dos outros corais. O Vocal Adrenaline é todo cheio de brilhos e *glamour*, enquanto o pessoal do McKinley é mais envolvido na música. Eles não têm figurinos chiques nem movimentos de dança, e é isso que os torna únicos. Do mesmo modo que o Acaffellas, o New Directions precisa encontrar sua confiança interior e acreditar em seus talentos naturais e em sua individualidade, algo que eles não encontrarão em ensaios de mais de nove horas e desidratação induzida pelo choro.

Josh Groban

Josh Groban é um homem que sabe se divertir. Cantor e compositor de talento, com quatro discos de platina no seu nome, Josh começou quando frequentava a Los Angeles County High School for the Arts para se formar em teatro. Ele foi aceito no Carnegie Mellon University, mas desistiu, depois de quatro meses, para tentar uma carreira na música. As coisas deram certo para Josh quando ele tinha 17 anos, ao conhecer David Foster, produtor e ganhador do Grammy. David o apresentou às pessoas certas e não demorou muito para que Josh tivesse um contrato para gravar com a Warner Bros. Ele já cantou com personalidades como Charlotte Church, Andrea Bocelli, Sarah Brightman, entre outros. De início, os produtores de *Glee* não sabiam ao certo até onde ir com o personagem dele, mas quando o cantor chegou ao *set*, ele estava disposto a tudo. Ian Brennan conta: "Ele dizia 'Boa, isso é hilário. Posso ser ainda mais horroroso?'".

> ### Whit Hertford como Dakota Stanley
> Lembram-se daquela garota esquisita, Stephanie, e da sua amiga chamada "Duckface (Cara de Pato)" em *Full House (Três é demais)*? Essa garota era interpretada por Whit Hertford, que é quem também dá vida a Dakota Stanley nas telinhas. Nascido em 2 de novembro de 1978, Whit é um ator americano cujos créditos incluem *Jurassic Park (O parque dos dinossauros)*, *A Nightmare on Elm Street 5 (A hora do pesadelo 5)*, *Tiny Toon Adventures* e *Star Wars: The Clone Wars (Star Wars: a guerra dos clones)*. Depois de se formar como bacharel em Finas Artes pela University of Utah's Actor Training Program, ele estudou comédia de improvisação e com roteiro na Upright Citizens Brigade Theatre e foi o cofundador do grupo THE ATTACK!. Apesar de ter apenas 1,67 m de altura, o Dakota de Whit compensa sua pouca estatura com pura intimidação.

O assunto da confiança também surge com o pai de Will, com Finn e Kurt. Faz sentido que o pai de Will se sinta inspirado em finalmente fazer algo ousado, e Kurt e Finn ainda estão tentando encontrar coragem para ter controle dos seus próprios desejos. Esses garotos são o retrato dos alunos do ensino médio, e nenhuma dessas situações é fácil para alguém da idade deles lidar. Talvez houvesse menos dramas emocionais no New Directions se o clube recebesse uma lição sobre como expressar os sentimentos pela música (Ahã, "Balada", ahã).

Nota alta: as músicas são cuidadosamente escolhidas e bem apresentadas. Acaffellas se encaixa no perfil das bandas masculinas bregas dos anos 1980 e 1990, e Mercedes finalmente mostra a voz em "Bust Your Windows".

Nota baixa: por que o Will deixa de lado o New Directions tão facilmente? Rachel, que exigiu o melhor desde o começo, só estava fazendo uma crítica construtiva. É difícil acreditar em Will quando ele diz: "Eu sou um professor. E dos bons", se ele abandona os seus alunos no segundo em que é questionado.

Por trás da música:
"For He's a Jolly Good Fellow" (Will, Sandy, Howard e Ken)
(1709)
Tradicionalmente cantada para celebrar grandes conquistas, os rapazes cantam "For He's a Jolly Good Fellow" para distrair Henri do seu azar. Supostamente composta depois da Batalha de Malpaquet, na Guerra da Sucessão Espanhola,

> **Victor Garber como o pai de Will**
> Cantar, ensinar, ser advogado, espião, desenhar o *Titanic*: o que Victor Garber não consegue fazer? Nascido em London, Ontario, Canadá, em 16 de março de 1949, Victor começou a estudar teatro na University of Toronto aos 16 anos. Seu primeiro papel principal foi o de Jesus, na produção canadense *Godspell*. Ele foi indicado para quatro Tonys e três Emmys. Seus créditos incluem *Deathtrap* (*Armadilha mortal*), *Sweeney Todd* (*O barbeiro demoníaco da rua Fleet*) e *Noises Off* (*Impróprios para menores*) na Broadway, e filmes como *Sleepless in Seatle* (*Sintonia de amor*), *Legally Blonde* (*Legalmente loira*), *Annie* e *Tuck Everlasting* (*Vivendo na eternidade*), além de alguns programas de TV que incluem *Alias* e *Eli Stone*. Ele realizou o casamento da sua colega de trabalho de *Alias*, Jennifer Garner, com Ben Affleck em 2005, e os dois continuam bons amigos. Victor é homossexual assumido e atualmente está namorando o artista e modelo canadense Rainer Andreesen.

lutada contra várias potências europeias pela unificação da França e da Espanha sob a monarquia de Bourbon, essa canção é a segunda música mais popular da língua inglesa, superada apenas por "Happy Birthday".

"This is How We Do It" (Acaffellas)
Montell Jordan, *This Is How We Do It* (1995)
Acaffellas nos mostra como música a capela é feita com a música R&B de Montell Jordan sobre como se soltar e se divertir. Montell se tornou o primeiro artista solo masculino a ter um *single* n. 1 com essa música, que ficou no auge do sucesso por seis semanas. Nessa música, Montell é quase uma autoridade quando se trata de festejar e se divertir, e Will usa esse número para provar o seu posto de líder confiante e talentoso que consegue trazer o sucesso tanto para o Acaffellas quanto para o New Directions.

"Poison" (Acaffellas)
Bell Biv DeVoe, *Poison* (1990)
Bell Biv DeVoe, um subproduto da banda masculina New Edition, conseguiu o seu primeiro sucesso com essa música de estilo New Jack Swing*, que adverte contra os perigos do amor. Ela avisa para não se confiar em certas garotas, já que são venenosas para os homens que as namoram. E em quem se pode confiar em

---

* N.T.: Uma mistura de *hip-hop* com R&B.

Lima, Ohio? Todos, desde professores até alunos estão interferindo no relacionamento de todos, armando contra alguém ou tentando mudar alguém.

"Mercy" (Vocal Adrenaline)
Duffy, *Rockferry* (2008)
A emocionante cantora galesa Duffy pede piedade na sua música aclamada pela crítica e ganhadora do Grammy. Ela ama alguém que é a pessoa errada para ela, portanto, precisa se libertar e partir para outra. O Vocal Adrenaline deveria estar pedindo piedade também: eles ensaiam diariamente das duas e meia da tarde até a meia-noite sem intervalo, sem água ou desculpas. O maior problema de Duffy pode ser a separação, mas o Vocal Adrenaline precisa se preocupar com colapsos nervosos!

"Bust Your Windows" (Mercedes)
Jazmine Sullivan, *Fearless* (2008)
O hino "ele me enganou" de Jazmine Sullivan impressionou tanto os fãs quanto a crítica, e a revista *Slant Magazine* chamou Jazmine de a retaliação do R&B à Carrie Underwood. Jazmine pode cantar sobre quebrar o vidro do carro do seu namorado traidor, mas Mercedes vai além e realmente faz isso, quebrando o vidro do carro de Kurt depois que ele partiu o seu coração.

"I Wanna Sex You Up" (Acaffellas)
Color Me Badd, *C.M.B.* (1991)
Will ficou chateado porque o New Directions cantou "Push It", para a escola, mas cantar "I Wanna Sex You Up" em uma reunião de pais e mestres é tão inapropriado quanto aquilo. O título da música já diz tudo: nada é melhor que seduzir e dormir com uma mulher. O primeiro sucesso de Color Me Badd recebeu críticas ambíguas: VH1 o chamou de as melhores músicas dos anos 1990, mas foi parar na lista das piores músicas de todos os tempos da revista *Blender*. Está junto de "La Di Da Di", de Doug E. Fresh ("to the tick tock ya don't stop"), e "Tonight Is the Night", de Betty Wright ("I know you not gonna sing that song!"). Mesmo não sendo a melhor escolha de música para o Acaffellas cantar, certamente lembrou aos espectadores o que estava na mente de todo mundo. Desde as mulheres casadas que o Puck seduz até a paixão de Kurt por Finn, todo mundo quer um pouco de amor.

O som da música: originalmente, a capela era uma forma de se fazer música sem palavras. Ou os membros da banda substituem os instrumentos

> ### Debra Monk como a mãe de Will
> Debra Monk, a atriz vencedora de prêmios Tony e Emmy, nasceu no dia 27 de fevereiro de 1949 em Middleton, Ohio, mas frequentou o ensino médio em Silver Spring, Maryland. Ela é coautora da sua grande chance, o musical *Pump Boys and Dinettes*, baseado na sua própria experiência como garçonete. Finalmente, a peça chegou à Broadway e foi indicada a um Tony por Melhor Musical em 1982. Seus outros créditos de teatro incluem *Red Curtain*, *Steel Pier*, *Chicago* e *Curtains*. Ela está em vários filmes e programas de televisão, incluindo *Fearless*, *For Love or Money* (*Por amor ou por dinheiro*), *Quiz Show* (*A verdade dos bastidores*), *Extreme Measures* (*Medidas extremas*) e *NYPD Blue* (*Nova York contra o crime*).

fazendo sons de acompanhamento com a voz ou o grupo se harmoniza de forma que torna os instrumentos desnecessários. A capela é originária da Itália Renascentista como música religiosa. No século XX, o interesse pelo gênero voltou, mas recebeu uma nova versão, na qual se pode fazer qualquer tipo de música, inclusive quarteto de barbearia, ritmo dos anos 1950 e mais. A capela é muito popular em faculdades, com grupos como o Yale's Whiffenpoofs e Tufts' Beezlebubs gravando profissionalmente e competindo em nível amador.

Mande lembranças à Broadway: *The Sound of Music* (*A noviça rebelde*), um querido musical de Rodgers e Hammerstein, não era para ser um musical. Baseado numa série de filmes austríacos, *The Trapp Family,* de 1956, a sua sequência de 1958, *The Trapp Family in America,* e em *The Story of the Trapp Family Singers,* feito em memória de Maria von Trapp, *The Sound of Music* foi primeiramente concebido como uma recontagem não musical da história incrível, porém verdadeira, da família Von Trapp, sobre um viúvo que se apaixona por uma "freira que vira babá que vira esposa que vira mãe" e finalmente de sua fuga dos nazistas durante a Segunda Guerra Mundial. Apesar de vários nomes e personagens terem sido trocados e alguns eventos terem sido dramatizados, a essência da história continua a mesma. E como a família era musical, algumas músicas foram colocadas... e depois mais outras... e mais outras... até que o *show* se tornou o clássico que nós conhecemos e amamos. O musical estreou na Broadway no dia 16 de novembro de 1959, teve 1.443 apresentações, ganhou quatro Tonys, incluindo o de Melhor Musical (uma honra que foi dividida com *Fiorello!*). Apesar de o show na Broadway ter sido considerado um sucesso, o

> **John Lloyd Young como Henri St. Pierre**
> John Lloyd Young interpreta um garoto de Jersey nos palcos, mas é um garoto da Costa Oeste no coração. Nascido em Sacramento, Califórnia, no dia 4 de julho de 1975, John fez muito sucesso como Frankie Valli em *Jersey Boys*, seu primeiro papel na Broadway. Antes do sucesso, John frequentou a Brown University e se formou em teatro. Ele é o único ator americano que recebeu os prêmios Tony, Drama Desk, Theater World e Outer Critics Circle por uma estreia com um papel principal da Broadway. A temporada de *Jersey Boys* terminou em 2007. Existem rumores de que ele namorou a coestrela de *Glee*, Lea Michele. Os dois trabalharam juntos na produção de *Les Misérables* do Hollywood Bowl. Ryan Murphy escreveu o papel de Henri St. Pierre especialmente para ele.

filme de 1965 foi um fenômeno. Com Julie Andrews e Christopher Plummer, o filme está em terceiro na lista dos filmes mais vistos de todos os tempos e ganhou cinco Oscars, incluindo o de Melhor Filme.

Isso é muito *Popular*: as animadoras de torcidas podem ser malvadas. Nicole, Mary Cherry e Poppy Fresh fazem Carmen acreditar que ela é uma covarde em "Slumber Party Massacre" ("O Massacre"). O orçamento das animadoras é tão grande que elas têm um abatimento na Prada, o que, francamente, soa muito melhor do que lavagem a seco europeia. O professor de marcenaria da escola McKinley sofre por não ter os polegares, enquanto o professor de marcenaria da escola Kennedy sofre com seu sexo e decide se tornar uma mulher em 'Ch-Ch-Changes". Todo mundo na escola Kennedy é submetido a um campo de treinamento de recrutas em "Booty Camp", não muito diferente dos ensaios de Dakota Stanley nesse episódio. Os professores do McKinley podem beber com vontade a garrafa de xarope para tosse, mas na escola Kennedy são os estudantes que o fazem. Depois de um aluno ter morrido de overdose de xarope para tosse em "Style and Substance Abuse", o corpo estudantil é submetido a testes de drogas, e a questão divide a escola.

Suco na cara:
- As Cheerios conspiram para convencer Mercedes de que Kurt tem uma paixão por ela e induzem o New Directions a contratar Dakota Stanley.
- Quando Kurt conta que gosta de outra pessoa, Mercedes estoura o vidro do carro dele.

Fora de tom:
- Estar em uma banda com dois adolescentes não é uma violação à medida cautelar de Sandy?
- Artie foi o único membro do New Directions a concordar com Finn quando ele protestou contra contratar Dakota Stanley, e não participou da excursão para recrutá-la. Eles não tinham um carro acessível para cadeiras de rodas? Ou Artie não foi porque ele, assim como Finn, não queria contratar Dakota?

Por trás da cena:
- O papel de Dakota foi escrito para o astro da Broadway, Cheyenne Jackson, que teve de desistir porque pegou uma gripe. Whit Hertford apareceu como substituto no último minuto. O nome Dakota é uma brincadeira com o primeiro nome de Jackson, pois os dois são nomes de locais geográficos (Cheyenne é a capital de Wyoming).
- Este é o segundo episódio no qual aparece Lauren Gottlieb, a finalista da terceira temporada de *So You Think You Can Dance*. Tanto ela quanto Ben Susak (segunda temporada de SYTYCD) estão no Vocal Adrenaline. Ben é amigo de Heather Morris e eles fizeram o teste para SYTYCD juntos. Eles

- até tinham um bordão "Ben e Heather juntos para sempre". Ben chegou até os últimos vinte, mas foi cortado na terceira semana.
- Ryan Murphy colocou "Bust Your Windows" no roteiro depois de ouvir Amber cantá-la entre as cenas.
- Dakota Stanley chama Finn de "Frankenteen", que é o nome que Cory Monteith usa no Twitter (@frankenteen). Ryan Murphy cunhou o apelido porque Cory é muito mais alto e muito mais desajeitado que todo o resto.
- Enquanto o pai de Will nunca teve coragem de fazer a faculdade de Direito, Victor Garber, o ator que o interpreta, já representou vários advogados na tela, inclusive Jordan Wethersby, em *Eli Stone*, e Thomas Callahan, em *Legally Blonde* (*Legalmente loira*).
- Victor Garber e Debra Monk, que interpretam o pai e a mãe de Will, se conhecem há anos. Debra até se hospedou na casa de Victor quando foi chamada para fazer *Glee*. Eles também trabalharam juntos em *Jeffrey* (*De caso com a vida*), *The First Wives Club* (*O clube das desquitadas*) e *The Music Man* (*Vendedor de ilusões*).
- Shoshandra, do Vocal Adrenaline, é interpretada por Shelby Rabara, a namorada na vida real de Harry Shum Jr. (que ainda não apareceu).

Palco principal:
- John Stamos provou que "é preciso mais convicção que talento para ser uma estrela" depois que alcançou a fama como o Tio Jesse em *Full House* (*Três é demais*). Desde aquele programa, Stamos não esteve em nenhum filme ou programa de televisão de sucesso, mas está constantemente trabalhando, apesar de nunca conseguir mostrar as suas habilidades de ator.
- Quando Sandy exige fazer parte do Acaffellas, ele diz que está "pronto para o [seu] *close*, Sr. De Mille", uma frase tirada do filme de 1950 *Sunset Boulevard* (*Crepúsculo dos deuses*). Nesse filme, Norma Desmond, uma antiga atriz do cinema mudo, que nunca aceitou que Hollywood não a quer mais, está tão iludida que, quando a polícia chega no fim do filme, ela os confunde com uma equipe de filmagem. Considerando que Sandy não aceita o fato de não ser mais necessário no coral (ou que Josh Groban pode não se sentir atraído por ele), ele parece tão iludido quanto Norma!
- Emma encoraja Will ao fazê-lo se lembrar de Van Halen e David Lee Roth. Van Halen é uma banda de rock dos anos 1970 e Roth era seu líder. Ele saiu da banda em 1985 por diferenças pessoais e criativas. Em vez de se

desintegrar, os membros restantes do Van Halen contrataram Sammy Hagar e produziram quatro álbuns de platina.
- Dakota Stanley chama Mercedes de "Effie", a cantora do musical *Dreamgirls* na Broadway (interpretada por Jennifer Hudson no filme de 2006) que foi expulsa do grupo por não ser magra.
- Curtis Mayfield era um cantor, compositor e produtor de R&B e *soul*, mais conhecido pelo seu trabalho na trilha sonora de *Superfly*. Ele é considerado um dos pioneiros do *funk* e das músicas do movimento pelos direitos civis.
- Run DMC, um dos grupos de *hip-hop* de mais sucesso de todos os tempos, foi levado ao Hall da Fama Rock & Roll em 2009, mas foi Eminem que o presenteou com essa honra, e não Josh Groban.

Mãos de jazz:
- O pai de Will passa seis meses em "Hanoi Hilton", uma prisão usada pelos colonizadores franceses durante a Guerra do Vietnã, onde prisioneiros americanos apanhavam e eram torturados na tentativa de se extrair informações deles.
- Existe uma placa que diz: "O que você precisa saber sobre infecção por estafilococos" na sala dos professores.
- Sue diz que fez parte da invasão do Panamá em 1989 (conhecida como Operação Justa Causa), que depôs o ditador e general Manuel Noriega quando o presidente George H. W. Bush atacou para recuperar o controle do Canal do Panamá. Mas Sue não está dizendo a verdade aqui, porque mulheres não servem em posições de combate no Exército dos Estados Unidos.
- Howard está usando o seu crachá da Sheets 'N Things durante a apresentação de "Poison", do Acaffellas.
- Este é o primeiro episódio com narração do Puck.
- Jim Abbot jogou *baseball* profissionalmente de 1989 a 1999. Ele nasceu sem a mão direita (e não o braço inteiro, como afirmou Finn) e arremessou o seu *no-hitter* contra o Cleveland Indians em 1993.

O palco de Ohio: Josh Groban diz que estava em Ohio para visitar o Hall da Fama do Rock & Roll, em Cleveland. Como Cleveland fica a quase 300 mil quilômetros de Lima, parece improvável que Josh simplesmente desse "uma passada" em uma reunião de pais e mestres. Mas a viagem pode valer a pena para entregar uma medida cautelar.

Não deixe de acreditar

Como a Sue vê isso: "Eu vou pedir que você cheire as suas axilas. Esse é o cheiro do fracasso e está empesteando o meu escritório."

♪♫♪

1.04 "Grávidas" (Preggers)
Data original de exibição: 23 de setembro de 2009
Escrito por: Brad Falchuk
Dirigido por: Brad Falchuk

Música: ★♪
Enredo: ★★★★
Risadas: ★★♪

Kurt (para o pai): Estou feliz que você esteja orgulhoso de mim, mas eu não quero mais mentir. Fazer parte do clube do coral e do time de futebol me mostrou que eu posso ser qualquer coisa.

Toda a atenção está voltada para Kurt quando ele tenta entrar para o time de futebol americano. Enquanto isso, Sue e Sandy estão tramando juntos para acabar com o New Directions, e o relacionamento de Finn e Quinn é abalado pela notícia da gravidez dela.

> **Mike O'Malley como Burt Hummel**
> O antigo apresentador dos programas *Get the Picture* e *Nickelodeon GUTS* do canal Nickelodeon dos Estados Unidos é um dos grandes atores de Hollywood. Descendente de irlandeses, Mike O'Malley nasceu no dia 31 de outubro de 1966 em Boston, Massachusetts, e estudou teatro na University of New Hampshire. Depois do seu trabalho na Nickelodeon, Mike participou de *Deep Impact* (*Impacto profundo*), *Pushing Tin* (*Alto controle*) e *28 Days* (*28 dias*), teve um papel de destaque na série da CBS *Yes, Dear* (*Sim, querida*) e foi aos poucos se firmando como um ator respeitável. Ele também é um roteirista de sucesso, com duas das suas peças, *Three Years from Thirty* e *Diverting Devotion*, sendo produzidas fora do circuito da Broadway. Ele se casou com Lisa em 1991 e tem três filhos: Fiona, Seamus e Declan. Depois de trabalhar com Ryan Murphy no piloto de *Pretty Handsome*, Ryan ofereceu o papel de Burt Hummel a Mike, sem pedir que fizesse um teste, e ele alegremente aceitou.

Grandes segredos são revelados, um jogo importante acontece, uma grande estrela abandona o clube do coral e um monte de jogadores dança "Single Ladies" em um ponto crucial da partida de futebol americano. Como pode essa hora na televisão não ser maravilhosa?

Kurt fica no centro das atenções quando decide entrar para o time de futebol americano da escola McKinley. Apesar de toda essa história começar porque Kurt foi pego mentindo, é a maneira perfeita para ele tentar ser o homem que acha que seu pai deseja que ele seja. Kurt pode desobedecer ao pai ao vestir "roupas colantes que vão até o joelho", mas quer desesperadamente deixá-lo orgulhoso. Kurt e seu pai não têm um relacionamento muito íntimo, e têm pouco em comum, e apesar de às vezes Kurt confundir isso com falta de amor, não é o que acontece. Eles podem não saber se expressar muito bem, mas é claro que o par pai/filho se ama e se respeita. Kurt fica muito animado quando seu pai vem ao jogo de futebol americano, e o pai fica muito orgulhoso quando o filho vence o jogo para o time. E graças a essa nova aproximação inspirada no futebol, Kurt cria coragem para se assumir para um pai que surpreendentemente dá muito apoio, fazendo que a gente vibre mais do que quando o time venceu a partida. Kurt só espera um dia receber a mesma aceitação que teve em casa nos corredores da escola McKinley.

Enquanto Kurt está sendo honesto em relação à sua sexualidade, Quinn se pergunta como esconder a evidência de sua atividade sexual. O paralelo Quinn/Terri fica mais forte nesse episódio, quando é revelado que Quinn também está mentindo sobre a gravidez. A rainha poderosa está apavorada com a possibilidade de perder o seu *status* social e o seu namorado gostosão e jogador, assim como Terri está com medo de perder o seu casamento aparentemente perfeito e seu marido namoradinho de escola. A situação de Quinn é ainda mais complicada porque sua gravidez também significa perder a imagem de "boa menina". Será que ela é realmente uma cristã rígida que acredita em orações e no clube do celibato ou será que ela só usa a religião para mascarar a sua verdadeira face? É difícil dizer se as crenças de Quinn são mais do que superficiais, mas o dilema de sua gravidez dá uma reviravolta interessante em uma personagem que inicialmente parecia nada mais do que uma escrava da popularidade. Apesar de as duas mulheres estarem agindo por desespero e medo, essas potenciais mamães precisam seguir o exemplo de Kurt e corajosamente serem honestas com as pessoas que as amam.

A tendência para ser diva de Rachel é novamente um problema nesse episódio, quando o Sr. Schue escolhe Tina para um solo. Achando que essa decisão foi propositadamente contra ela, Rachel sai do clube do coral e entra no musical da escola, mas o efeito dramático da sua saída teatral foi enfraquecido pela quantidade de vezes que ameaçou largar o clube. Apesar de ela interpretar a moça líder e confiante, seus muitos acessos de raiva encobrem um ego frágil por baixo desse exterior abrasivo. Nós sabemos que Rachel acha que cantar é a chave para ser especial, e o fato de os holofotes serem desviados dela danifica a imagem que construiu com tanto cuidado para si mesma. Sua personalidade de diva pode ter sido o seu grande ato até agora – um ato tão convincente que ela conseguiu enganar até a si mesma. Rachel e o New Directions precisam um do outro igualmente: ela não conseguirá alcançar o sucesso ou ganhar as amizades que deseja sem o clube, enquanto, definitivamente, o grupo terá problemas nas competições sem a sua destreza vocal e a sua liderança feminina.

Algumas vezes, nós nos tornamos os nossos piores críticos ao interiorizar nossos sofrimentos e esperar resultados mais negativos. Nesse episódio, a experiência de Kurt é um exemplo perfeito de como uma situação assustadora pode terminar bem quando seu pai provou que apoiava sua opção sexual. Tanto Quinn quanto Rachel deveriam aprender com ele a ser confiantes e finalmente deixar de lado a enorme pressão que elas colocam sobre si mesmas para serem perfeitas. O apoio que elas receberiam as deixariam surpresas.

Nota alta: não foi emocionante, adorável e surpreendente quando Kurt se assumiu?! E o pai dele lidou com a situação tão delicada de forma muito honesta, amorosa e com compaixão.

Nota baixa: a estratégia imatura de adoção da Terri parece ser mais complicada que a coreografia de Dakota Stanley. Existem tantas dificuldades: fingir uma gravidez, coordenar duas datas, fingir uma adoção, fingir um parto, falsificar uma certidão de nascimento e conseguir a transferência de hospital sem que Will (ou qualquer um) perceba. Esse plano parece ridículo de muitas formas.

Por trás da música:
"Single Ladies (Put a Ring on It)" (Dançada por Kurt, Tina e Brittany, e, mais tarde, pelo time de futebol americano do McKinley)
Beyoncé, *I Am... Sasha Fierce* (2008)
Respeito e compromisso são os dois grandes temas tratados nesse episódio, e o sucesso ganhador do Grammy de Beyoncé (e sensação da cultura pop) reforça essa mensagem. O vídeo da música, que demonstra o já conhecido estilo de dança, desencadeou dezenas de paródias, imitações de fãs, aparições *online* e ganhou o

Perguntas e respostas: Stephen Tobolowsky como Sandy Ryerson

Nascido e criado em Dallas, no Texas, a primeira tentativa de alcançar a fama de Stephen Tobolowsky foi como guitarrista e *backing vocal* de uma banda da escola de ensino médio Stevie Ray Vaughn. Na faculdade, Stephen virou sua atenção para a atuação e se formou em teatro pela Southern Methodist University, onde estudou com Patricia Richardson, que trabalhou na série *Home Improvement*. Desde que se formou, Stephen participou de mais de 200 filmes e projetos de televisão, incluindo *Groundhog Day* (*Feitiço do tempo*), *Radioland Murders* (*Assassinos na rádio WBN*) e *Memento* (*Amnésia*). Coincidentemente, as personagens de *Glee* e *Groundhog Day* têm o mesmo sobrenome. Assim como seu personagem em *Glee*, Stephen tem uma paixão pelo palco e é assíduo nos teatros comunitários de Nova York e Los Angeles. Em 2002 foi indicado para o Prêmio Tony como Melhor Ator Coadjuvante pela remontagem de *Morning's at Seven*. Ele é tão dedicado à sua profissão que até fez o teste para *Glee* com o pescoço quebrado. O seu *podcast* semanal, *The Tobolowsky Files* (http://tobolowskyfiles.com), é atencioso e hilário. Nós fortemente recomendamos que você ouça!

Contatamos Stephen, que compartilhou com alegria algumas das suas ideias sobre Sandy Ryerson e como é trabalhar no *set* de filmagens de *Glee*:

Conte-nos como vê o personagem de Sandy Ryerson, além do que nós vemos na tela.
Qualquer papel que eu faça pode ser traçado por duas perguntas principais: qual é o grande desejo do meu personagem e qual é o seu grande medo. Todos os comportamentos são, em algum grau, influenciados por essas duas coisas. O maior desejo de Sandy foi descrito em uma fala dele no episódio "Acaffellas": "Essa é a minha chance de voltar ao mundo dos normais". A fala foi cortada na edição, mas a verdade permanece – Sandy sofre por achar que vive à beira da aceitabilidade. É um lugar solitário... ou como ele diz em "Grávidas": "Estou vivendo em um casulo de horror!". Portanto, a solidão e ficar no ostracismo é o que ele mais teme.

Como você se identifica com um personagem como Sandy? Existe alguma semelhança entre vocês dois?
É interessante que uma das falas que foi cortada do piloto era do Sandy argumentando com o Diretor Figgins que ele não entendia quais eram as acusações porque ele "não é gay!". Vamos para o mundo de Sandy – ele não é homossexual nem pedófilo. Isso torna o material mais engraçado ou a situação mais interessante? Eu digo que sim. Isso faz de Sandy não um quase criminoso que está mentindo para cobrir o seu rastro, mas – como todos nós – ele é alguém

> que não sabe quem é ou como é visto pelos outros. Isso é universal – e engraçado – e sim, eu me declaro culpado por isso.
>
> **Se Sandy cantasse uma canção para expressar os seus sentimentos, qual seria?**
> Que tal "I'm Stone in Love With You"*, da banda The Stylistics, cantada para Josh Groban, ou "Put on a Happy Face"**, do musical *Bye, Bye Birdie*, cantada com a Sue?
>
> **Como é trabalhar com um elenco tão completo como o de *Glee*? Qual é a diferença de se trabalhar com um elenco menor?**
> Quando você tem um elenco grande, há muitas histórias acontecendo ao mesmo tempo e um ator normalmente trabalha com o mesmo grupo. Eu trabalhei com Lea, Matt e Jane – mas praticamente não tive nada a ver com Amber, Cory e Jayma. Essa é a realidade de um elenco grande – como em *Deadwood* ou *Heroes*. Num elenco menor, todos trabalham juntos em uma história por episódio – ou talvez dois.
>
> * N.T.: Algo como "Estou perdidamente apaixonado por você".
> ** N.T.: Algo como "Faça uma cara feliz".

Prêmio de Vídeo do Ano no MTV Music Awards de 2009. Seja Kurt aceitando a sua sexualidade; Finn tentando conciliar o New Directions e o futebol, Rachel e Quinn; Rachel tentando se achar sem o New Directions; Will tentando achar o seu caminho de futuro pai e professor; ou Mercedes e Tina tentando aparecer sem a sombra de Rachel, todos na escola McKinley querem ser respeitados por quem são e por quem estão tentando ser.

"Taking Chances" (Rachel)
Céline Dion, *Taking Chances* (2007)
Kara DioGuardi (compositora e jurada do *American Idol*) e David Stewart (compositor e produtor de gravação dos melhores artistas pop) escreveram essa balada que fala sobre assumir riscos no amor, e esse episódio é todo sobre assumir riscos na vida: Rachel faz o teste para *Cabaret*, Will dá um solo para a tímida Tina, Sue envolve Sandy em sua missão de destruir o clube do coral e Finn apresenta a mistura socialmente impensável de futebol com o clube do coral.

"Tonight" (Tina)
West Side Story (*Amor, sublime amor*) (1956)
Leonard Bernstein e Stephen Sonheim escreveram "Tonight" em 1956 e ela chegou até o *West Side Story* (*Amor, sublime amor*) (veja "Mande lembranças

à Broadway", abaixo). Graças às confusões entre as gangues rivais, os pombinhos Tony e Maria parecem condenados desde o início. Entretanto, eles acreditam que o seu amor pode superar tudo, e o romance oferece a eles um novo começo, longe das brigas e rivalidades dos seus amigos e família. Novos começos cercam a escola McKinley, com Tina lançando a sua carreira de solista, Kurt tornando-se o mais novo astro do futebol e Rachel encabeçando a produção escolar de *Cabaret*.

Mande lembranças à Broadway: concebido para ser uma adaptação moderna de *Romeo and Juliet* (*Romeu e Julieta*), *West Side Story* (*Amor, sublime amor*) conta a história de duas gangues adolescentes rivais da década de 1950, em Nova York. Os problemas entre esses grupos começam quando Tony, do grupo dos Jet, se apaixona por Maria, a irmã mais nova de um dos integrantes do grupo Shark. Os temas sombrios, as sequências sofisticadas de dança e a criatividade ao contar a história fizeram dele um sucesso de crítica e fãs. Sua estreia na Broadway foi em 26 de setembro de 1967, teve 732 apresentações e foi indicado ao Tony como Melhor Musical. Várias remontagens de sucesso foram feitas e é considerado um dos clássicos da Broadway. A adaptação para o cinema, de 1961, com Natalie Wood e Richard Beymer, foi um sucesso ainda maior que o do palco, ganhando dez Oscars, inclusive de Melhor Filme.

Isso é muito *Popular*: assim como Kurt, Sam também perdeu o pai (quando tinha 14 anos) e tenta se relacionar com a mãe. Dois personagens de *Popular* passam por sustos de gravidez – Brooke, na primeira temporada, e Carmen, na segunda –, mas ambos os testes são negativos. Ryan Murphy deve adoraaaar história de gravidez, pois a mãe de Sam também fica grávida na segunda temporada.

Fora de tom:
- Se a Brittany é uma Cheerio tentando destruir o New Directions, por que ela está fazendo um vídeo de "Single Ladies" com Tina e Kurt? Mesmo que isso seja apenas um agrado a Heather Morris, que originalmente foi trazida ao *set* para ensinar a dançar "Single Ladies", não se encaixa no contexto dos personagens.
- O que aconteceu à grande restrição de músicas? Será que "Tonight" e "Don't Stop Believin'" fazem parte da lista que o Diretor Figgins aprovou?

Mike O'Malley como Burt Hummel.

- É surpreendente que a escola McKinley tenha alunos suficientes para a produção de *Cabaret*, e mesmo assim o Sr. Schue precise fazer das tripas coração para conseguir pessoas que queiram entrar no New Directions.

Por trás da cena:
- A cena de Kurt se assumindo para o pai é baseada na experiência do próprio Ryan Murphy, quando ele se assumiu para o pai aos 15 anos de idade, sendo a conversa de Kurt e Burt uma encenação quase literal.
- Originalmente o departamento de figurinos queria que Kurt usasse *collant* e saltos altos para "Single Ladies", assim como Brittany e Tina. Chris insistiu e trabalhou com o figurinista Lou Eyrich para chegar até o macacão de corpo inteiro e a gravata.
- Kendra pergunta se o bebê de Terri é negro. A personagem de Jessalyn Gilsig deu à luz a um bebê negro em *Nip/Tuck*. Antes de o bebê nascer, Gina acreditava que o pai era o Dr. Christian Troy, um cirurgião plástico branco, mas o pai acabou sendo uma transa de uma única noite.

- O n. 77 do time de futebol americano da escola McKinley é Isaac Tualaulelei da equipe de dança Heavy Impact. O grupo participou da quinta temporada do *America's Best Dance Crew*.
- Graças ao equipamento apertado e pesado de futebol americano, a coreografia de "Single Ladies" foi uma das danças mais difíceis da temporada. "Você precisa exagerar todos os movimentos", disse Harry Shum Jr. ao *Desert News*. "Nós estávamos lá e o diretor ficava gritando: 'Exagera mais! Exagera mais!', e eu pensava: 'Eu *estou* exagerando!'"

Palco principal:
- O pai de Kurt assiste a *Deadliest Catch* (*Pesca mortal*), um *reality show* do canal Discovery que estreou em 2005 e segue uma frota de pescadores pelo Mar de Bering enquanto eles pescam caranguejo rei, o caranguejo gigante do Alaska, e o caranguejo *Opilo*.
- A "conexão especial" de Rachel com Maria de *West Side Story* (*Amor, sublime amor*) é muito forçada. Natalie Wood não é judia, e a sua cantoria no filme foi dublada por Marni Nixon, uma cantora profissional que também dublou em *The King and I* (*O rei e eu*) e *My Fair Lady* (*Minha bela dama*).
- A música de fundo do vídeo do Mumbai Air, do diretor Figgins, é "Didi Tera Deewar Deewana", do sucesso de 1994 de Hollywood, *Hum Aapke Hain Koun...!* (*Who Am I to You?*), um filme sobre o relacionamento complicado de duas famílias.
- Quando Sue convence o diretor Figgins a apoiar o musical, ela faz referência a *Raise Your Voice* (*Na trilha da fama*) e *Stomp the Yard* (*O poder do ritmo*). *Raise Your Voice* é um filme estrelado por Hilary Duff, que interpreta uma garota de uma pequena cidade com uma grande voz que vai para um prestigiado curso de música de verão. *Stomp the Yard* é sobre fraternidades de faculdades que participam de competições de dança.
- Finn lê a autobiografia *Never Die Easy*, de Walter Payton, que jogou pelo Chicago Bears de 1975 a 1987 e é considerado um dos melhores *running back* – posição do futebol americano cuja função é correr com a bola até a *end zone* adversária – de todos os tempos. Ele entrou no Football Hall of Fame em 1993 e era um excelente dançarino – até ficou em segundo lugar no concurso de dança de casal *Soul Train* de 1975.
- "Super Bowl Shuffle" foi um *rap* gravado pelo time de futebol americano do Chicago Bears em 1985, antes do Super Bowl XX. A música alcançou o 44º lugar da lista Billboard Hot 100 e foi indicada ao Grammy por Melhor

Apresentação de *Rhythm & Blues* – Dueto ou Grupo. No mesmo ano, os Bears ganharam o seu primeiro campeonato NFL.
- Quando Will fala com os jogadores de futebol americano, ele faz referência a Dick Butkus. Dick Butkus foi o *linebacker* do Chicago Bears de 1965 a 1973 e entrou para o Pro Football Hall of Fame em 1979. Depois do futebol americano, Butkus encontrou uma segunda carreira atuando, participando de filmes como *Gus*, *Cracking Up* (*As loucuras de Jerry Lewis*) e *Any Given Sunday* (*Um domingo qualquer*) e programas de televisão como *My Two Dads* e *Hang Time*.
- Finn tenta ajudar Will mencionando O.J. Simpson, um *running back* de sucesso da NFL. O.J. jogou pelo Buffalo Bills e pelo San Francisco 49ers e entrou para o Football Hall of Fame em 1985. Ele apareceu em minisséries da TV como *Roots* e atuou em filmes como *The Cassandra Crossing* (*A travessia de Cassandra*), *The Towering Inferno* (*Inferno na torre*) e na trilogia *Naked Gun* (*Corra que a polícia vem aí*). Entretanto, o jogador é mais famoso por ter sido acusado de assassinar sua ex-mulher, Nicole Brown, e seu amigo, Ronald Goldman, em 1994. O.J. foi considerado inocente na justiça criminal, mas foi condenado por homicídio culposo (quando não se tem intenção de matar) na justiça civil.

Mãos de jazz:
- Esse é o primeiro episódio com Harry Shum Jr. e Dijon Talton.
- Brittany fala pela primeira vez quando diz ao pai de Kurt que o filho dele está no time de futebol americano.
- No primeiro "Sue's Corner" ("O Canto da Sue"), ela apoia a punição física. A punição física é legal em Singapura. Os criminosos podem ser punidos fisicamente por roubo, furto, vandalismo, agressão, perturbação da ordem pública e uso de drogas. Os pais também têm permissão de punir os seus filhos, ainda que seja uma punição menor.
- Quando Quinn está na hidromassagem, ela está usando um dos tops das Cheerios que foram vistos na lavagem dos carros em "Romance no ar".
- Não é possível engravidar em uma banheira de hidromassagem. Vamos repetir: não é possível engravidar em uma banheira de hidromassagem. A menos, é claro, que você faça sexo na banheira.
- A narração no vídeo do comercial do Mumbai Air, do diretor Figgins, diz: "E tenha em mente, Mumbai Airlines nunca cai. Bom, cai só um pouquinho".

O palco de Ohio: os moradores de Lima, Ohio, têm dois significados especiais para *Lima Loser:* podem ser pessoas que estão "perdidas no Centro da América" ou fracassados que não conseguem sair de Lima. Ryan Murphy e *Glee* parecem pertencer ao segundo grupo.

Como a Sue vê isso: "Eu tenho uma entrevista satélite. Isso é jargão para entrevista que é feita via satélite."

♪♫♪

1.05 "Uma segunda chance" (The Rhodes not taken)
Data original de exibição: 30 de setembro de 2009
Escrita por: Ian Brennan
Dirigido por: John Scott

Música: ★ ★ ★ ★
Enredo: ★ ★ ♪
Risadas: ★ ★ ★

Will (para o New Directions): Eu errei ao trazê-la aqui. Fiz isso por mim, mas o clube do coral diz respeito a vocês. E vocês não precisam dela para serem ótimos.

Como o New Directions ainda está sem uma líder feminina, Will recruta uma antiga participante do clube do coral, April Rhodes, para ajudar a recuperar a glória da equipe.

"O caminho se dividia em dois em um bosque amarelado", assim começa o poema clássico de Robert Frost, que é o forte embasamento do episódio. Estar em encruzilhadas, decidir qual caminho tomar e escolher o mais difícil, o menos viajado, são as ideias centrais desse episódio.

Apesar de não admitir para o New Directions, Will está começando a se preocupar com a possibilidade de o grupo não conseguir ganhar as Regionais sem Rachel, e tem medo de estar tomando um caminho errado. Como resultado, ele usa um recurso esquisito para garantir o sucesso na Seccional. Tirar April da condição de invasora de propriedades e reintegrá-la no clube do coral como líder é uma solução no curto prazo; Will precisa tomar decisões mais responsáveis se está preocupado com o sucesso do New Directions no longo prazo.

Como Will, Finn também está nervoso quanto ao sucesso do clube (e consequentemente, a sua chance de uma bolsa de estudos em música) e precisa fazer escolhas responsáveis para cuidar do seu futuro e do seu filho por nascer. Entretanto, mentiras e trapaças não são exatamente ações responsáveis, e Finn tem outro revés quando Rachel descobre o que está acontecendo e larga, de novo, o coral.

Tanto Will quanto Finn usam péssimas táticas, pois os dois estão pensando apenas no caminho fácil para si mesmos, em vez de pensar no melhor caminho para o New Directions. O paralelo entre as situações é reforçado durante os "encontros" no boliche, onde tanto Rachel quanto April fazem promessas que não irão cumprir. Quem pode culpá-las? Apesar de as promessas serem bem-intencionadas, as razões pelas quais os rapazes as estão pedindo são egoístas. E mesmo com essas soluções mal pensadas, eles conseguem provar que no fundo são bons quando são honestos em relação às suas verdadeiras intenções, e se desculpam.

Rachel "é claro que o meu talento é grande demais para o grupo" Berry continua a sua luta pelo seu lado diva nesse episódio, quando ela mantém a sua decisão de estrelar o musical da escola. Mas a nossa líder feminina aprende uma dura lição quando tem a chance de dar uma olhada em seu possível futuro, e ele é muito parecido com o de April Rhodes. Se Rachel sacrificar tudo pela fama e não der certo, aquela poderá ser ela, uma bêbada que invade a casa dos outros e que tenta reviver os seus dias de glória na escola. Rachel leva o título em inglês do episódio literalmente a sério quando diz a April que se manteria firme no "difícil caminho", mas no final ela volta para o lugar ao qual pertence. Seja sua motivação o amor pela apresentação, a dedicação ao New Directions, a paixão por Finn ou até mesmo o medo de virar uma April Rhodes, o fato é que parece que Rachel aprendeu a lição... por enquanto.

O tema da encruzilhada se mantém firme quando o New Directions descobre que Quinn está grávida. Ser honesto significa escolher o caminho mais difícil, o que em teoria é uma boa ideia, mas não para os que não tem um caráter tão forte, como Quinn, que tem uma imagem cuidadosamente polida para manter. Mesmo o eu poético de Robert Frost, que "pegou o caminho menos viajado", não afirma declaradamente se aquele caminho tomado é sempre o melhor, mencionando apenas que a sua escolha "fez toda a diferença".

Nota alta: a música é a melhor desde a apresentação de "Don't Stop Believin'", graças à aparição de Kristin Chenoweth e ao New Directions, que finalmente funciona como um grupo. Todos irradiam alegria e confiança durante "Somebody to Love", e eles nunca estiveram melhores.

Nota baixa: Rachel desiste e Will dá três solos para April? Isso não contradiz completamente o que ele disse à aluna no último episódio sobre todos precisarem dividir os holofotes para que o grupo tenha sucesso?

Por trás da música:
"Don't Stop Believin'" (New Directions)
Journey, *Escape* (1981)
Cantada pela segunda vez nesta temporada, "Don't Stop Believin'" reforça a mensagem principal, de que devemos perseguir a nossa paixão e nunca desistir. No final do episódio, April, Rachel, Will e o resto do New Directions tiveram mais uma aula para relembrar essa valiosa lição.

Kristin Chenoweth como April Rhodes
A vencedora do Emmy e do Tony, Kristin Chenoweth, nascida no dia 24 de julho de 1968, em Broken Arrow, Oklahoma, fez fama como uma pessoa cheia de energia, com papéis em *Pushing Daises* (*Pushing Daises: um toque de vida*), *The West Wing* (*Nos bastidores do poder*), *You're a Good Man, Charlie Brown*, *Bewitched* (*A feiticeira*), *The Pink Panther* (*A pantera cor-de-rosa*) e *Running With Scissors* (*Correndo com tesouras*), de Ryan Murphy. Adotada quando nasceu, Kristi Dawn mudou seu nome para Kristin, aceitando o conselho de um instrutor vocal que achou que Kristin era mais apropriado para uma cantora de ópera em ascensão. Depois de se formar em teatro musical e apresentação de ópera pela Oklahoma City University, a cristã devotada ganhou uma bolsa de estudos na Metropolitan Opera National Council. A soprano clássica largou tudo depois que ganhou o papel de Arabella Rittenhouse na produção Paper Mill Playhouse de *Animal Crackers* (*Os galhofeiros*). Ela estreou na Broadway em 1997, estrelando *Steel Pier*, e o seu grande sucesso na Broadway aconteceu em 2003, quando foi escolhida para o papel de Glinda, a bruxa boa em *Wicked*. Ryan não é a única pessoa de *Glee* com quem Kristin já havia trabalhado. Ela participou do filme *Deck the Halls* (*Um Natal brilhante*), com Cory Monteith, e esteve no episódio "East Side Story", de *Ugly Betty*, e no episódio "Pigeon", de *Pushing Daises*, com Jayma Mays. Talvez seja por isso que April se sinta tão em casa nos corredores da escola McKinley.

Não deixe de acreditar

"Maybe This Time" (Rachel e April)
Cabaret (1972)
Sally Bowles, a cantora de salão em *Cabaret* (veja "Mande lembranças à Broadway", mais adiante), está tentando ter uma segunda chance, assim como April Rhodes e Rachel Berry. Kit Kat Klub, New Directions, *Cabaret*: talvez dessa vez essas cantoras tenham o estrelato que desejam. Afinal de contas, aconteceu na música. Originalmente composta para o musical *Golden Gate*, que não chegou a ser produzido, a música que fala de segundas chances ganhou a sua própria segunda chance quando o diretor Bob Fosse a adicionou na versão de cinema de *Cabaret*, na incrível voz da atriz Liza Minnelli.

"(Life Is a) Cabaret" (Rachel)
Cabaret (1972)
Um cabaré com comédia, música, dança e drama, uma combinação que se encaixa perfeitamente em *Glee*. A vida é uma jornada louca e é melhor aproveitá-la do que relaxar e passar despercebido. Foi isso que Sally Bowles fez, e é isso que April, Rachel e toda a escola McKinley deveriam fazer também.

"Alone" (Will e April)
Heart, *Bad Animals* (1987)
O primeiro sucesso do Heart explora o que é se apaixonar pela primeira vez. April foi a primeira paixão de Will, e ele passa a maior parte do seu primeiro ano do ensino médio tentando ficar sozinho com ela. É uma escolha nostálgica de música, pois tanto Will quanto April estavam no ensino médio quando "Alone" estava no topo das listas. Apesar de a música falar sobre sentimentos românticos, o seu título reforça a solidão que April, Will e Rachel estão sentindo.

"Last Name" (April com o New Directions)
Carrie Underwood, *Carnival Ride* (2007)
Essa música vencedora do Grammy (Melhor Cantora Country) oferece uma importante lição de vida: se você beber muito e farrear demais, pode acabar enrolado com alguém que você nem conhece. Farrear demais é algo que April Rhodes conhece muito bem. Da sala de aula até as pistas de boliche, ela está sempre bebendo, mentindo e fugindo das responsabilidades, e, como resultado, desapontando as pessoas.

"Somebody to Love" (New Directions)
Queen, *A Day at the Races* (1976)
Freddie Mercury escreveu esta música complexa que fala sobre a busca pelo amor, sobre encontrar e ter fé, e ela se tornou um dos grandes sucessos do Queen. Os arranjos da música são baseados em corais de igreja tradicionais, fazendo dela uma desafiadora, porém apropriada, escolha para o New Directions. Certamente ajuda o fato de que as pessoas da escola McKinley possam se identificar com a mensagem da música: todos – alunos, professores, April Rhodes – estão procurando aquela pessoa especial que os ame por quem eles são e por quem eles estão tentando ser.

Mande lembranças à Broadway: Baseada em uma peça de 1951, *I Am a Camera*, de John van Druten, *Cabaret* investiga a vida dentro do Kit Kat Klub, uma boate apagada de Berlin, na década de 1930, com foco na estrela do clube, a jovem cantora Sally Bowles. Sally se envolve romanticamente conforme lida com a política do clube, tudo com o pano de fundo do aumento de poder e a proeminência dos nazistas na Alemanha. *Cabaret* estreou na Broadway em 20 de novembro de 1966, teve 1.165 apresentações e ganhou sete prêmios Tony, incluindo o de Melhor Musical. Várias mudanças foram feitas entre a produção original dos palcos e a adaptação para o cinema de 1972, dirigida por Bob Fosse, incluindo reescrever Sally Bowles como americana para Liza Minnelli e alterar dramaticamente as músicas. A equipe de música e letra do musical, Kander e Ebb, escreveu várias músicas, incluindo "Mein Heir" e "Money, Money", exclusivamente para a versão do filme, e "Maybe This Time" também foi incluída, tendo sido originalmente escrita para outra produção. Essas músicas agora foram incorporadas nas atuais remontagens do palco. O filme ganhou Oscar de Melhor Diretor e Melhor Atriz em 1972, mas perdeu o de Melhor Filme para *The Godfather* (*O poderoso chefão*).

Isso é muito *Popular*: por que Sandy não pode querer nudez na peça da escola? Funcionou perfeitamente bem na escola Kennedy no episódio "Are You There, God? It's Me, Ann-Margaret", quando Josh e Lily atuam sem roupas na produção da escola.

Fora de tom:
- Quando Finn e Rachel estão se beijando no boliche, algumas vezes as mãos dela estão no pescoço dele e algumas vezes não estão, dependendo do ângulo da câmera.

- Por que todo mundo pergunta quem é o pai do bebê da Quinn, como se fosse uma grande surpresa? Ela e o Finn estão namorando já há algum tempo e ninguém sabe sobre o incidente com o Puck. Quem mais poderia ser?

Por trás da cena:
- A voz que conta o resumo do que aconteceu na última semana em *Glee* é de ninguém menos que o produtor executivo Ian Brennan.
- As lágrimas de Kurt na primeira vez em que April solta a garganta? São verdadeiras. Chris Colfer é um grande fã da Kristin Chenoweth e ficou emocionado no *set* ao ouvi-la cantar. Os produtores gostaram tanto que mantiveram a cena no programa.
- Kristin Chenoweth nunca tinha cantado "Maybe This Time" antes de aparecer em *Glee,* mas gostou tanto que incluiu a música nas suas apresentações.
- Em "Somebody to Love", Finn canta a frase "Got no feel, I got no rhythm. I just keep losing my beat". Cory Monteith admite nos extras do DVD da

Gleek fala: Amanda Kind
(codiretora do *K-W Glee*, um coral inspirado em *Glee*, de Waterloo, Ontario, Canadá)

Quais são as semelhanças e as diferenças entre o *K-W Glee* e o que nós vemos no programa? O que é mais difícil em ser um coral que nós não vemos no *Glee*?
Eu acho que é uma curva de aprendizado para todos porque o que se vê no programa é que os alunos recebem a música e instantaneamente eles são bons nela. Nós não vemos todo o processo de ensaios de todos esses atores, pois certamente é aprendizado receber a música e depois passar todo o tempo desenvolvendo as partes de harmonia e aprendendo como misturar e acertar a letra inteira. Eu acho que a estereotipagem que aparece no programa certamente se encaixa no que acontece em nosso grupo. Nós temos muito dos problemas dos jovens, temos os que são realmente artistas e particularmente não temos a parte dos atletas. Apesar de que tivemos um rapaz que jogava basquete e não cantava tão bem assim. Eu disse ao meu colega: "Esse é o nosso Finn". Ele era loiro, tinha 15 anos e era adorável. Tinha uma boa voz, mas era um pouco tímido, e nunca havia feito nada parecido antes, então era bastante interessante ver os paralelos entre o programa e o nosso grupo. Ele vinha aos ensaios e eu tenho certeza de que todas as trinta garotas não tiravam os olhos dele.

primeira temporada que ele é um dos piores dançarinos do programa, e normalmente perde o compasso!

Palco principal:
- Terri diz que regularmente faz imitações de "Linda Blair" no trabalho. Linda Blair interpretou Regan, a possuída pelo demônio, jogadora de vômito e de maldições no filme *The Exorcist* (*O exorcista*) de 1973.
- Sandy Ryerson quer atuar em *Equus*. Escrita em 1973, por Peter Shaffer, *Equus* fala de um garoto que tem uma fascinação sexual por cavalos, e é cheio de conteúdo altamente sexual e nudez frontal. (Em 2007, Daniel Radcliffe causou um furor ao aceitar esse papel aos 17 anos, para a remontagem de *West End*, mesmo tendo de enfrentar tudo – Hogwarts e tudo mais.)
- Quando Emma leva a ficha de April Rhodes para Will, ele diz que não está no *This Is Your Life*, um tipo de programa documentário que esteve no ar de 1952 a 1961 no canal NBC. Em cada episódio, o apresentador surpreendia a celebridade e mostrava pessoas do seu passado.
- April Rhodes é parecida com a personagem Jerri Blank, uma ex-alcoólatra e ex-viciada em drogas de 46 anos que volta para o ensino médio no canal Comedy Central, no programa *Strangers with Candy*, que foi ao ar de 1999 a 2000.
- Hurt diz que chorou quando os caçadores mataram a mãe de Bambi. *Bambi*, um ícone da Disney, conta a história de uma família de veados e foi originalmente lançado em 1942 e tem sido produzido em vários formatos desde então.
- Bert e Ernie são colegas de quarto e melhores amigos que apareceram em quase todos os episódios de *Sesame Street* (*Vila Sésamo*) desde o piloto em 1969. Apesar da insinuação de Puck, a equipe do programa nega que eles fossem homossexuais.

Mãos de jazz:
- New Directions tem tanta chance de vencer quanto tinha o time de trenó da Jamaica, que competiu pela primeira vez nas Olimpíadas de Inverno em 1988, em Calgary. O time se tornou o favorito da torcida, mas não tinha chances de medalha. Eles bateram durante uma das corridas de qualificação e não foram adiante. A equipe retornou às Olimpíadas em 1992 e 1994, e virou filme em 1993, na comédia *Cool Runnings* (*Jamaica abaixo de zero*).

- Quando Emma mergulha em seu passado e inicia um flerte pela internet com Andy, seu namorado do ensino médio, ela diz que pagou por ter encerrado esse romance antigo quando Versace morreu. Gianni Versace foi um famoso estilista de roupas italiano que foi assassinado em 15 de julho de 1997 por Andrew Cunanan, um jovem que resolveu matar por divertimento antes de cometer suicídio. Claramente a antiga paixão de Emma sabia como fazer uma vingança chique.
- April menciona que a sua antiga paixão na escola se chamava Vinny e que o atual amor da sua vida se chama vinho. Muito esperto, Ian Brennan.
- April pede "Maybe This Time" em si bemol, o mesmo tom que Rachel pede no episódio anterior.
- Emma se refere aos seus banhos no chuveiro de descontaminação como "Silkwood Total". Karen Silkwood foi uma técnica em química que ficou seriamente contaminada por plutônio no trabalho, tendo ingerido 400 vezes o limite legal. Apesar das várias tentativas de descontaminação, Silkwood não conseguiu livrar o seu corpo do plutônio. Ela estava planejando ir ao *New York Times* com o seu prontuário de saúde quando morreu misteriosamente em um acidente de carro. *Silkwood* (1983) é o filme sobre a batalha de Karen, estrelado por Merryl Streep, e recebeu cinco indicações ao Oscar.
- Branson, o lugar para onde April está pensando em ir depois de deixar o New Directions, é uma cidade no Missouri com um grande bairro teatral. É considerada a Broadway do meio-oeste americano. Vários artistas conhecidos se apresentaram em Branson, incluindo Gladys Knight, a Família Osmond, Johnny Cash e June Carter Cash.

O palco de Ohio: o sobrenome de April é Rhodes, que é uma inspiração para o título do episódio, "The Rhodes Not Taken". Existe uma faculdade comunitária em Lima que se chama James A. Rhodes State College.

Como a Sue vê isso: "Quando Sandy disse que queria escrever para si mesmo um papel de Cleópatra, eu fiquei excitada, e depois furiosa."

1.06 "Vitamina D" (Vitamin D)
Data original de exibição: 7 de outubro de 2009
Escrita por: Ryan Murphy
Dirigido por: Elodie Keene

Música: ★ ★ ★
Enredo: ★ ★ ♪
Risadas: ★ ★ ★

Sue: Clube do Coral. Toda vez que eu tento destruir aquele bando de comedores de sarna que respiram pela boca, eles voltam mais fortes, como um vilão de sexualidade ambígua de um filme de terror.

Will desafia o New Directions para uma competição entre meninas e meninos de mash-up (quando se combinam duas músicas em uma só) a fim de gerar mais energia para as Seccionais, enquanto Terri assume o cargo de enfermeira na escola para ficar de olho em Will e Emma.

"Vitamina D" também é sobre esforço: forçar as pessoas para que elas sejam o melhor que podem, forçar as coisas até o extremo, e bem, sobre drogas. Recém-saído da apresentação de sucesso na escola, o pessoal do New Directions está convencido, mas Will está determinado a não deixar que os membros do coral se tornem complacentes. Em um esforço para levá-los ao sucesso, ele convoca uma apresentação de *mash-up* de meninos contra meninas para induzir uma saudável dose de competitividade nos alunos... ao mesmo tempo em que Terri os induz a tomar uma dose não tão saudável de pseudoefedrina. Diga não às drogas, Terri, diga não às drogas! Nós ficamos apavoradas com suas futuras habilidades de mãe.

Terri entra no mundo de Will nesse episódio pela mesma razão que Quinn entrou no mundo de Finn em "Romance no ar": ela não confia nele. As duas mulheres estão questionando a solidez do seu relacionamento e do seu valor próprio, e isso faz que elas tomem medidas desesperadas. A sua incerteza explica porque Terri força demais quando convence Ken a pedir a mão de Emma, "pequena meretriz de olhos de corça", em casamento, tirando-a do mercado eficazmente (não que o fato de ser casado tenha impedido Will de flertar, mas Terri é louca demais para levar isso em consideração). Desde dar drogas aos alunos e forçar um casal, que definitivamente não está pronto, a se casar, o desespero de Terri entrou em um território sombrio, e com certeza ela não é mais a famosa e adorável animadora de torcida que costumava ser. Não que ela ache fácil abrir mão dessa imagem, e aqui nós podemos ver as fortes semelhanças entre ela e Quinn. Terri já foi a adolescente maioral com o namorado gostosão, assim como Quinn é agora e, bem, nós podemos ver como isso terminou. Essa é como uma história de alerta para Quinn: prender um homem e ficar presa a um romance de ensino médio não é garantia de felicidade.

Enquanto isso, Will e Finn estão tão envolvidos nos seus próprios problemas – Will forçando o New Directions a melhorar, e Finn se esforçando para ter sucesso nas aulas, no esporte e no coral –, e eles não percebem que suas batalhas interiores estão induzindo as enormes decepções de Quinn e Terri. Se prestassem mais atenção aos seus relacionamentos, talvez pudessem prevenir esses problemas possivelmente desastrosos.

E tem a coitada da Emma, forçada a um relacionamento que só aceitou porque tem muito medo de ficar sozinha. Se Emma não pode ficar com Will, faz sentido, do ponto de vista dela, que se acomode em um relacionamento com um cara como Ken, porque ela é inteligente o suficiente para perceber que sempre daria as ordens. Ao namorar alguém "pior que ela", Emma pode ficar no controle sem mexer no que já está mexido. Assim como Quinn tenta exercer o seu poder sobre Finn porque pensa que é mais inteligente que ele, esse conceito de poder pelo desequilíbrio também se aplica a muitos dos relacionamentos adultos da série, o que inclui Emma sobre Ken e Terri sobre Will. Às vezes o pessoal da sala dos professores da escola McKinley se sente como se estivesse no pátio da escola com toda essa luta infantil por poder.

As pessoas no New Directions ficaram um pouco de lado em "Vitamina D", atuando mais como acessórios para as histórias adultas, apesar dos números fantásticos de *mash-up* que cada grupo apresentou.

Nota alta: por favor, mais *mash-up*! Os números de *mash-up* impulsionados por drogas estavam cheios de energia e entusiasmo. Parabéns aos atores que tiveram de cantar e dançar enquanto fingiam que estavam doidões, particularmente a Dianna Agron, que fez Quinn ligeiramente menos energética porque a Sra. Schuester lhe deu vitaminas para gravidez.

Nota baixa: por que Quinn não é durona com a Terri? Ela está chateada, assustada e confusa, mas é poderosa. Não deveria deixar Terri falar com ela daquele jeito. Quinn sabe muito bem se impor para Finn, Puck, Rachel e todas as outras Cheerios, então por que não com um adulto?

Por trás da música:
"It's My Life/Confessions Part II" (Finn, Puck, Kurt, Artie, Mike e Matt)
Usher, *Confessions* (2004)
Bon Jovi, *Crush* (2000)
O hino de *rock* de Bon Jovi sobre viver a vida ao máximo foi um sucesso internacional e tem o crédito de ter revitalizado a carreira da banda. O suave primeiro *single* de Usher conta a história de uma amante que engravida – um dilema que Usher afirma não ser autobiográfico. Finn pode se identificar, pois "tem um a caminho" com Quinn e está tentando lidar com essas recém-descobertas responsabilidades. Puck tem suas próprias confissões a fazer, pois é o verdadeiro pai do bebê de Quinn. Se Bon Jovi consegue dar a volta por cima de uma carreira que estava declinando e Usher pode superar uma gravidez inesperada, então Finn, Puck e o resto do New Directions também podem aprender com os seus erros, descobrir quem são e lutar por si mesmos, apesar desses revezes loucos.

"Halo/Walking on Sunshine" (Rachel, Quinn, Mercedes, Tina, Santana e Brittany)
Beyoncé, *I Am… Sasha Fierce* (2008)
Katrina and the Waves, *Walking on Sunshine* (1983)
A música romântica de Beyoncé fala sobre a importância de ter um parceiro amoroso que lhe dá apoio, e ela ganhou o Grammy de Melhor Cantora Pop (que foi entregue a Beyoncé por Lea Michele). O grande sucesso de Katrina and the Waves celebra a alegria e a positividade que o amor traz. Apesar de essas duas músicas falarem sobre o amor romântico, o romance na escola McKinley é um pouco mais complicado, e essa brilhante música *mash-up* celebra um amor mais simples: o amor das moças do coral. Apresentar-se no New Directions faz todos mais felizes, apesar de seus problemas em casa, de popularidade e pessoais. O que é bom, porque, se você avaliar o *mash-up* dos meninos, eles parecem achar que amor é um aborrecimento desnecessário e bagunçado. Não importa o que aconteça na vida dos alunos, eles podem ir para o clube do coral e encontrar aceitação, consolo e conforto.

Isso é muito *Popular*: quando a escola Kennedy começou uma equipe de trivia, eles relaxaram assim que souberam que iriam competir contra a John Ashcroft Private School for Special Needs Children (uma escola para crianças com necessidades especiais) no episódio "The Brain Game".

Suco na cara:
- Quinn fez desenhos pornográficos de Rachel nas paredes do banheiro.

Fora de tom:
- Tem duas Cheerios sem nome esperando para receber os comprimidos de descongestionantes da Sra. Schuester, uma loira e uma morena, bem na frente da fila. A Brittany não aparece nessa cena.
- A pseudobarriga de gravidez da Terri parece muito falsa. As tiras na cintura se prendem à barriga como se ela estivesse usando um travesseiro. Como o Will não notou isso?

Por trás da cena:
- Lea Michele praticou, durante dias, como falar muito rápido para aperfeiçoar o seu discurso "luz do sol, otimismo e anjos". Ela queria ter certeza de que teria o nível certo de "loucura".

Palco principal:
- De acordo com Emma, Will tem "uma linda covinha no queixo, no estilo Kirk Douglas". Kirk Douglas é um famoso ator americano e produtor conhecido por sua voz grave, seu queixo dividido e papéis de caras durões. Não só ele é uma lenda, como o seu filho, o ator Michael Douglas, também é.
- Em uma narração dos seus pensamentos, Finn fala sobre como Rachel é gostosa, mesmo que ela "o assuste de uma maneira meio *Swimfan*". *Swimfan* (*Fixação*) é um filme de 2002, considerado uma versão para adolescentes de *Fatal Attraction* (*Atração fatal*), sobre uma garota que segue obsessivamente a sua paixão.
- Puck menciona o filme de 2007, *Stomp the Yard* (*O poder do ritmo*), no qual garotos estão preparando os seus *mash-ups*. Essa é a segunda vez que fazem referência a esse filme em *Glee*, sendo a primeira feita por Sue em "Grávidas".
- Ken compra para Emma uma aliança de noivado com um cubo de zircônia porque *Blood Diamond* (*Diamante de sangue*), o filme de 2006 estrelado

- por Leonardo DiCaprio sobre a busca pelo ambíguo e raro diamante rosa, a impressionou. Os diamantes rosas são encontrados em territórios de guerra, e o dinheiro que se consegue na venda dessas enormes pedras é usado para financiar a guerra.
- Quando Sue se torna codiretora do New Directions, ela fica muito animada com "Puttin' on the ritz", uma música pop de 1929 composta por Irving Berlin, que fazia parte do musical *Puttin' on the Ritz*. Essa frase também é gíria para se vestir na moda, um termo inspirado no Ritz Hotel, em Londres.

Mãos de jazz:
- Uma das competidoras das Seccionais é uma escola para surdos em Dayton. Essa é a mesma escola para surdos que venceu o time de futebol americano no início da temporada, como Ken menciona em "Grávidas".
- Esse é o primeiro episódio em que o periódico de Sue aparece.
- *Hindenburg* foi o primeiro dirigível alemão. Em 1937, o LZ 129 Hindenburg, o maior da frota Hindenburg, pegou fogo e explodiu, matando 36 pessoas.
- Quando Sue diz que nasceu no Canal do Panamá e concorreu duas vezes à presidência, é uma referência ao Senador John McCain. McCain nasceu na Zona do Canal do Panamá e concorreu à presidência em 2000 e em 2008.
- Aqueles vestidos amarelos que as meninas usaram na apresentação do *mash-up*? Rachel veste Soshanna, Quinn veste Calvin Klein, Tina veste Betsey Johnson, Brittany veste Kimchi Blue, Santana veste BCBG Max Azaria e Mercedes veste um vestido feito sob medida. Originalmente o vestido de Tina era branco, e o departamento de figurino o tingiu de amarelo para a apresentação.
- Está escrito "Scheu" no suporte atlético jogado no banco quando Emma entra no vestiário para aceitar a proposta de casamento de Ken.
- Quando Rachel e Finn estão fazendo metáforas de *baseball* em relação às suas experiências com drogas, Finn chama Rachel de A-Rach, uma menção a A-Rod, o apelido de Alex Rodrigues, um dos astros do New York Yankees que foi pego no *dopping* por uso de esteroides.
- Rachel está usando uma camiseta cinza com o ombro de fora quando joga fora o seu estoque de pseudoefedrina. Essa é uma referência a Jessie Spano de *Saved by the Bell* (*Galera do barulho*), que usou uma camiseta parecida quando jogou fora as suas pílulas de cafeína? Se é, o figurinista Lou Eyrich merece uma salva de palmas.

Apresentações de coral *versus* clubes de coral

Os personagens de Glee podem usar o termo "apresentação de coral" e "clube de coral" sem distinção, mas na verdade os dois termos são diferentes como o dia e a noite. Originária dos Estados Unidos na década de 1960, apresentação de coral se refere a um grupo de pessoas que combinam o canto com a dança, algumas vezes com uma ideia específica ou para contar uma história. Por outro lado, o clube de coral é tradicionalmente um grupo musical especializado em cantar músicas curtas, chamadas "cânon", que normalmente são compostas por três ou quatro vozes solistas que cantam juntas. Apesar de terem se originado em Londres, Inglaterra, em 1787, e serem muito populares no início de 1800, por volta do século XX os verdadeiros clubes de coral não eram mais comuns. Hoje em dia, quando usamos o termo "clube de coral", normalmente estamos nos referindo às apresentações grandiosas, como é o caso de Glee, apesar de o New Directions ser o único "clube de coral" que nós conhecemos que dança!

O palco de Ohio: Hickory Farms, o produtor das cestas de presentes que Sue menciona quando está visitando Terri, é uma fábrica alimentícia especializada que fica em Maumee, Ohio. Fundada em 1951 para vender queijos nas feiras locais, agora vende cestas de presentes com salsichas, queijos, frutas, nozes e doces.

Como a Sue vê isso: "Eu sempre achei que o desejo de procriar mostrava uma profunda fraqueza pessoal."

♪♫♪

1.07 "A separação" (Throwdown)

Data original de exibição: 14 de outubro de 2009
Escrito por: Brad Falchuk
Dirigido por: Ryan Murphy

Música: ★★★
Enredo: ★★★
Risadas: ★★✦

Will: *Eu vou destruir você.*
Sue: *Eu estou quase vomitando nas suas costas.*

É Will contra Sue. Quem será vitorioso?

O que acontece quando você coloca dois adultos supostamente responsáveis para codirigirem um clube de coral? Bem, quando eles são dois professores que, por acaso, são inimigos mortais e decididos a se destruir, você consegue uma zona de guerra infernal. Figgins sabia muito pouco quando indicou Sue como codiretora do New Directions, pois na verdade estava ajudando a missão dela de destruir o coral. Agindo segundo as informações da espiã Quinn de que os estudantes de "minoria" não estão sendo ouvidos, Sue divide o grupo em dois, chamando os recrutas para o seu clube de "elite" do coral, dando apelidos hilários para a maioria deles: Santana (a única que é chamada pelo nome verdadeiro), Rodas (Artie), Garoto Gay (Kurt), Asiática (Tina), outro Asiático (Mike), Aretha (Mercedes) e Shaft (Matt).

O plano de Sue é dar a esses garotos a oportunidade que eles normalmente não recebem no clube do coral, e se você ignorar suas intenções maliciosas por um momento, a ideia principal é tanto necessária quanto apropriada. Continuamente Will favorece tanto Rachel quanto Finn enquanto dá sermão de como o coral é aberto e para todos. Claro que os métodos de Sue não são ortodoxos, mas Will, como foi demonstrado nos episódios anteriores, é muito teimoso quando se trata do coral. Uma lição dura, mesmo destinada a destruí-lo, pode ser a única forma de corrigi-lo.

No final, tanto Will quanto Sue perdem a batalha. Cansados de ouvir os constantes insultos gritados pelos professores um ao outro, os adolescentes agem como adultos nessa situação e dizem aos dois diretores que fiquem quietos e cresçam. Um dos melhores momentos é quando Finn asperamente diz aos dois professores que se os membros do coral quisessem ouvir brigas, eles teriam ficado em casa e ouvido os seus pais. Dos pais de Finn e Kurt, que são viúvos, aos pais gays de Rachel nós podemos ter uma ideia de como não deve ser fácil o ambiente na casa dos garotos do New Directions. O coral deveria ser a parte divertida do dia deles – um breve alívio das pressões da escola e dos sofrimentos em casa. A briga incessante de Will e Sue não é uma coisa para a qual os alunos tenham tempo.

Enquanto a rivalidade entre Will e Sue pode ser o foco principal de "A separação", a amizade crescente entre os garotos do coral é um antídoto bem-vindo ao veneno amargo entre os professores. Quando a bela barriga de gravidez de Quinn se torna o assunto principal do *blog* Perez Hilton, de Jacob – o sedento por popularidade –,

Rachel toma uma iniciativa e o faz se calar. No episódio anterior, Rachel diz que Quinn vai precisar do clube do coral, e ela já precisa. Admitamos, todos no New Directions, desde o delinquente social à animadora de torcida popular, são de alguma forma membros de carteirinha do feliz grupo da Minoria Desajustada.

Nota alta: para alguém tão mentalmente tapado, Finn é emocionalmente um sábio. É ótimo que ele planeje apoiar Quinn sem se importar com a decisão que ela venha a tomar, e ele está, mentalmente, se preparando para o caso de ela decidir ficar com o bebê. Finn não é mais exclusivamente devotado a Quinn – se fosse, não passaria tanto tempo com Rachel –, mas claramente se importa com ela. Ajudá-la com sua consulta no obstetra e confortá-la no corredor é muito fofo.

Nota baixa: quão obtuso é Will? Ele deve saber que alguma coisa está errada na gravidez de Terri. Aquela consulta no obstetra é insana. É possível que ele esteja muito ocupado com o drama do New Directions e da Sue, mas uma hora ele *precisa* perceber.

Por trás da música:
"Hate on Me" (Mercedes, Tina, Kurt, Artie, Santana, Mike e Matt)
Jill Scott, *The Real Thing: Words and Sounds Vol. 3* (2007)
Os que odeiam, odeiam todo mundo, inclusive a cantora e compositora de R&B Jill Scott e os garotos de elite de Sue, os "Garotos da Sue". A cantora

foi inspirada a compor o seu maior sucesso depois de descobrir um grupo de pessoas que estava falando mal dela e de sua música na internet. Sue escolhe essa música (que é bem diferente daquilo que normalmente faz a nobre Jill) porque Kurt, Santana, Matt, Mike, Tina, Artie e Mercedes lidam com a discriminação diariamente, mas superam, tanto dentro quanto fora do New Directions. Will pode ignorar as sugestões por mais músicas R&B e algumas *pop* dançantes, mas ele não pode ferir as personalidades.

"Ride Wit Me" (New Directions)
Nelly, *Country Grammar* (2001)
Comportamentos diferentes são abundantes no sucesso de verão da Nelly e na escola McKinley. Mas, desta vez, são os professores, e não os alunos, que estão criando problemas. Will e Sue estão levando o New Directions de carona em sua rivalidade e ninguém sabe para onde estão indo. É muito triste que Will e Sue não deixem seus dois grupos juntos, ainda que seja isso que o coral claramente prefira.

"No Air" (Rachel e Finn com Quinn, Puck e Brittany)
Jordin Sparks e Chris Brown, *Jordin Sparks* (2007)
A vencedora do *American Idol*, Jordin Sparks, canta sobre precisar do seu parceiro tanto quanto ela precisa de ar para respirar em "No Air", o seu maior sucesso até hoje. Rachel pode se identificar. Sua paixão por Finn é tão forte que ela faria qualquer coisa por ele, mesmo se isso significasse que eles não podem ficar juntos. Quanto ao New Directions, eles precisam das duas metades – os garotos da Sue e os do Will – para poderem respirar (e ter sucesso) como um grupo.

"You Keep Me Hangin' On" (Quinn)
The Supremes, *The Supremes Sing Holland-Dozier-Holland* (1967)
O primeiro sucesso das Supremes sobre precisar esquecer e seguir em frente depois um relacionamento que não deu certo é um clássico da Motown, mas se destaca graças à melodia repetitiva das palavras e pela base inspirada no código Morse. Agora que Quinn está grávida, tanto Finn quanto Sue deixam-na no suspense, por assim dizer. O seu relacionamento com Finn não está mais dando certo, mas eles o mantêm por causa da gravidez. Quanto à Sue, Quinn está com medo de perder o *status* e a segurança que o uniforme das Cheerios (e, portanto, Sue) fornece.

"Keep Holding On" (New Directions)
Avril Lavigne, *The Best Damn Thing* (2007)
A balada *pop rock* de Avril Lavigne sobre apoiar um amigo e não desistir durante os momentos mais difíceis foi originalmente gravada para o filme *Eragon*, de 2006. Quinn, apesar do que acha, não está sozinha. Todos no New Directions, desde as competitivas Cheerios até sua inimiga Rachel, estão lá para apoiá-la durante esses momentos difíceis. Enquanto Quinn continuar aguentando firme, o New Directions a apoiará.

Isso é muito *Popular*: Jacob Ben Israel é muito parecido com outro personagem secundário horroroso: April Tuna, de *Popular*. April Tuna era uma deslocada bizarra, que ninguém compreendia e que tinha uma grande paixão por Carmen Ferrara, fundando, inclusive, um fã-clube para ela. Os dois horrorosos até fizeram muita coisa para conseguir calcinhas dos seus objetos de afeição.

Suco na cara:
- Sue joga o suco de um garoto no chão.

Fora de tom:
- Por que, de repente, Will está reprovando as Cheerios? Será que ele estava dando boas notas a elas porque eram animadoras de torcida? Ou será que ele nunca teve uma animadora na sua classe antes?

Por trás da cena:
- "Ride Wit Me" é uma das muitas músicas que entraram na série porque Ryan Murphy ouviu o elenco cantando-a. Mark Salling gosta de tocar violão entre as cenas e todos os outros pedem que ele toque alguma coisa. Um dia, ele tocou "Ride Wit Me" e o elenco inteiro cantou junto. O resultado impressionou tanto Ryan que ele a incluiu nesse episódio. A energia da sessão improvisada continua intacta, realmente parece que são apenas 12 garotos se divertindo.
- Preste atenção no rosto da Brittany quando ela e Puck estão na sala de Sue Sylvester. Esse é o momento em que Brittany passa do estereótipo de animadora de torcida malvada para loira burra adorável. Ryan Murphy notou que Heather Morris parecia confusa na cena, achou isso hilário e decidiu fazer a personagem mudar de animadora malvada para burra, a fim de ressaltar isso.

Palco principal:

- Como Rachel Berry ressaltou, o New Directions não é um clube de crunk. Crunk é uma fusão de *hip-hop* com música eletrônica que surgiu no final da década de 1990. De início, não era um tipo de música, mas de dança de grandes multidões fora de controle. Lil John e o grupo Three 6 Mafia recebem o crédito de serem os pioneiros do gênero musical inspirado por essa dança.
- Finn está desapontado porque o bebê não tem nenhuma mutação legal. Na série *X-Men,* as variações são causadas por mutações genéticas conhecidas como X-Gene, que falta nos humanos. Aqueles que carregam esse gene são conhecidos como *Homo Sapiens superior* e são considerados o próximo passo da evolução das espécies.

Mãos de jazz:

- Esse é o primeiro episódio em que Emma não aparece, tendo sido a primeira ausência de um membro do elenco principal.
- Mike Chang fala!
- Sue se refere a si mesma como Ajax. Ajax é um herói grego da *Ilíada*. Ele é o mais forte dos aqueus e um dos guerreiros mais valorosos do exército de Agamêmnon. Ele é tão heroico em batalha que é o único guerreiro que não recebe ajuda dos deuses.
- Esse é o primeiro episódio de *Glee* em que um obstáculo é vencido, quando um personagem quebra a barreira que existe entre a vida real e o mundo que existe no palco ou na televisão. Nas narrações do começo, Will admite que aquela é a sua voz.
- Sue usa um agasalho azul e preto da Nike nesse episódio, logo agora que os fãs estava começando a achar que a Adidas tinha um contrato de exclusividade com ela.
- Quando o casal que estava comprando a casa de Sue a enganou, ela jogou sal no quintal dos fundos para que nada crescesse ali por cem anos. Esse é um ritual originário da Ásia Ocidental, e a Bíblia menciona várias vezes que o sal amaldiçoa o próximo que habitar aquela terra.
- De acordo com Will, as Cheerios de Sue existem desde 1992. Como Will venceu as nacionais pela escola McKinley em 1993, é possível que Sue já ensinasse lá enquanto Will ainda frequentava a escola como aluno.

Gleek fala: RPing *Glee*

Existem vários grupos na internet criando a sua própria versão da escola McKinley. Conversamos com um dos grupos mais proeminentes sobre como é participar de um clube de coral (de mentira) no Twitter. Encontre e siga todas as suas contas em http://tweepml.org/Glee-RPs.

Como você escolheu qual personagem interpretar? O seu personagem no RP é um dos seus favoritos no programa, ou é apenas um personagem com quem você achou que se identificava e que interpretaria bem?

Kylie (Tina Cohen-Chang): Escolher quem eu faria realmente exigiu muita consideração, porque eu queria ter certeza de que poderia fazer bem. Para escolher, tentei me colocar na mente de cada personagem feminino e ver qual seria mais natural, e para mim foi a Tina. Apesar de, como atriz, eu precisar me destacar do personagem, foram as semelhanças entre ela e eu que me atraíram (também tenho problemas de fala e de autoestima).

Oscar (Finn Hudson): Finn é um dos meus personagens favoritos na série, então eu sabia que seria uma experiência divertida! Não posso dizer que me identifico muito com ele em um nível pessoal, já que não sou um atleta de futebol americano que foi levado a crer que era o pai do bebê que a namorada está esperando, mas eu adoro o Finn e entrei com tudo nessa.

Sarah (Jacob Ben Israel/Ken Tanaka): Para o Jacob, eu pensei que seria legal dar um pouco mais de personalidade, já que na série ele não tem muito tempo na tela. E, além do mais, isso seria mais uma forma de perseguir a Rachel!

Chance (Kurt Hummel): Eu escolhi Kurt Hummel porque ele é o meu personagem favorito e me identifico facilmente com ele. Nós compartilhamos muito do mesmo tipo de sofrimento porque somos ambos abertamente *gays*. A atuação de Chris Colfer no episódio "Grávidas" realmente significou muito para mim, porque eu estava deprimido. Sentia como se não pudesse me assumir sem ser ridicularizado, mas assistir àquele episódio me deu coragem para contar à minha família, que agiu *exatamente* como o pai do Kurt. *Glee* me ajudou muito.

Jack (Terri Schuester): Eu escolhi a Terri, pois ela é a minha personagem favorita entre os que sobraram. Ela causa um pouco de confusão, mas tem boas intenções, eu acho. Tem muita gente falando mal dela, então achei que era hora de a Terri responder a cada um desses tweets por vez.

Com quais sofrimentos ou desafios você se deparou enquanto tentava se manter fiel a esse personagem?

Spencer (Rachel Berry): Rachel às vezes é muito egoísta, e fica um pouco difícil fingir que sou rude com os outros, porque eu não sou assim na vida real. Mas, ao mesmo tempo, é bastante divertido ser tão atrevido.

Josh (Matt Rutherford): Eu acho que a coisa mais difícil para mim é quando recebo comentários muito aleatórios, estranhos e imaginativos – você não tem ideia de como responder. Digamos que alguém pergunte: "Ei, qual é a cor favorita de meia do Matt?". Você fica ali sentado na frente da tela com cara de paisagem.

Megan (Artie Abrams): Eu só quero fazer que o meu Artie pareça o Artie que todos conhecem e amam na série. Eu não tenho o seu senso de humor nem o seu *timing* para a comédia, então fica um pouco difícil.

Amber (Noah "Puck" Puckerman): Bem, se você ainda não percebeu, o meu nome é Amber, e *eu não sou um homem*. Portanto, fazer um papel masculino tem sido muito difícil para mim, especialmente interpretando alguém como o Noah. Ele sempre sabe o que dizer para as mulheres, apesar de que ele pode ser, e às vezes é, um completo cretino. E essas são as duas coisas com as quais eu tenho mais dificuldade porque: A) eu não dou em cima de mulheres mais velhas e, B) normalmente, eu sou uma pessoa bem legal.

Jordan (Santana Lopez): Especialmente no começo, Santana não aparecia muito. Quando aparecia, tinha alguma fala engraçada e pronto. Não é fácil saber como ela reagiria a certas situações. Honestamente, uma das coisas que torna mais fácil fazer a Santana é a sua fala em "As seccionais", quando ela diz que o coral é a melhor parte do dia dela. Eu senti que poderia combinar o lado malvado que eles mostram nos primeiros episódios com essa admissão de que "ninguém está me forçando a estar aqui".

- Não importa onde esteja, Finn tem futebol americano no cérebro. Ele até desenhou o pingo no "i" em "Drizzle" com o formato de uma bola de futebol americano.
- O distrito da luz vermelha, em Amsterdã, é famoso pelos bordéis, pela prostituição legal e pelos *sex shops,* e é uma das maiores atrações turísticas da cidade.

Como a Sue vê isso: "Eu não confio em um homem de cabelos cacheados. Não consigo parar de imaginar pequenos pássaros colocando ovos sulfurosos ali, e eu acho isso nojento."

Primeira temporada

1.08 "Mistura perfeita" (Mash-up)

Data original de exibição: 21 de outubro de 2009
Escrito por: Ian Brennan
Dirigido por: Elodie Keene

Música: ★ ★ ★
Enredo: ★ ★ ♪
Risadas: ★ ★ ★

Puck: Foi uma mensagem de Deus – Rachel era uma judia gostosa e o Senhor queria que eu transasse com ela.

Enquanto Finn e Quinn lidam com a sua perda de status *social, nasce um namorico entre Rachel e Puck, e eles fazem o seu próprio* mash-up.

"Bem-vindos à nova ordem mundial", diz o jogador de hóquei Dave Karofsky para Finn e Quinn, depois de jogar suco na cara dele. Nova ordem mundial, mesmo. Agora que a escola inteira já sabe da gravidez de Quinn, eles se tornam desajustados, e o prognóstico não é bom. E, por mais que Quinn tenha crescido (tanto na sua maturidade quanto no seu tamanho), ela ainda mantém sua principal prioridade, que reitera na sala de Emma: a sua popularidade. Essa afirmação enfatiza ainda mais as suas semelhanças com Terri, enquanto diminui a simpatia do público, conquistada a tanto custo. Como Terri, Quinn se recusa a reconhecer que seus problemas são grandes: eles não se resolverão com uma barriga falsa de gravidez ou usando óculos escuros dentro da escola.

Finn tem ainda mais problemas, já que está sendo forçado a escolher entre o futebol americano e o clube do coral, depois que o amargo técnico Tanaka escalou novos treinos obrigatórios exatamente nos mesmos horários dos ensaios. A sua decisão vingativa é outro exemplo de como os professores no McKinley não estão acima das rivalidades mesquinhas dos seus alunos, e infelizmente os adolescentes acabam como peões nos seus joguinhos. A questão do coral contra o futebol não é novidade. Finn tem dificuldades para lidar com prioridades conflitantes, e sempre que consegue encontrar um equilíbrio confortável, alguém bagunça esse equilíbrio. Ele pode amar o coral, mas também ama o futebol e a popularidade que vem junto. Nós podemos questionar a moral de Finn quando ele prefere ser popular em vez de ser honesto consigo mesmo, mas ultimamente a decisão faz sentido para ele. O grupo popular é tudo que ele conhece e é natural que ele tenha medo do desconhecido. O Sr. Schue salva o dia com um discurso motivacional clássico durante um momento "paternal", lembrando ao Finn que às vezes os líderes precisam tomar decisões difíceis.

Finn pode continuar participando dos dois mundos por mais um tempo, mas Quinn não pode, já que Sue reage à notícia da gravidez expulsando a futura mãe da equipe. De início, Sue demonstra um pouco de compaixão por Quinn, então é difícil imaginar se Sue está sendo Sue ou se ela está de fato magoada por Quinn ter guardado segredo dela. Essa ambiguidade pode estar acontecendo graças ao lado mais gentil de Sue, que aparece por ela entrar em um romance do tipo furacão com Rod, o âncora do jornal local. Sue pode parecer durona, mas ela é como todos os personagens da série: solitária e procurando amor. Entretanto, não demora muito para descobrirmos que Rod parte o coração de Sue e ela volta a ser a antiga aterrorizadora com mais uma arma para o seu arsenal. Graças a Deus, a bondosa e amorosa Sue não dura mais que um único episódio, porque ela é mais engraçada quando é muito amarga!

Enquanto isso, os roteiristas nos surpreendem quando Rachel e Puck começam a se beijar no quarto dela. Mas assim como Emma se contentou com Ken porque não podia ficar com Will, Rachel se contenta com Puck porque não pode ficar com Finn. Por mais divertido e picante que o relacionamento de Rachel com Puck possa ser, a paixão de Rachel por Finn e a de Puck por Quinn torna esse casal condenado desde o início. Essa reviravolta nos dá um pouco mais de conhecimento sobre o que está acontecendo por baixo do moicano, e a tentativa de Puck de ser um bom judeu revela que esse *bad boy* pode ser, na verdade, um filhinho da mamãe. E se Puck realmente se importa com a sua mãe, será que isso significa que ele realmente seria capaz de cuidar da mãe do seu filho?

O encontro amoroso de Rachel e Puck não é o único relacionamento escandaloso do momento, já que o flerte de Emma e Will entra em território perigoso em "Mistura perfeita", fazendo-nos questionar se o título se refere às músicas *mash-up* que Will tenta criar para Ken e Emma ou se é uma pequena menção à mistura de casais dessa semana. O romance chega com força na escola McKinley, e nós não podemos deixar de imaginar quem será o próximo a ser mordido pelo bichinho do amor.

Nota alta: a sequência "Bust a Move" é a representação perfeita da dinâmica do New Directions. Finn está relutante em assumir a liderança e Puck se sente envergonhado de participar. Matt e Mike vão lá e dançam imediatamente,

Conexões do elenco
Muitos dos membros do elenco de *Glee* já se cruzaram antes:

Em 2007, Jayma Mays e Matthew Morrison estrelaram um piloto que nunca foi exibido chamado *Nice Girls Don't Get the Corner Office*. Jayma interpretou Angela, uma funcionária ambiciosa com grandes sonhos de fazer carreira. Ela não foi promovida porque é exatamente o que o título diz – boazinha demais para o emprego. Matt interpretou Brody, o mal-encarado e preguiçoso do escritório. Apesar de o programa nunca ter ido ao ar, você pode encontrá-lo no YouTube e ver os primeiros sinais da já famosa química entre Jayma e Matt.

Dianna Agron, Jessalyn Gilsig, Jayma Mays e Stephen Tobolowsky fizeram participações na série Heroes do canal NBC. Não foi com Quinn a primeira vez que Dianna carregou pompons – ela participou de quatro episódios como a sacana animadora de torcidas Debbie Marshall, que é suspensa por beber demais. Jessalyn participou de dez episódios como Meredith Gordon, a mãe biológica de Claire Bennet, a animadora de torcidas indestrutível. Jayma participou em cinco episódios como Charlie Andrews, o amor perdido no tempo de Hiro Nakamura. Stephen interpretou o herói Robert Bishop por 11 episódios. Ele tinha o poder da alquimia antes de ser morto pelo vilão super-humano Sylar.

Jenna Ushkowitz e Lea Michele, que se conhecem desde os oito anos de idade, participaram da produção da Broadway *Spring Awakening* com o astro Jonathan Groff. Lea e Jonathan tinham os papéis principais e Jenna era substituta de três personagens diferentes.

Jayma Mays, Stephen Tobolowsky e Iqbal Theb participaram juntos do filme *Blind Dating* (*Encontro às escuras*) de 2006, uma comédia sobre um americano cego que, depois de passar por uma arriscada cirurgia para recuperar a visão, se apaixona por uma indiana cujo casamento com outra pessoa já foi arranjado.

Iqbal Theba e Jane Lynch fizeram papéis na aclamada série de TV *Arrested Development* (*Caindo na real*) na sua primeira temporada. Iqbal fez o papel de uma menina inacreditavelmente feia em um episódio e Jane fez um agente disfarçado em dois episódios, um deles era o mesmo em que Iqbal estava!

Tanto Kevin McHale quanto Patrick Gallagher tiveram passagens por vários episódios no seriado de vampiros da HBO True Blood, mas os dois nunca se cruzaram. Kevin interpretou um assistente de médico legista chamado Neil Jones em dois episódios da primeira temporada, e Patrick fez um vampiro chamado Chow durante quatro episódios na segunda temporada.

enquanto Kurt fica ofendido pelos movimentos de dança bregas. Quinn e as outras Cheerios hesitam em entrar no clima, mas no final se animam e se divertem. Rachel, Mercedes, Tina e Artie são a comissão abre-alas e Will é o destemido líder que adora ser o centro das atenções, escolhendo uma canção não muito boa, mas cantando-a com tanta alegria que você não tem outro jeito senão amá-lo. Alguns estão relutantes em se juntar à música, assim como relutaram em se juntar ao coral, mas não se pode lutar contra o ritmo para sempre.

Nota baixa: por que Will foi escolher o vestido de noiva com Emma depois de prometer ao Ken que não a encorajaria? Todos os atritos entre Ken e Will estão acontecendo porque Ken se recusa a cancelar os treinos de futebol? Mesmo que as coisas estejam difíceis entre esses dois, não é nada legal Will fazer uma coisa que ele sabe ser errada.

Por trás da música:
"Bust a Move" (Will e New Directions)
Young MC, *Stone Cold Rhymin'* (1989)
O que é melhor do que dançar e pegar mulher? Nada, de acordo com o sucesso de Young MC. O Sr. Schue concorda – pelo menos com a parte da dança! Ele quer que o New Directions se movimente, pois todos estão preocupados com seus dramas pessoais ou com o *status* social para relaxar e se divertir.

"Thong Song" (Will)
Sisqó, *Unleash the Dragon* (2000)
"Thong Song" é uma brincadeira ridícula sobre as alegrias do biquíni de tanguinha. É uma escolha insana para uma música de casamento, mas, por outro lado, a ideia de Emma e Ken se casando também é insana, e "Thong Song" apenas amplifica que casal romântico terrível eles seriam. Cantar essa música para uma pessoa tão conservadora quanto Emma pode parecer ridículo, mas Will dançando de modo provocante essa música escandalosa gera mais do que uma pequena tensão sexual entre os dois.

"What a Girl Wants" (Rachel)
Christina Aguilera, *Christina Aguilera* (1999)
Às vezes uma garota não sabe o que quer, mas ter a seu lado um namorado intuitivo e que a apoia pode ajudá-la a se decidir. Christina Aguilera cantou

exatamente sobre isso no seu grande sucesso que até rendeu uma indicação ao Grammy por Melhor Cantora Pop com "What a Girl Wants". Rachel acha que sabe o que quer: Finn. Ela pode estar namorando o Puck para deixá-lo com ciúmes (e Puck só está namorando Rachel para ser um judeu melhor), mas ele parece saber o que ela quer, mesmo quando ela não quer: alguém que reconheça tanto o seu talento quanto as suas inseguranças e que a trate com respeito.

"Sweet Caroline" (Puck)
Neil Diamond (1969)
O karaokê de Neil Diamond, o estádio de esportes e a banda *cover* podem ser inspirados na Caroline Kennedy, mas a mensagem sobre a alegria que o amor pode trazer é universal. Puck celebra o seu breve romance com Rachel com uma serenata pública de "Sweet Caroline", uma música escrita e gravada por um judeu, e regravada por outro judeu, para ganhar uma judia. A mãe de Puck não faria diferente.

"I Could Have Danced All Night" (Emma)
My Fair Lady (*Minha bela dama*) (1956)
Eliza Doolittle (veja "Mande lembranças à Broadway", mais adiante) cantou "I Could Have Danced All Night" após uma dança inesperada com o seu professor, Henry Higgins, por quem tinha uma paixão. Emma, como Eliza, fica nas nuvens quando dança com Will, o seu professor de dança. Para Emma, Will é um ótimo parceiro, tanto na pista de dança quanto na vida, e, se pudesse, dançaria a noite inteira com ele.

O som da música: *mash-up*, a mistura de duas ou mais músicas, onde letra e música interagem perfeitamente, é tão antigo quanto a própria música. *Mash-ups* clássicos são conhecidos como *quodlibet*, que são encontrados até o século XV. Frank Zappa desenvolveu uma técnica de *mash-up*, que chamou de *xenochrony*, em 1970. *Mash-ups* contemporâneos se tornaram populares novamente em 2002, quando dois grandes DJs (uma colaboração entre os irmãos Dewaele da banda Soulwax) lançaram um álbum entitulado *As Heard on Radio Soulwax Vol. 2*, com 45 *mash-ups* diferentes. Outros artistas seguiram o gênero e, combinando uma aceitação crescente da música sintetizada com os DJs como artistas legítimos, os *mash-ups* ganharam popularidade. Existem muitos tipos diferentes de *mash-up* na música popular de hoje, incluindo versão contra versão, *mash-ups* abstratos e remixados.

Mande lembranças à Broadway: inspirado na peça de George Bernard Shaw, *Pygmalion*, *My Fair Lady* (*Minha bela dama*), de 1913, é a história de Eliza Doolittle, uma garota da classe operária. Ela sonha em trabalhar em uma loja de flores, entretanto o seu sotaque desencoraja potenciais patrões de contratá-la. Ela recorre a um professor de fonética, Henry Higgins, que concorda em ensinar Eliza por causa de uma aposta, esperando ensiná-la tão bem que as pessoas a confundiriam com uma duquesa. *My Fair Lady* estreou em 15 de março de 1956 e teve 2.717 apresentações. O filme de 1964 se manteve fiel à versão original dos palcos, com exceção do final. Escolher Audrey Hepburn foi algo controverso, pois Julie Andrew havia interpretado Eliza Doolittle na Broadway, e era considerada perfeita para o papel. O canto de Audrey no filme precisou ser dublado, mas mesmo assim o filme ganhou oito premiações do Oscar, inclusive de Melhor Filme.

Isso é muito *Popular*: o professor de teatro, Sr. Vincent, e o técnico Peritti, o treinador de futebol americano, acabaram com o desejo de Josh Ford de estar tanto no musical como no time de futebol. O Sr. Vincent mudou o dia de estreia do musical "Under Siege" para que coincidisse com o jogo e forçou Josh a escolher.

Suco na cara:
- Finn recebe um suco na cara do jogador Dave Karofsky.
- O time inteiro de futebol americano joga suco em Finn e Quinn.
- Jogam suco na cara do Puck no corredor porque estava andando com a Rachel.
- Kurt joga suco em si mesmo porque Finn se sente culpado em ter de fazer isso.
- Todos no New Directions jogam suco no Sr. Schue.

Fora do tom:
- Durante "Sweet Caroline", Brittany está sentada na frente da Quinn. Quando a câmera sai de Quinn para a Rachel, o lugar da Brittany fica vago, mas quando a câmera volta para Puck, Brittany está no seu lugar de novo.
- Apesar da "Sweet Caroline" de Puck ser ótima, eles não deveriam estar trabalhando em *mash-ups*?

Por trás da cena:
- Ryan Murphy colocou "Sweet Caroline" em *Glee* depois de ter ouvido Mark tocá-la no *set* entre as cenas.
- Os sucos no piloto e em "Romance no ar" eram verdadeiros sucos, completamente gelados. "Parecia que eu tinha batido de frente com um

iceberg", lembra Chris Colfer. Ninguém quer ter essa sensação, então a equipe preparou uma mistura de xarope de milho morno para diminuir o incômodo.
- Mercedes deveria receber um suco na cara, mas Amber sugeriu gritar "Minha roupa!" para se livrar. Ryan Murphy gostou da ideia e manteve.
- Conseguir os direitos de "Sweet Caroline" foi difícil. De início Neil Diamond disse não, e depois disse sim. Depois que o episódio já tinha sido gravado, ele retirou a sua oferta. O produtor de música P. J. Bloom teve de convencê-lo a mudar de ideia, de novo, mas no final deu tudo certo. Neil ficou tão impressionado com a versão de Puck dessa música que liberou outras músicas do seu catálogo para uso futuro.

Palco principal:
- Emma fica excitada com o charme de Gene Kelly de Will. Gene Kelly foi um dançarino, ator, cantor, diretor, produtor e coreógrafo americano que dominou os filmes musicais de Hollywood pós-guerra. Os seus filmes mais famosos são *An American in Paris* (*Sinfonia de Paris*) (1951) e *Singing in the Rain* (*Cantando na chuva*) (1952). Kelly era conhecido por ser charmoso, atraente e adorável tanto dentro quanto fora das telas.
- Rachel fala de Tommy Tune para Puck, um verdadeiro talento que impressionava tanto nos palcos quanto por trás das cenas no seu tempo na Broadway. Ele ganhou nove prêmios Tony em quatro categorias diferentes (Melhor Ator, Melhor Ator Coadjuvante, Melhor Coreógrafo e Melhor Diretor) durante a sua carreira. Ele trabalhou sem parar desde 1966, estrelando produções como *The Best Little Whorehouse in Texas* (*A melhor casa suspeita do Texas*) e em filmes como *Hello, Dolly!* (*Alô, Dolly!*).
- Finn acredita que Thomas Jefferson e o garoto dos filmes do *Exterminador* imaginaram um futuro melhor. Thomas Jefferson foi o terceiro presidente dos Estados Unidos, o principal autor da Declaração da Independência e um dos mais influentes *Founding Fathers* ("pais fundadores") da América. O garoto dos filmes do *Exterminador* é John Connor, que cresce para liderar a resistência humana contra as máquinas por toda a série.

Mãos de jazz:
- O episódio tem o título de "Mistura perfeita", mas não há nenhuma música *mash-up* nele. Talvez as músicas, como os casais da semana, não sejam compatíveis?

- Esse é o primeiro episódio em que Jessalyn Gilsig não aparece.
- O vestido de noiva que Emma usa "para praticar" é como o seu relacionamento com Ken: volumoso, restritivo e não cai bem. Esse vestido foi inspirado no vestido de noiva da Princesa Diana de 1981. David e Elizabeth Emanuel desenharam o vestido da Princesa Diana com 7,5 metros de cauda e custou quase 15 mil dólares (o equivalente a 35 mil dólares atualmente).
- A família de Puck assiste ao *Schindler's List* (*A lista de Schindler*) todos os anos no Simchat Torá enquanto comem carne de porco agridoce. Simchat Torá é uma celebração judia anual que conclui a leitura pública do Torá e marca o início de um novo ciclo. *Schindler's List* é um filme de Steven Spielberg de 1993, vencedor do Oscar, que conta a história de Oscar Schindler, um homem que salvou a vida de centenas de judeus poloneses do Holocausto. Judeus que se mantêm na tradição kosher *não* comem carne de porco agridoce.
- O segundo vestido de noiva de Emma lembra Audrey Hepburn em *Sabrina*, quando ela usou o agora famoso pretinho de Givenchy. Audrey interpretou Eliza Doolittle, a personagem que canta a música de casamento de Emma em *My Fair Lady*.

O palco de Ohio: Puck tem pôsteres da Ohio State University (OSU) no corredor. Ohio State University é considerada a melhor faculdade pública do estado. O seu *campus* em Colombus é o segundo maior da América e ela tem outros subsidiados por toda Ohio, inclusive em Lima.

Como a Sue vê isso: "Vou até o abrigo de animais e vou pegar um filhote de gato para você. Eu vou deixar você se apaixonar pelo gatinho. E, então, numa noite fria e escura, vou entrar na sua casa, roubar o gatinho e dar um soco na sua cara."

♪♫♪

1.09 "Cadeiras de roda" (Wheels)
Data original de exibição: 11 de novembro de 2009
Escrito por: Ryan Murphy
Dirigido por: Paris Barclay

Música: ★★★★
Enredo: ★★★★
Risadas: ★★★

Burt: Isso está realmente chateando você, né?
Kurt: Estou muito entediado.
Burt: Então... está realmente te chateando?

O New Directions se reúne a fim de levantar dinheiro para alugar um ônibus para Artie. Puck e Finn tentam arrumar dinheiro para pagar as contas do médico de Quinn, e Kurt descobre que família é mais importante que a fama.

Artie consegue seu momento de fama em "Cadeiras de roda", um episódio que foca a deficiência dele e a tentativa de Will de fazer com que os outros membros do coral entendam melhor as dificuldades que ele tem de enfrentar. Depois de o grupo se mostrar relutante em vender doces para arrecadar fundos para o ônibus especial que leve todos, inclusive Artie, às Seccionais, o Sr. Schue toma uma atitude em nome da camaradagem do grupo. O New Directions fará a venda, e eles também terão que passar três horas por dia na escola em cadeiras de rodas e fazer um número musical também nas cadeiras. Chame isso de desafio de interpretação.

Finalmente Artie recebe um pouco de amor de Tina nesse episódio, mas o seu romance esfria rapidamente. Artie se sente traído pela mentira de Tina, mas considerando que ele fez um belo sermão para explicar que ele não se isola dos outros de propósito, não deveria afastá-la tão facilmente. Ver Artie romper é um toque ótimo, pois ele equilibra a sua história, que é triste o suficiente para que se tenha pena dele, mais do que de qualquer outro adolescente.

Em "A separação", Sue questiona o tratamento que Will dá aos que fazem parte das minorias, e essa questão volta com tudo em "Cadeiras de roda". Will é inflexível na questão de que os colegas deveriam apoiar Artie e tentar entender melhor os desafios que ele enfrenta diariamente e, ao mesmo tempo, nega o pedido de Kurt de cantar o solo que é tradicionalmente cantado por uma mulher. Will realmente precisa tratar os seus alunos com igualdade. Desde continuamente favorecer Rachel e Finn a essa recusa injusta ao pedido de Kurt, ele precisa lembrar melhor as suas afirmações de que o coral é para todos.

Esse episódio prova que as aparências enganam: Kurt, que deseja ser uma superestrela, revela a verdadeira mentalidade da sua família; a malvada Sue mostra seu lado mais suave com a sua irmã portadora de necessidades especiais; Puck usa o seu lado exterior de garoto mau para esconder um interior amoroso e confuso;

e Artie mostra o seu lado mais virtuoso quando rejeita Tina. "Cadeiras de roda" pode ser um episódio que trata dos sofrimentos pessoais de cada um, *nerds* de coral ou treinadoras de animadoras de torcida, mas também fala sobre como não se pode julgar um livro – ou uma pessoa – pela capa.

Nota alta: "Defying Gravity" é a primeira música que Kurt parece realmente animado a cantar. Bom para ele por se impor para Rachel e Will e provar que tem a confiança para ser uma estrela. Mercedes faz os ocasionais comentários sensíveis, mas essa é a primeira vez que alguém se impõe e pede por uma luta justa.

Nota baixa: será que dois garotos adolescentes realmente brigariam por quem é melhor para cuidar do bebê e da mãe do bebê? *Glee* tem muitas tramas interessantes, mas essa não parece verdadeira, por mais que se deseje acreditar nela.

Por trás da música:
"Dancing With Myself" (Artie)
Billy Idol, *Don't Stop* (1981)
"Dancing With Myself" foi originalmente escrita e gravada pela banda de Billy Idol e Tony James. Billy lançou a sua própria versão mais tarde, no mesmo ano, e alcançou o segundo lugar na lista Billboard Hot 100. Havia

boatos persistentes de que a música fala de dar prazer a si mesmo, mas Tony e Billy afirmam que a inspiração veio ao ficarem se olhando dançando na frente do espelho em uma boate japonesa no final dos anos 1970. Artie pode não conseguir mover as pernas, mas não significa que não possa dançar, tanto literalmente quanto metaforicamente, e é bom saber que graças ao New Directions ele não precisa fazer isso sozinho. Mas, fora dos palcos, Artie está sempre dançando sozinho, enfrentando diariamente obstáculos que as pessoas que não têm problemas físicos não enfrentam, obstáculos que atrapalham tudo, até mesmo um romance com Tina.

"Defying Gravity" (Rachel e Kurt)
Wicked (2003)
Em *Wicked* (veja "Mande lembranças à Broadway", mais adiante), Glinda, a futura bruxa boa e Elphaba, a futura bruxa má do Oeste, cantam "Defying Gravity" depois que Elphaba descobre que o Mágico de Oz não é um herói e decide que ela precisa fazer qualquer coisa para pará-lo. Glinda faz o melhor que pode para desencorajar Elphaba, achando que ela não tem nenhuma chance. Kurt, como Elphaba, está cansado de ser deixado de lado e briga pelo seu primeiro solo, e Rachel, como Glinda, tenta evitar essa briga.

"Proud Mary" (New Directions)
Creedence Clearwater Revival, *Bayou Country* (1969)
Os primeiros dez sucessos do Creedence Clearwater Revival mencionam o costume do Sul de tirar o sustento do rio. Entretanto, essa música é sobre uma comunidade que se une pelos seus amigos. O New Directions pode desfilar no palco em cadeiras de rodas para esse número, mas eles também vão ao auxílio do Artie e conseguem o dinheiro para que ele possa ir de ônibus com eles para as Seccionais, assim como fariam aqueles que vivem do rio.

Mande lembranças à Broadway: seguindo a tradição de virar a história de ponta cabeça e fazer o público ver os personagens de uma nova maneira, *Wicked* usou dois dos personagens de *The Wizard of Oz* (*O mágico de Oz*). Antes de se tornarem a bruxa boa do Norte e a bruxa má do Oeste, Glinda (antigamente Galinda) e Elphaba eram colegas de quarto da faculdade. Essas mulheres radicalmente diferentes estavam constantemente brigando, amaram o mesmo rapaz e reagiram de formas diferentes quando descobriram sobre a corrupção do governo de Oz. Elphaba, com a sua pele verde e mente progressiva, tem uma queda pública e fica conhecida como Bruxa Má, apesar de ser apenas mal-compreendida. O musical, baseado no romance de Gregory Maguire de 1995, do mesmo nome, estreou em São Francisco em maio de 2003 e foi transferido para a Broadway em 8 de outubro de 2003. Recebeu críticas mistas, mas foi um sucesso de público, batendo recordes de bilheteria por todo o mundo. A produção recebeu dez indicações ao Tony, incluindo Melhor Atriz para Idina Menzel, por Elphaba. Idina e Kristin Chenoweth, as estrelas originais da Broadway, fizeram participações em vários episódios da primeira temporada de *Glee*.

Isso é muito *Popular*: em "Hard on the Outside, Soft in the Middle", Sam, Lily e Carmen são discriminadas por serem morenas. Para saber se as loiras realmente se divertem mais, os dois grupos trocaram a cor do cabelo – as animadoras de torcida ficaram morenas e o grupo da Sam ficou loiro – e descobriram como é a vida das outras, assim como os alunos em *Glee* descobriram como é ficar em uma cadeira de rodas.

Fora de tom:
- Não é sempre que a cadeira de rodas de Artie tem as rodas de apoio atrás. Elas desaparecem e aparecem quando Artie está cantando e dançando "Dancing With Myself".
- Rachel cozinha os seus biscoitos de desculpas com a receita secreta da família em "Acaffellas", mas não pode cozinhar nada para a venda que arrecadará fundos?

Lauren Potter como Becky Jackson
Lauren Potter provou que os sonhos podem se tornar realidade quando desqualificou outras 13 candidatas para o papel de Becky Jackson em *Glee*. Lauren conseguiu a sua grande estreia por meio da Down Syndrome Association de Los Angeles, depois de os produtores de *Glee* entrarem em contato com a instituição, por causa do papel. Nascida em 10 de maio de 1990, Lauren frequentou a Poly School em Long Beach, Califórnia, onde fez teste para participar da equipe de animadoras de torcidas. As coisas mudaram quando ela foi escolhida para ser a substituta das Cheerios de Sue Sylvester.

Dançando em cadeiras de rodas: é de verdade

Will Schuester parece muito orgulhoso de si mesmo por forçar o New Directions a fazer um número em cadeiras de rodas, e para o crédito da equipe, eles adoraram e fizeram um excelente trabalho. Mas os garotos do New Directions não teriam a menor chance contra os profissionais que participam do Wheelchair DanceSport, um circuito competitivo de dança para pares em cadeiras de rodas. George Hart recebeu o crédito de ter desenvolvido a dança em cadeira de rodas no começo dos anos 1970. Depois de um acidente que deixou o dançarino inglês paralisado, ele se recusou a abandonar a sua paixão e adaptou as suas danças favoritas para a cadeira de rodas. Um grupo holandês formou um conjunto de dançarinos em cadeiras de rodas em 1977, e o passatempo apenas cresceu a partir daí. O Wheelchair DanceSport se tornou uma competição esportiva oficial em 1977, quando a primeira competição internacional aconteceu. Cada dupla deve ter pelo menos um membro que de fato tenha necessidade da cadeira de rodas para que possam competir. Hoje em dia, mais de 5 mil dançarinos de quarenta países fazem parte da competição com ritmos habituais como valsa, tango, rumba, samba e foxtrote.

Por trás da cena:

- Kevin McHale teve de gravar "Dancing With Myself" duas vezes. Por quê? A sua primeira versão foi considerada "*sexy* demais" por Ryan Murphy.
- O fato de Kurt querer cantar "Defying Gravity" foi incluído no programa porque isso realmente aconteceu com Chris Colfer na escola. "Quando eu estava no ensino médio, todos os anos nós tínhamos o show de talentos", contou Chris à revista *People*. "Todos os anos eu implorava para os professores me deixarem cantar 'Defying Gravity', de *Wicked*. E todos os anos eles recusavam, porque eu era um garoto e essa é uma música de mulheres". Originalmente o roteiro foi escrito com Kurt cantando sozinho, mas depois foi mudado para incluir Rachel porque os produtores também amaram a versão de Lea Michele.
- Zach Woodlee chamou o número na cadeira de rodas de a sequência "mais assustadora" que ele já teve de coreografar. "Parecia uma partida de *roller derby*", disse ele ao *New York Post*. "Todos os atores caíam para trás e batiam a cabeça – principalmente Lea Michele, que interpreta Rachel. Você perde o equilíbrio muito rápido quando tenta subir uma rampa em uma cadeira de rodas. Amber Riley, que faz Mercedes, pegou uma quina quando estava descendo a rampa e caiu completamente."

> **Gleek fala: Adina Herbert**
> **(uma assistente social que mora em Toronto, Canadá)**
>
> **Como assistente social e ativista pelos direitos dos deficientes, o que você acha de como Glee lida com a deficiência de Artie?**
> Eu acho muito bom que Artie e suas deficiências sejam um tema importante na trama do programa. Essa não é uma história sobre "garotos normais" e acontece que Artie está lá. Ele é parte importante do grupo e esse conceito não parece ter sido comprometido. É fácil ficar preso a enredos típicos de horário nobre para vender o programa, e parece que eles não acharam que estavam comprometendo o "toque de Hollywood" ao demonstrar questões verdadeiras. Existe uma ideia que inclusão significa incluir diferença "dentro" do normal. Mas também existe a noção de que a verdadeira integração também pode significar o contrário. As pessoas em boa forma física aprendem muito e ganham muito ao serem incluídas em um ambiente deficiente. Eu acho que o fato de eles terem demonstrado o esforço de todos aqueles garotos para serem realmente solidários com Artie e sua deficiência foi realmente renovador e certamente algo que não se vê com frequência na TV.

- O movimento de ir para frente e para trás com as cadeiras de rodas? Foi um improviso. Os atores estavam brincando e queriam ver como seria se todos fossem para frente e para trás ao mesmo tempo. Zach gostou do efeito e o incorporou à coreografia.

Palco principal:
- O pai de Kurt escuta exclusivamente Mellencamp. John "Cougar" Mellencamp é um músico americano de *rock* conhecido por sua música que agrada a classe operária. O seu maior sucesso, "Jack & Diane", fala de dois jovens que crescem no meio-oeste, sonhando em sair da cidade pequena. A sua popularidade esteve no auge na década de 1980, e entrou para o Rock and Roll Hall of Fame em 2008.
- O pai de Kurt afirma para o diretor Figgins que Kurt soa como Ronnie Spector. Ronnie Spector foi a cantora principal de um grupo feminino, da década de 1960, chamado Ronettes, e foi casada com o megaprodutor Phil Spector. Eles tiveram três grandes sucessos naquela década: "Be My Babe", "Baby, I Love You" e "Walking in the Rain", mas se separaram em 1966. As Ronettes entraram para o Rock and Roll Hall of Fame em 2007.

Mãos de jazz:

- Jayma Mays e Jessalyn Gilsig não aparecem nesse episódio, marcando a segunda ausência de cada uma delas.
- Sue faz referência às Ilhas Malvinas. Esse território do governo britânico no Pacífico Sul foi invadido pela Argentina em 1982. O Conselho de Segurança das Nações Unidas mandou a Argentina retirar as suas tropas. No final, os britânicos mandaram tropas para reconquistar a ilha, o que resultou na Guerra das Malvinas. Os argentinos se renderam mais tarde naquele ano.
- Durante o teste de "Defying Gravity", o figurino de Rachel é quase todo branco e o de Kurt, preto. Isso é uma referência a Glinda e Elphaba: Glinda usa muito branco e Elphaba, muito preto. No musical, Elphaba é uma injustiçada socialmente que provoca e implica com todos, e Glinda era a princesa popular que tinha tudo de mão beijada. Ao usar cores semelhantes, Kurt e Rachel estão reforçando quem é quem.
- No sexto ano, Tina evitou falar na frente da classe sobre o Compromisso de Missouri – um acordo de 1820 entre as facções escravagista e libertacionista dos Estados Unidos, que regulamentava a escravidão nos territórios do Oeste. Esse foi o primeiro grande compromisso entre esses dois grupos. O compromisso considerou a escravidão ilegal no território da Louisiana,

exceto em algumas áreas do Missouri. Entretanto, os Estados Unidos se recusaram a aceitar a medida.

Como a Sue vê isso: "Se eu colocar uma garota grávida fazendo um salto duplo mortal, os juízes não admirarão a sua forma impecável, eles ficarão se perguntando se a força centrífuga não irá fazer com que a cabeça do bebê comece a coroar."

♪♫♪

1.10 "Balada" (Ballad)
Data original de exibição: 18 de novembro de 2009
Escrito por: Brad Falchuk
Dirigido por: Brad Falchuk

Música: ★★★
Enredo: ★★★✦
Risadas: ★★★

Rachel (para Will): Significa que sou muito nova e é muito difícil para você ficar perto de mim.

Quando Will e os membros do New Directions expressam seus sentimentos por meio de músicas, algumas mensagens são mais bem recebidas que outras.

    O que você faz quando não consegue dizer para alguém como se sente? Você coloca os seus sentimentos em uma música, é claro! É muito conveniente que o Sr. Schue fique sabendo de um novo pré-requisito para as Seccionais – a balada endossada por Rachel Berry – justo quando o enredo do programa e os sentimentos escondidos dos personagens estão sendo construídos nos episódios que estão se direcionando para o grande final. Porque nada toca o seu coração como uma balada. Essa não foi a primeira vez que vimos as músicas sendo usadas para expressar os sentimentos (Rachel cantando "Take a Bow" sobre a sua paixão por Finn, em "Romance no ar", e Mercedes cantando "Bust Your Windows" sobre a sua paixão por Kurt, em "Acaffellas", são apenas dois exemplos), mas desta vez isso é definitivamente o ponto principal.

Tanto Finn quanto Will tentam usar o poder da música para dizer algo importante nesse episódio – Finn precisa contar aos pais de Quinn sobre a gravidez e Will precisa que Rachel recue. Infelizmente, as duas baladas têm consequências adversas: Rachel se apaixona ainda mais por Will, e, de repente, Quinn se vê sem teto. Nenhum dos dois se lembra da regra de ouro dos artistas: conheça o seu público. A paixão de Rachel por Will vem do incrível talento dele como artista, portanto, ao cantar para ela, não importa o que diz a letra, ele apenas a atiça mais. Por outro lado, Finn esquece o quão rígidos e conservadores são os pais da Quinn. Expressar uma dificuldade emocional com uma música pode funcionar no palco, mas, na vida real, mesmo um pouco de música não consegue amenizar o impacto desse tipo de notícia.

Nós também descobrimos que essa não é a primeira vez que uma aluna se apaixona por Will, e você poderia achar que com toda essa experiência ele realmente saberia lidar melhor com esse tipo de situação. Entretanto, depois de conhecer as terríveis consequências de sua rejeição por Suzy Pepper, os espectadores começam a sentir pena do Sr. Schue, especialmente porque Rachel já demonstrou que também não lida bem com a rejeição. Assim como April Rhodes, Suzy é outra história para alertar Rachel, e felizmente ela recupera tanto o juízo como seu "charme para dançar" no final do episódio, porque nós não precisamos de mais uma complicação nos triângulos (e quadrados) amorosos já bastante bagunçados do McKinley.

Brad Ellis como Brad, o pianista

O pianista do New Directions é interpretado por Brad Ellis. E, nesse episódio, Rachel se refere a ele como... Brad. É possível que Lea Michele tenha escorregado e que Brad devesse ficar sem nome para sempre, ou talvez ele seja um personagem que finalmente recebeu um nome. Brad Ellis trabalhou em muitas produções fora da Broadway, inclusive em *Forbidden Broadway*, com as futuras participantes de *Glee*, Idina Menzel e Kristin Chenoweth. Ele compôs a música para o musical da Broadway *The Tin Pan Alley Rag*, de 2009, e fez os arranjos do álbum do Billy Joel *Waltz Variations N.2 Op.5*, de 2006. De início foi contratado para fazer o acompanhamento dos candidatos nos testes de *Glee*, mas Ryan mencionou casualmente que "no programa" ele também acompanharia os cantores. Brad achou que era piada, mas Ryan estava falando sério. Preste atenção às expressões faciais e às escolhas de figurino de Brad – são normalmente um dos destaques dos episódios. Ele até se sentou em uma cadeira de rodas durante "Proud Mary" do episódio "Cadeiras de Roda".

O drama familiar esquenta quando a mãe de Finn e os pais de Quinn descobrem que ela está grávida, e o contraste das suas reações é surpreendente. A mãe de Finn, apesar de claramente desapontada com o filho, consegue pensar nele e antecipar as suas necessidades. Eles podem ter uma conversa sobre escolhas responsáveis mais tarde, mas, no momento, ele só precisa de amor e apoio. Os pais de Quinn, em vez de discutir racionalmente sobre a gravidez com a sua filha, expulsam-na de casa. A família que, exteriormente, parecia ter problemas – Finn, o atleta lesado com o futuro incerto, e a sua mãe solteira, deprimida e trabalhadora – é a família que apoia. Por outro lado, a família de Quinn, um quadro de perfeição – mãe que foi a rainha do baile, pai orgulhoso, duas belas filhas animadoras de torcida e na lista de honra da escola –, é a que explode no minuto em que aparece um problema.

De maneira parecida, de volta ao McKinley, o bando de desajustados que é o New Directions parece uma família que não se entende na maioria das vezes, mas quando Finn e Quinn precisam do seu apoio, o grupo se une. A música é o que une esses 12 adolescentes, e se a emocionante interpretação de "Lean on Me" serve de indicativo, isso também pode mantê-los juntos.

Nota alta: Rachel é uma menina muito inteligente. Claro, às vezes uma ideia fixa ou suas inseguranças levam a melhor, mas ela é a adolescente mais consciente de si mesma de todos os tempos. Tudo, desde o reconhecimento em "Cadeiras de roda" de que ela precisa de muita atenção até sua percepção de por que se apaixonou pelo Sr. Schue mostram uma maturidade além da sua idade.

Nota baixa: qual é a de Finn com essa homofobia que vai e vem? Ele parece estar bem com o Kurt quando está recebendo conselhos de beleza, mas assim que qualquer tipo de homossexualismo encosta nele, ele surta. Nós sabemos que ele é um adolescente que está sofrendo com sua identidade e popularidade, mas essa homofobia recorrente nos deixa intrigados.

Por trás da música:
"Endless Love" (Will e Rachel)
Lionel Richie e Diana Ross, *Endless Love: Original Motion Picture Soundtrack* (1981)
Como Rachel poderia não se apaixonar pelo Sr. Schue depois de cantar uma das músicas mais românticas do mundo com ele? A declaração de amor de Lionel Richie e Diana Ross foi composta e gravada para o filme de Brooke Shields, com

o mesmo nome da música. O filme foi um fiasco, mas a música foi a segunda mais popular de 1981 (logo atrás de "Physical", de Olivia Newton-John), e recebeu a indicação do Oscar por Melhor Música Original. Rachel não é a única com romance na cabeça. As declarações de amor florescem nesse episódio, com Finn expressando seu amor pela filha que ainda não nasceu, Suzy também ansiando pelo Sr. Schue e Kurt quase revelando sua paixão por Finn.

"I'll Stand by You" (Finn)
The Pretenders, *Last of the Independents* (1994)
O sucesso mais recente da banda The Pretenders foi originalmente concebido como uma música de amor que fala sobre ficar ao lado de alguém durante os momentos bons e difíceis. Entretanto, a letra também se aplica a pais declarando o seu eterno amor pelos filhos, assim como Finn fez pela filha que vai nascer. Essa mensagem de amor eterno e apoio se aplica também a outros personagens: Puck tenta provar para Quinn que pode cuidar da sua família, Will sempre coloca a sua família em primeiro lugar, a mãe de Finn dá o apoio materno que ele e Quinn estão precisando e Kurt prioriza as necessidades de Finn em relação à sua paixão.

"Don't Stand So Close to Me/Young Girl" (Will)
The Police, *Zenyattà Mondatta* (1980)
Gary Puckett & The Union Gap (1968)
Sting nega que "Don't Stand So Close to Me", que é a história de uma aluna que se apaixona por um professor, seja autobiográfica, mas acertou os acordes o suficiente para ganhar o Grammy por Melhor Vocal por Dupla ou Grupo. Will fica nervoso com a paixão estudantil de Rachel e quer que ela recue antes que se machuque, portanto ele combina essa música com "Young Girl", uma música sobre um relacionamento impróprio com uma mulher muito mais nova. Para ressaltar a sua ideia, Will mudou a frase de "Young Girl" de "Garotinha, saia da minha mente/ meu amor por você é impróprio" para "Garotinha, você está louca/ seu amor por mim é impróprio".

"Crush" (Rachel)
Jennifer Paige, *Jennifer Paige* (1998)
Jennifer Paige, a maravilha de um único sucesso, pode achar que as paixões não têm muita importância, mas com certeza o Sr. Schue acha – principalmente quando a paixão em questão é a que as suas alunas estão tendo por ele. Em

"Crush", Jennifer tenta contextualizar a paixão que alguém tem por ela: paixões podem dar uma embriaguez emocional, mas isso não significa necessariamente que seja amor. Ao contrário de Jennifer, Rachel pode estar pensando que é para sempre, e tenta usar "Crush" para provar ao Sr. Schue que os seus sentimentos não são impróprios e que ele não deveria se preocupar tanto – ela acha que tem idade suficiente para lidar com um relacionamento maduro, e não apenas uma paixão passageira.

"(You're) Having My Baby" (Finn)
Paul Anka e Odia Coates (1974)
O canal CNN chamou "(You're) Having My Baby" de a pior música de todos os tempos. Apesar de ter sido fritada pelos críticos, essa canção extremamente literal para a mãe de seus filhos se tornou o primeiro sucesso de Paul Anka em 15 anos. Como Quinn espera um filho de Finn, ele quer mostrar a ela (e aos seus pais) o quanto ama os dois. Ideia acertada, Finn, música errada.

"Lean on Me" (New Directions)
Bill Withers, *Still Bill* (1972)
A declaração máxima de amizade, "Lean on Me", foi o primeiro e único sucesso de Bill Wither. Wither compôs essa canção depois que, vindo de uma pequena cidade da Virginia, se mudou para uma área violenta de Los Angeles e descobriu que sentia falta da antiga comunidade, que costumava ser unida e dar apoio. Assim como aconteceu com "Keep Holding On" em "A separação", o New Directions usa a música para apoiar Quinn (e, dessa vez, também Finn). Apesar

Gregg Henry como Russell Fabray

A carreira de Gregg Henry como ator demonstra duas coisas: ele adora cantar e é ótimo interpretando pais rigorosos. Nascido em 6 de maio de 1952 em Lakewood, Colorado, Gregg agora vive na ensolarada Los Angeles, onde faz participações em programas como *Firefly*, *24* (24 horas), *Airwolf* (Águia de fogo), *CSI*, *LA Law*, *Falcon Cres* e *Moonlighting* (A gata e o rato). Russell Fabray não é o primeiro papel que faz Gregg ter altas expectativas com relação à sua prole na televisão. Ele interpretou Logan Huntzberger, o pai exigente que desaprovava a namorada do filho, Rory, de *Gilmore Girls* (Tal mãe, tal filha). Ele é um cara ocupado, mas tem tempo para o teatro, atuando em várias produções locais em Los Angeles.

dos triângulos amorosos e das lutas pelo poder, eles agora são realmente uma equipe e se apoiam mutuamente, nos momentos bons e ruins.

O som da música: baladas, como o Sr. Schue explicou, são histórias contadas em música. As baladas se originaram na Inglaterra e na Irlanda medieval antes de virarem uma tendência por toda a Europa e América do Norte. Em 1800, as baladas se tornaram sinônimos de músicas de amor, mas qualquer música que conte uma história e que tenha uma essência emocional é considerada balada. As baladas são classificadas em três grupos: tradicionais, que são associadas aos menestréis e à época medieval; clássicas, que eram populares na Inglaterra no século XVI e abrangiam uma variedade de temas; e literárias, que vieram com o Romantismo do século XVIII e foram inspiradas por poetas como William Wordsworth e Samuel Taylor Coleridge.

Isso é muito *Popular*: Sam se apaixona por seu professor de jornalismo, Sr. Grant, e o chama para sair na primeira temporada no episódio "Mo' Menace, Mo' Problems", mas as coisas não saem como ela havia planejado, porque a namorada do Sr. Grant aparece. Os pais de Josh poderiam ser os melhores amigos dos pais de Quinn. Eles são conservadores tradicionalistas que acreditam em *status* e poder, e comparam Josh constantemente com os seus irmãos mais velhos, que eram jogadores bem-sucedidos de futebol americano. Além disso, a mãe de Josh, ex-*miss*, é totalmente submissa ao marido, cuidando de cada necessidade dele.

Suco na cara:
- De acordo com Finn, Puck ainda está jogando Kurt na lixeira.

Charlotte Ross como Judy Fabray
A atriz americana Charlotte Ross parte corações como a mãe conservadora de Quinn que coloca a moral do marido na frente das necessidades da filha. Nascida em Winnetka, Illinois, em 21 de janeiro de 1968, Charlotte é mais conhecida por suas participações em *Days of Our Lives* e *NYPD Blue* (*Nova York contra o crime*). Ela teve pequenos papéis em vários outros programas da televisão, incluindo *The Heights*, *The 5 Mrs. Buchanans*, *Drexell's Class*, *Married... with Children* (*Um amor de família*), *Law & Order* (*Lei & ordem*), *Frasier* e *Jake in Progress*.

Não deixe de acreditar

Dianna Agron e Cory Monteith celebram o seu prêmio SAG de 2009 por Melhor *Performance* de um Grupo em uma Série de Comédia.

Fora de tom:
- Rachel ganha outra história de romance? Como isso é possível? Para uma garota nada popular, Rachel com certeza tem muitos romances.
- Quando Suzy Pepper come a pimenta mais ardida do mundo, ela está mastigando cabelo, entretanto, quando é filmada de perfil, o seu cabelo não está na sua boca.
- Quando Kurt toca piano para a balada de Finn, ele está usando *leggings* marrom. Nas cenas de perto do piano, a pessoa que está tocando está de calça jeans azul.
- Kurt está no vestiário falando sobre ombreiras? Ele ainda está no time de futebol americano? Se está, por que isso não aparece em "Mistura perfeita"?

Por trás da cena:
- A explicação de Brittany para o que é uma balada ("é um pato macho") foi um acréscimo de último minuto no roteiro. Ryan Murphy sussurrou a frase

Perguntas e respostas: Sarah Drew como Suzy Pepper

Sarah Drew teve uma carreira de atriz que a levou para o lado popular do ensino médio. Ela faz aniversário no dia 1º de outubro de 1980, o que significa que é de libra, e tudo tem a ver com equilíbrio! Depois de conseguir o papel como a voz de Stacy, a secretária do Clube da Moda em *Daria*, da MTV, Sarah participou de vários programas na televisão como *Wonderfalls*, *Cold Case* (*Cold Case: arquivo morto*), *Law & Order: SVU*, *Medium*, *Private Practice* e *Mad Men*. Sua experiência em musicais no ensino médio em Boston, Massachusetts, preparou-a bem para interpretar a mais louca da escola McKinley, Suzy Peppers.

Como você conseguiu o seu papel em *Glee*?
Da maneira que você consegue a maioria dos papéis, ou seja, você é indicado. Eu estava começando a ver alguns comerciais do programa e ainda não tinha visto nem o piloto e já achava "Ah, meu Deus". Eu cresci fazendo musicais. Essa foi a minha vida. Quando soube que havia um programa sobre cantar músicas e dançar, eu precisava fazer parte disso.

Se a Suzy fosse cantar uma música, qual seria?
Definitivamente, "Every Breath You Take", do Police. Ela teria que cantar alguma coisa sombria sobre perseguição. Provavelmente teríamos que trocar a letra para "a cada passo que você der, eu estarei na sua cola".

Não deixe de acreditar

> **Como foi interpretar a Suzy?**
> Foi muito divertido. É muito legal interpretar pessoas que são meio malucas. Todos nós temos um pouco disso, mas não deixamos transparecer. Quando eu estava interpretando a Suzy, deixei vir à tona a louca que há em mim. Fico muito animada com os momentos ou os personagens que me permitem extravasar o lado maluca. Quando me empolgava muito, Brad (Falchuk) e eu classificávamos a loucura. Ele dizia: "Certo, você fez um nove, dá um jeito de virar um seis" ou "você fez um cinco, aumenta para um oito". Há umas duas cenas nas quais Suzy é muito louca e que não apareceram no episódio. Elas eram hilárias. Tem uma cena que eu tenho muita pena de não ter aparecido que é a cena seguinte àquela em que ela come a pimenta. Ela ficava se contorcendo e gritando "Parece fogo!". Foi uma cena muito legal de fazer, e o resultado final foi hilário. Eu acho que a maneira que eles escrevem o programa é tão brilhante que na cena do banheiro você acha que a Suzy vai matar a Rachel. A personagem tem muitas camadas, e Brad queria que eu entrasse em contato com elas. Suzy é maluca, mas ela também é vulnerável. Eu gosto da habilidade de juntar a loucura com a vulnerabilidade.
>
> **Qual é a sua música favorita de *Glee*?**
> Na verdade, isso é muito engraçado. É a música da Avril Lavigne que eles cantam para a Quinn alguns episódios antes do meu. A razão disso é porque eu assisti a esse episódio e fui para o *set* de filmagens, para gravar um programa novo, *Miami Medical*, e a minha personagem tinha que ser muito emotiva. Eu fico, literalmente, ouvindo aquela música repetidamente. Aquela música tocou um lugar especial no meu coração. Eu tenho um sentimento nostálgico muito grande com relação a estar na escola e cantar. O lugar em que eu me sentia mais à vontade e viva era com a minha comunidade de desajustados do teatro. A mensagem "vai ficar tudo bem, eu estou aqui com você" me levou de volta àqueles dias com aqueles *nerds*, que eram o meu porto seguro quando acontecia um monte de coisas ruins na escola que me deixavam triste.

para Heather Morris um pouco antes de a cena ser gravada para que a reação de todos fosse autêntica.
- Durante os ensaios de "Lean on Me", Cory e Dianna não puderam participar. Por quê? Ryan Murphy queria que as suas emoções fossem completamente verdadeiras quando eles filmassem a cena pela primeira vez.

Palco principal:
- Os pais de Quinn estão realmente animados em ver Glenn Beck na televisão. Glenn Beck é um apresentador conservador de rádio e televisão que tem um programa com o seu nome no canal Fox, o mesmo canal que transmite *Glee* nos Estados Unidos. Ele é muito conhecido pelos seus pontos de vista controversos, o que inclui ser contra o controle

armamentista e não acreditar que os humanos são a principal causa para o aquecimento global.
- "More Than Words", uma balada de 1990 da banda de rock Extreme, está tocando no fundo enquanto Suzy Pepper come a pimenta. A música é sobre querer que alguém mostre a você o quanto o ama em vez de apenas dizer.
- O filme *How Stella Got Her Groove Back* (*A nova paixão de Stella*) lançou a expressão "groove back"*. O romance de 1998 tem Angela Bassett como Stella, uma mãe solteira e trabalhadora que nunca se permite uma folga. Umas férias românticas na Jamaica e um inesperado romance com Winston Shakespeare (Taye Diggs) mostram a Stella como priorizar o que é importante e como ter felicidade.
- "Sorry Seems to Be the Hardest Word", a música de desculpas que Rachel quer cantar para Will, é uma balada sobre um amor rejeitado, composta e cantada por Elton John. Ela atingiu o sexto lugar da lista Billboard Hot 100. É uma das poucas músicas que Elton John escreveu e está no seu álbum *Blue Movies* de 1976.

Mãos de jazz:
- Jane Lynch não aparece nesse episódio. Essa é a sua primeira ausência.
- Esse é o primeiro episódio em que Quinn faz uma narração.
- A rosácea de Tina está se acentuando por causa da história sobre o bebê. Rosácea é uma vermelhidão no rosto, especialmente nas bochechas, nariz e testa.
- Will bebe Brockman Beer. Brockman é uma marca de cerveja de mentira, desenvolvida pelo Independent Studio Services para ser usada em filmes.
- Rachel serve *venison* de jantar para o Will. *Venison* é o nome dado na culinária para carne de veado.

O palco de Ohio: Finn tem um pôster do estádio de Ohio, e também um do Dashboard Confessional, Thrice e The Get Up Kids em seu quarto. O estádio de Ohio é onde joga o time de futebol americano da Ohio State University, o Buckeyes. Dashboard, Thrice e The Get Up Kids tocaram juntos na Turnê da Honda Civic de 2004. A turnê parou na Tower City Amphitheater, em Cleveland, e na Riverbend Music Center, em Cincinnati. Will faz Rachel sentar no banco de trás porque diz que é a lei (novamente, tentando enfatizar a idade dela). Entretanto, não existe tal lei em Ohio. As

---

* N.T.: uma expressão que se assemelha a "recuperar a paixão, a vontade".

crianças com menos de sete anos devem ser colocadas nas cadeirinhas, mas não precisa ser no banco de trás.

♪♫♪

1.11 "Coreohairfia" (Hairography)
Data original de exibição: 25 de novembro de 2009
Escrito por: Ian Brennan
Dirigido por: Bill D'Elia

Música: ★ ★ ★
Enredo: ★ ★ ★
Risadas: ★ ★ ★

Quinn: Eu estou começando a entender que o que eu preciso agora, mais do que calças largas, é de aceitação.

Depois de convidar as duas escolas rivais para uma apresentação, Will se preocupa com as chances que o New Directions tem para as Seccionais. Finn e Quinn estão explorando interesses românticos, só que não é um com o outro.

Fumaça e espelho podem ter muitas formas, e dessa vez quem distrai a atenção são os cabelos. Essa noção de má orientação está em todo esse episódio. Vamos dar uma olhada nisso, certo?

Coreohairfia n. 1: inspirado pelas garotas do Jane Addams Academy, Will tenta dar um pouco mais de esplendor e *glamour* à lista de músicas do New Directions com um pouco mais de cabelo sendo jogado do que numa propaganda de xampu. Coreohairfia n. 2: Quinn decide distrair Finn com uma repaginada no visual de Rachel, patrocinada por Kurt, para que Quinn possa fazer um *test-drive* paterno em Puck. Coreohairfia n. 3: Will fica tentando transar com a mulher, portanto, para desviar a atenção dele, Terri compra um carro velho para ele, para que passe o tempo livre ocupado com o carro. E no final, o que nós aprendemos? Coreohairfia sempre falha.

Mas apesar de a coreohairfia não ter dado certo, as distrações desse episódio ainda têm alguns resultados positivos. Apesar de o ensaio do New Directions balançando a cabeça não ter dado certo, Will pôde perceber que o New Directions não precisa de distrações para vencer. E mesmo com a repaginada desavergonhadamente *sexy* de Rachel, Finn decide continuar com Quinn. E apesar de Will adorar o seu carro antigo, ele está determinado a ser um bom pai, portanto, compra uma horrorosa minivan do estilo família completa.

As semelhanças entre Will e Finn também continuam nesse episódio. Embora os rapazes fiquem temporariamente distraídos com os seus problemas, no final eles querem resolvê-los, e não ignorá-los. Esse paralelo é solidificado quando tanto Will quanto Finn dizem "Eu te amo" para suas mulheres, depois de confessar grandes segredos: Will vendeu o Blue Bomber pela família e Finn rejeitou os avanços de Rachel por causa de seu relacionamento com Quinn.

"Coreohairfia" levou o seu tema a sério, nos distraindo dos chorosos números musicais e do fantástico desenvolvimento de caráter de Quinn. Quando ela diz à Terri que o mais importante é que o seu bebê tenha um bom pai, vemos que a rainha adolescente está crescendo e finalmente percebe que os seus problemas sociais no McKinley servem apenas para desviar a atenção de problemas maiores.

Nota alta: a natureza compreensiva da apresentação de "True Colors" foi perfeita. Das camisetas de cores diferentes aos banquinhos, o New Directions focou na sua melhor qualidade com essa música: seu talento.

Nota baixa: a apresentação do *mash-up* "Hair/Crazy in Love" é, de longe, a pior que nós já vimos em *Glee*. Nós sabemos que era para ser horrível para provar o quão errado Will estava, mas mesmo assim é um enorme passo para trás para o New Directions.

Por trás da música:
"Bootylicious" (Jane Addams Show Choir)
Destiny's Child, *Survivor* (2001)
O hino divertido e animado do Destiny's Child sobre confiança e mulheres com curvas foi o quarto sucesso da banda. Beyoncé se inspirou para compor "Bootylicious" depois de ouvir a guitarra *sexy* de Stevie Nick, em 1981, no sucesso "Edge of Seventeen", que a fez pensar em uma mulher confiante e voluptuosa. "Edge of Seventeen" é mencionada na música e até o Stevie Nicks aparece no vídeo da música "Bootylicious". Beyoncé ficaria orgulhosa do coral da Jane Addams Academy, que a apresentou em tom de confiança. A versão desse coral de "Bootylicius" é picante e cheia de traseiros, fazendo que Will se pergunte se o New Directions está pronto para encará-las nas Seccionais.

"Don't Make Me Over" (Mercedes)
Dionne Warwick (1962)
"Don't Make me Over" virou gíria para "não minta para mim", e a música lembra aos ouvintes que bons parceiros amam você por quem você é e não mentem para você, duas coisas que Finn reafirma quando diz a Rachel que não gosta do seu novo visual e que escolhe ficar com Quinn. A música, que foi o primeiro *single* de Dionne Warwick, foi acidentalmente lançada com o nome de Dionne Warwick, e não Dionne Warrick, que é o seu nome verdadeiro. Ela manteve a forma de escrever e gravou profissionalmente sob o nome de Dionne Warwick pelo resto da sua carreira.

"You're the One That I Want" (Rachel e Finn)
Grease (versão do filme, 1978)
Essa é a segunda vez que "You're the One That I Want" é cantada em *Glee*, e a maioria dos personagens da série está a fim de pelo menos mais uma pessoa, seja Rachel e Kurt usando grandes mudanças no visual para conquistar Finn, ou Finn e Puck tentando provar à Quinn que são merecedores do seu amor.

Eve como Grace Hitchens

Eve Jihan Jeffers é uma artista multitalentosa e ganhadora de diversos prêmios. Ela começou a sua carreira na música antes de partir para a atuação e, finalmente, para o design de moda. Tendo crescido na Filadélfia, Eve sempre quis ser artista. Ela formou o grupo feminino EDGP, antes de fazer carreira solo como Eve of Destruction. Depois de se mudar para Nova York e de um breve trabalho como *stripper*, Eve conheceu o *rapper* Mase, e a sua carreira como cantora decolou. Seu primeiro disco, *Let There Be Eve... Ruff Ryders' First Lady*, de 1999, se tornou o segundo disco de *rap* de uma mulher a chegar ao Billboard 200, no topo das listas. O seu segundo disco, *Scorpion*, estabeleceu-a como uma legítima artista. Ela ganhou o Grammy por Melhor Colaboração *Rap/Sung* por "Let Me Blow Ya Mind", que cantou com Gwen Stefani. A partir daí, ela começou a explorar outros interesses e participou de filmes como *xXx* (*Triplo X*), *Barbershop*, *Barbershop 2: Back in Business*, *The Cookout* (*O churrasco da pesada*) e *Whip It!* (*Garota fantástica*). Seu programa de televisão, que recebeu o seu nome, passou no canal UPN de 2003 a 2006, e ela lançou sua linha de roupas e acessórios, Fetish, em 2003.

"Papa Don't Preach" (Quinn acompanhada por Puck no violão)
Madonna, *True Blue* (1986)
O compositor Brian Elliot se inspirou para escrever o quarto sucesso de Madonna ao ouvir duas adolescentes fofocando perto dos estúdios sobre gravidez. A música é um pedido por apoio dos pais durante um período difícil. Assim como Madonna (como foi retratado no vídeo da música), Quinn quer o apoio do seu pai em "Balada", mas ao contrário de Madonna, Quinn é expulsa de casa. Essa é a única música em *True Blue* que Madonna não ajudou a compor, apesar de ter feito pequenas contribuições na letra. A música era extremamente polêmica e vários grupos acusaram a cantora de defender a gravidez na adolescência.

"Hair/Crazy in Love" (New Directions)
Hair (1967)
Beyoncé com Jay-Z, *Dangerously in Love* (2003)
Will usa "Hair", a música título do musical da Broadway *Hair* (veja "Mande lembranças à Broadway", mais adiante), para encorajar a coreografia de cabelo quando ele força todos no New Directions a usar perucas. Beyoncé pode ser louca de amor, mas o New Directions está apenas louco quando faz esse número. Esse sucesso vencedor do Grammy usa o gancho contagiante da música do Chi Lites "Are You My Woman? (Tell Me So)", de 1970.

"Imagine" (Haverbrook School for the Deaf Show Choir)
John Lennon, *Imagine* (1971)
Lennon faz um apelo por um mundo unificado e pacífico, na sua muito bem conhecida música pós-Beatles, e a revista *Rolling Stone* declarou que essa é a terceira da sua lista das 500 Melhores Músicas de Todos os Tempos. "Imagine" foi inspirada em uma poesia de Yoko Ono sobre como foi crescer no Japão durante a Segunda Guerra Mundial, e muitas das frases da música são tiradas diretamente desse poema. "Imagine" reforça o principal tema de *Glee*, que é acreditar em si mesmo e ultrapassar limites. A bela e emocionante apresentação de Haverbrook faz Will lembrar (novamente) por que ele treina o New Directions, lembra a todos do clube do coral por que eles vêm para os ensaios todos os dias e lembra aos espectadores que a beleza vem de lugares inesperados.

"True Colors" (New Directions)
Cindy Lauper, *True Colors* (1986)
"True Colors" foi um grande sucesso, chegando ao topo da lista da Billboard Hot 100 por duas semanas. Originalmente tinha sido composta para ser uma

> **Michael Hitchcock como Dalton Rumba**
> Michael Hitchcock interpreta um diretor de coral surdo, mas a sua audição é perfeitamente boa. Nascido em 24 de julho de 1958, em Defiance, Ohio (que fica a menos de uma hora de Lima!), Michael se mudou para Chicago ainda novo e fez teatro e música no ensino médio. Depois de se formar em Ciência pela Northwestern University e em Artes pela Ucla, Michael ganhou a vida escrevendo filmes de comédia antes de conseguir o trabalho de roteirista para a MadTv, e finalmente conseguiu ser promovido a produtor. Ele fez o seu nome em Hollywood estrelando ao lado da Jane Lynch de Glee em vários filmes de Christopher Guest, como Best in Show, A Mighty Wind e For Your Consideration.

música *gospel*, Cindy rearranjou o número para que fosse algo realmente original e muito poderoso. "True Colors" é a celebração da individualidade de cada um, algo que Will perde de vista quando a Jane Addams Academy aparece. Foi preciso a Haverbrook Scholl of the Deaf para que ele a recuperasse.

Mande lembranças à Broadway: *Hair* é um musical de *rock* que foi inspirado na cultura boêmia e na revolução sexual que dominaram a década de 1960, e conta a história de um grupo de *hippies* que vive em Nova York e que luta contra a ida para o Vietnã. Estreou na Broadway em 29 de abril de 1968, e foi um sucesso imediato, tendo 1.750 apresentações. Uma adaptação para o cinema foi lançada em 1979. Nessa época, *Hair* foi considerado muito ousado e polêmico, porque descrevia o uso de drogas e tratava de sexualidade explicitamente em seus números musicais.

Isso é muito *Popular*: as Glamazons tentaram dar um novo visual à incorrigível April Tuna para que ela conseguisse um encontro em "Hope in a Jar". Como resultado, April conseguiu o cara mais gostoso da escola. Carmen sofre para descobrir quem ela realmente é por todo o *Popular*, mas finalmente se aceita e rejeita o seu papel de palhaça animadora de torcidas para as Glamazons em "The Trial of Emory Dick", porque ela entende que é melhor que aquilo. Ela não precisa do disfarce do uniforme de animadora de torcida – pode ser ela mesma e ser feliz.

Antigo casal de ouro do McKinley, de volta a seus dias de glória. Nossa, como os poderosos caíram.

Vocês estão prontos para embarcar no Expresso Sue Sylvester?

Por que essa cara triste, Srta. Pillsbury? Tem **GERMES** na sua mesa?

SR. E SRA. SCHUESTER

O SR. E A SRA. SCHUESTER PASSARAM UM TEMPINHO JUNTOS NA SALA DOS PROFESSORES DO MCKINLEY, ATÉ QUE A SRA. SCHUESTER VOLTOU A DOBRAR LENÇÓIS... E COISAS.

KURT

sabe que uma pose feroz faz até mesmo um uniforme de futebol ficar bonito.

Mercedes sabe que ela é uma Beyoncé, e não uma Kelly Rowland.

Mercedes

PREPARANDO-SE PARA AS REGIONAIS... O CLUBE DO CORAL VAI PRECISAR DE TODA A AJUDA QUE CONSEGUIR ARRANJAR.

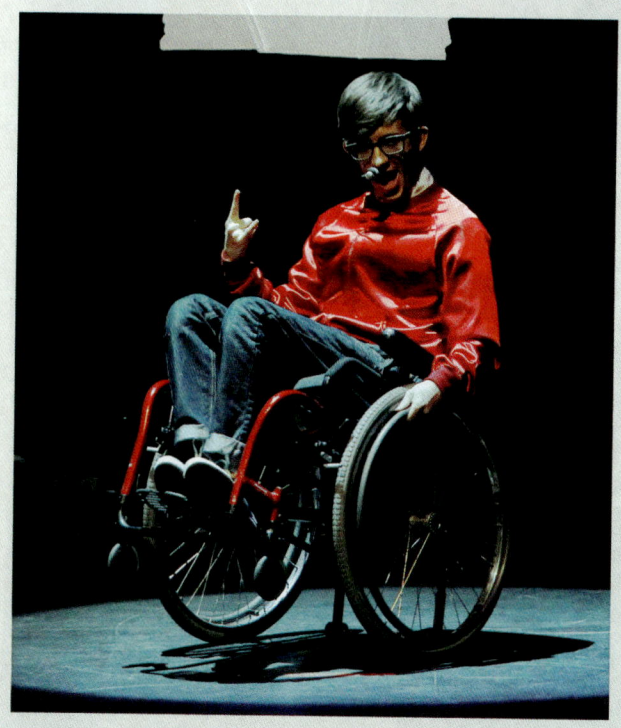

ARTIE
SABE COMO SACUDIR E GIRAR.

Quando Puck está na ronda, nem um suco na cara pode atrapalhá-lo.

PUCK

Como o Sr. Schuester gosta de dizer, "O Clube do Coral é para você se expressar para si mesmo".

Será que esses dois não vão se decidir logo?

Primeira temporada

O elenco de *Glee* se diverte tanto quanto o New Directions na sala de ensaios!

Fora de tom:
- Tem mais alguém confuso sobre quais são as músicas que eles irão apresentar nas Seccionais? O que aconteceu com "Defying Gravity"? Foi eliminada?

Por trás da cena:
- Heather Morris inspirou o conceito desse episódio. Um dia, Ryan perguntou a Heather como ela fazia o seu cabelo se mexer perfeitamente junto ao resto do corpo, e ela explicou o que é coreohairfia (ou cabelografia, que é um conceito de dança de verdade). Ryan colocou essa conversa no roteiro e baseou o episódio inteiro nessa explicação.
- Kate Shean, Kherington Payne e Comfort Fedoke, participantes de *So You Think You Can Dance,* aparecem como membros do coral da Jane Addams Academy.
- As perucas usadas em "Hair/Crazy in Love" são horríveis, mas pelo menos o elenco se divertiu escolhendo-as.
- O elenco e a equipe acharam tão emocionante a apresentação de "Imagine" que vários deles fizeram tatuagens para comemorar a ocasião.

- Conseguir os direitos para fazer "Imagine" foi extremamente difícil. Os produtores musicais tiveram de convencer Yoko Ono, a viúva de John Lennon, que o *show* era uma homenagem a Lennon e não comprometia a sua visão ou criatividade.
- O papel de Grace Hitchens foi originalmente oferecido a Whitney Houston, que o recusou. Eve ficou animada em participar da série, pois é fã desde o piloto.
- Todos os atores do coral de Haverbrook são portadores de deficiência auditiva.

Palco principal:
- Esta é a segunda vez que o musical *Hair* é referência em *Glee*, sendo a primeira feita por Sue em "Romance no ar".
- Will acha que está vivendo em uma música de Springsteen. "O chefe" Bruce Springsteen é conhecido por seus hinos de operários sobre o centro dos Estados Unidos e o orgulho que se encontra em um trabalho honesto. Seus dois álbuns de maior sucesso, *Born to Run* e *Born in the U.S.A.*, exemplificam perfeitamente o seu papel de ícone para os trabalhadores comuns da América. Ele já vendeu mais de 65 milhões de cópias nos Estados Unidos e ganhou 20 prêmios Grammy, dois Globos de Ouro e um Oscar por música.

Mãos de jazz:
- Esse episódio tem a primeira narração de Terri.
- Emma faz referência à fábula de Maomé e a montanha. Maomé é desafiado a mover a montanha usando apenas o olhar. Depois de ser incapaz de fazê-lo, Maomé declara que se não pode movê-la, ele vai até a montanha.
- Nascida em Illinois em 1860, Jane Addams foi uma ativista social cofundadora da Hull House em Chicago, uma fundação que oferecia programas sociais, educacionais e artísticos. Jane recebeu o Prêmio Nobel da Paz em 1931 – a segunda mulher a receber essa honra.
- A carteira de Will é roubada por uma garota chamada Aphasia (afasia, em português), nome dado a um problema em que a capacidade de linguagem da pessoa é debilitada.
- Kurt acha que o quarto de Rachel parece um cruzamento da Moranguinho com a Holly Hobbie. Moranguinho é uma personagem de desenho animado da American Greetings, a qual expandiu a marca para bonecas e programas de televisão em 1980. A American Greetings também tem os direitos da Holly Hobbie, uma garota que ama gatos e se tornou uma famosa personagem de livros.

Primeira temporada

Perguntas e respostas: Heather Morris como Brittany

Como Brittany, Heather Morris recebe falas de uma única frase que são de cair o queixo, assim como os seus movimentos de dança. Nós contatamos Heather, e essa dançarina que virou atriz conversou conosco sobre como é fazer a loira mais burra de Glee.

Como você vê a sua personagem?
Eu vejo a minha personagem como todo mundo vê! Ela está fazendo EXATAMENTE o que ama e mais nada, mas honestamente não tem, nunca, a menor ideia do que está acontecendo, hahaha! Ela é o máximo. Ela ama todo mundo e ama se apresentar!

Como é interpretar tanto uma Cheerio quanto uma gleek? Com qual papel você, pessoalmente, se identifica mais?
Eu acho que é a confusão de ter algo [novo] que você realmente ama, e que parece maravilhoso para você, e também ter alguma coisa que você sempre fez e que dá certo, e da qual você não pode simplesmente desistir! Eu acho que é louco o fato de eu ter uma conexão tanto com dançar como com atuar. Metaforicamente, dançar é o meu papel como Cheerio [porque] eu sei que é o que me levou onde eu estou hoje, mas eu sempre quis, apaixonada e secretamente, atuar, assim como Brittany, apaixonada e secretamente, sempre quis ser uma GLEEK!

Como é trabalhar com um elenco tão grande e tão completo como o de Glee? Com quem do elenco você se diverte mais trabalhando?
Tem tantos de nós ao mesmo tempo e mesmo assim trabalhamos muito bem juntos; isso é realmente maravilhoso para mim. Literalmente nós nos divertimos 24 horas por dia, sete dias por semana enquanto filmamos, então eu não posso dizer que me divirto mais com alguém em particular! Honestamente é o melhor emprego do mundo... para o elenco e para a equipe também... a equipe é tão maravilhosa com a gente e eles também se divertem muito. É como uma família gigante!

Existe algum personagem em especial com quem você gostaria de ver a sua personagem interagir? Ou, então, um membro do elenco com quem você gostaria de trabalhar mais?
Eu sei que a Brittany ama todos e tudo no mundo, então eu acho que não tenho uma opinião sobre esse assunto. A única pessoa perto de quem eu fico declaradamente honrada de estar é a única e maravilhosa Jane Lynch. Agora que esse sonho virou realidade eu estou ansiosa para, com sorte, trabalhar cada vez mais com ela... ela é verdadeiramente a pessoa mais maravilhosa e talentosa da Terra!

Como é trabalhar com Ryan Murphy?
Também é MARAVILHOSO. Ele gosta de brincar tanto quanto nós, os garotos, mas ele também sabe como manter o foco. Ele sabe manter o equilíbrio das duas coisas muito bem.

- O diretor do coral de surdos se chama Dalton Rumba. Rumba, em espanhol, significa "festa", e também é um tipo de dança cubana e um tipo de dança de salão, apesar de os dois estilos de dança serem muito diferentes.
- Os movimentos de dança da Quinn em "Papa Don't Preach" são diretamente tirados do vídeo original da Madonna de 1986.

Como a Sue vê isso: "Nunca deixe nada tirar sua atenção da vontade de vencer. *Nunca.*"

♪♫♪

1.12 "Era uma vez um colchão" (Mattress)
Data original de exibição: 2 de dezembro de 2009
Escrito por: Ryan Murphy
Dirigido por: Elodie Keene

Música: ★★
Enredo: ★★★♪
Risadas: ★★♪

Finn: Nós não podemos fazer isso sem você, Sr. Schue. Droga, talvez a gente não consiga fazer isso com você.

Enquanto o clube do coral está sofrendo com as fotos do anuário e com sua busca por fama, o relacionamento de Will e Terri sofre um grande golpe.

É a semana anterior às Seccionais, mas a única coisa na mente de todos do coral são as fotos do anuário – e o quanto eles *não* querem uma. Como se os sucos na cara de todos os dias não fossem o suficiente, essa tortura anual tende a ficar permanentemente memorizada no anuário McKinley High's Thunderclap com pichações de canetas. O New Directions está mais que feliz em evitar esse ritual de sadismo. Bem, todos menos a senhorita Rachel Berry, que faz questão de aparecer mais no anuário que a mascote da escola. Apesar de isso parecer apenas mais um lado da personalidade de diva de Rachel, a sua mania por fotos vem do seu desejo de ser lembrada, e ser o Wally do anuário é apenas mais uma maneira de ela fingir que pertence a algum lugar. Parece que o New Directions será poupado de um futuro de bigode desenhado quando é cortado pelo orçamento, e

Sue atrapalha a foto do coral. Mas, ainda preso a seus próprios dias de glória no coral, Will decide que precisa bancar o herói mais uma vez e briga pela inclusão dos seus alunos de qualquer jeito.

Enquanto o grupo está preocupado com a futura humilhação da foto do anuário, Will e Finn são os primeiros a lidar com essa questão e reafirmam o seu *status* de homens líderes. Will acha que deve se impor e fazer o que for preciso para garantir que o clube do coral receba o que merece no anuário, mesmo que isso resulte em vergonha. Finn precisa se impor e provar que o New Directions vale a vergonha futura de posar em uma foto com Rachel. Entretanto, a diferença de maturidade entre Will e Finn é clara quando Will se manifesta, mesmo contra a vontade de Terri, e Finn não consegue, cedendo à pressão mais uma vez.

A farsa da gravidez de Terri finalmente é revelada quando Will encontra uma das suas barrigas falsas. É fácil entender o lado de Will na Terceira Guerra Mundial que se segue, mas nem todas as razões de Terri são completamente malucas. Apesar de estarmos torcendo há bastante tempo para que ela fosse desmascarada, as justificativas dela e a raiva de Will permitem que tenhamos um pouco de simpatia por essa bruxa maquinadora. Afinal de contas, Terri está tentando salvar o seu relacionamento. Ela ainda ama Will e culpa o clube do coral por ter mudado os sentimentos de Will por ela. Considerando quantas vezes Will fez demais por seus alunos (sendo o fato de ele largar o posto de diretor do clube do coral no final do episódio o maior sacrifício que ele já fez por eles), é compreensível que Terri se sentisse em segundo lugar. E não são apenas os alunos que estão recebendo atenção especial – mesmo quando Will achava que a sua esposa estava grávida, mesmo assim ele ainda flertava com Emma, dividindo segredos com ela, ajudando-a a escolher o vestido de noiva. Como resultado, um bebê fantasma pode ter sido a única coisa que esse casamento de mentira foi capaz de produzir. A explosão da história da gravidez também oferece algumas previsões sinistras e amplificação da tensão dramática: como Will e Terri têm uma cópia em Finn e Quinn, será que a revelação das mentiras da Quinn irá resultar em um confronto violento como esse?

O clube do coral também aprende a não fazer as coisas sem o conhecimento do Sr. Schue. Depois do incidente de "Push It" em "Romance no ar" e da indução de energia em "Vitamina D", você acha que eles deveriam pensar melhor. Mas, de novo, Rachel reaprende a importância de trabalho em equipe, e Will aprende a colocar seus alunos em primeiro lugar mais uma vez.

> ### *Gleek* fala: Sarah Erdman
> (professora de música)
>
> **Uma das grandes críticas ao programa é como as músicas são superproduzidas. Não é realista que os alunos do coral pratiquem, cantem a música pela primeira vez e soem tão perfeitos. Por que você acha que eles escolheram seguir esse caminho?**
> Eu acho que o motivo pelo qual o *Glee* decidiu fazer a música soar tão produzida é porque é isso que o público espera escutar. Eu sei que existem muitas pessoas que criticam o som "perfeito" que estão ouvindo pela primeira vez, mas também tem um monte de gente que criticaria se os alunos soassem menos que perfeitos. Nos últimos 15 a vinte anos a produção de sons evoluiu muito rapidamente, e o público em geral está acostumado a ouvir perfeição em afinação e harmonização das vozes. Os produtores também podem ter escolhido seguir esse caminho porque existe um largo alcance de habilidades vocais nesse elenco. Sim, existem alguns membros que são cantores profissionais e que já estiveram nos palcos da Broadway, mas também tem membros que são atores que por acaso cantam bem. Essas pessoas, apesar de terem boas vozes, talvez não tenham a "qualidade técnica" para saber quando uma nota sai desafinada ou quando estão cantando alto demais para se misturar com o grupo. A outra coisa a se considerar é que qualquer música que seja gravada para um filme ou para um programa de televisão precisa de um certo nível de produção. Os microfones usados para registrar os diálogos normais em uma cena não são bons o suficiente para registrar as mudanças repentinas que acontecem nas músicas, portanto é sempre necessário, pelo menos, ter a música gravada anteriormente. E também, se nós formos comparar uma gravação de *Glee* com uma sessão gravada com um músico, os músicos normalmente vão fazer cinquenta gravações ou mais para dar tudo certo. Portanto, se um programa de TV depende tanto de uma boa imagem quanto de um bom som, eles deveriam repetir a mesma cena por dias seguidos. Gravar as vozes com antecedência retira esse elemento da filmagem do dia, o que deixa a vida muito mais fácil.

Parece que todos na escola McKinley precisam aprender a lição algumas vezes mais até que ela se fixe.

Quando Sue joga o manual de regras no Sr. Schuester, forçando-o a largar o seu posto no coral, a nossa equipe heterogênea terá de ficar de pé sozinha, e com as Seccionais pela frente. Assim, a preocupação com a foto é o menor dos seus problemas.

Nota alta: graças a Deus a falsa gravidez de Terri foi revelada. Nós não éramos contra no início, pois revelava muito sobre o relacionamento de Will e Terri, mas durou tempo demais. Entretanto, esse foi um momento essencial do relacionamento deles e uma cena poderosa. A gota-d'água foi quando Terri disse: "Você ama a garota que conheceu aos quinze anos de idade". Tanto Will quanto Terri já demonstraram, repetidas vezes, que não querem abrir mão dos seus dias de glória do ensino médio. Mesmo que o relacionamento deles já não funcione mais, continuar casados reforça – pelo menos para os outros – que eles ainda são o casal de ouro.

Nota baixa: parece inacreditável que Figgins dê uma punição tão severa por causa de um simples colchão e faça vista grossa para toda a atenção especial que Sue e as Cheerios recebem.

Por trás da música:
"Smile" (Rachel e Finn)
Lily Allen, *Alright, Still* (2006)
Às vezes, depois que alguém comete um grande erro com você, é divertido ver essa pessoa sofrer. É exatamente sobre isso que Lily Allen canta em "Smile", uma música com tom de *ska*, cuja batida animada mascara a história de uma garota que está saboreando a má fase do namorado que a traiu. Rachel e Finn podem cantar isso como um aquecimento para as fotos do anuário, mas o lado sombrio da música também se encaixa. Rachel está adorando compartilhar esse momento com Finn, e está feliz porque eles vão sair no anuário, mesmo que isso vá causar muito sofrimento para todos os outros.

"When You're Smiling" (Rachel)
Louis Armstrong (1929)
Louis Armstrong gravou, pelo menos três vezes, em 1929, 1932 e 1956, esse lindo lembrete de que quando você sorri, o mundo sorri com você, mas quando você chora, você chora sozinho. Rachel se lembra de que o importante é como ela se apresenta para o mundo, e não como ela se sente por dentro. Se ela transparecer alegria e confiança, o mundo será feliz e confiante com ela.

"Jump" (New Directions)
Van Halen, *1984* (1984)
A única música do Van Halen a alcançar o n. 1 nas paradas de sucesso marcou a mudança da banda para músicas com sintetizador. No fim, foi essa transição que fez o vocalista líder David Lee Roth largar a banda. Van Halen aprendeu uma lição com a sua música e superou a partida de Roth contratando Sammy Hagar,

e continuaram lançando novas músicas. Ninguém larga o New Directions nesse episódio, pois estão aprendendo a lidar com os problemas, a aceitar o bom e o ruim e continuar, quer seja uma foto no anuário, quer seja um comercial local. Ser capaz de se apresentar sem o estigma social que o coral traz a eles na escola mostra ao New Directions como eles na verdade adoram se apresentar e se sentir como estrelas.

"Smile" (New Directions)
Modern Times (1936)
"Smile", o tema instrumental do filme *Modern Times* de Charlie Chaplin, lembra que é preciso se animar, porque sempre haverá um amanhã melhor. A falta do professor e a iminência de ter a foto no anuário fazem o New Directions se sentir numa zona sombria. Mas eles estão enfrentando esses problemas juntos e anseiam pelas Seccionais. Desde que foquem a atenção no futuro e continuem sorrindo, as coisas irão melhorar.

Isso é muito *Popular*: assim como Quinn engravidou e foi expulsa das Cheerios, Nicole, a popular animadora de torcidas, fica perdida e confusa depois de descobrir que é adotada. Ela tenta imaginar quem ela é e a que lugar pertence. Enquanto os garotos do coral aparecem em um comercial de colchões, Sam tem a chance de estrelar um comercial do PowerGirl em "All About Adam".

Suco na cara:
- Todos os anos as fotos do clube do coral são pichadas no anuário da escola McKinley, o Thunderclap.
- Brittany e Santana picham o Thunderclap.
- Kurt menciona que todos no clube do coral recebem regularmente cuecões patrióticos e sucos na cara e têm a cabeça enfiada na privada.
- Artie recebeu um cuecão patriótico fora de cena.
- Brittany promete à Rachel que irá arruinar a foto do clube do coral – mesmo se estiver nela.
- Os jogadores de hockey picham a nova foto do anuário do clube do coral.

Fora de tom:
- O nome do Puck na foto do anuário do clube de coral é Nathan, apesar de seu primeiro nome ser Noah.

- Brittany não tem sobrenome no anuário. Isso pode ser intencional, já que o seu sobrenome nunca foi mencionado.
- Quando o Sr. Schue joga o colchão no chão, dá pra ver o X vermelho que marca onde ele deveria jogá-lo.
- Se cada professor e cada clube tem uma foto de página inteira no Thunderclap, o anuário teria de ter mais de 8 mil páginas.

Por trás da cena:
- O primeiro título desse episódio era "Era Uma Vez um Colchão". Matthew Morrison estrelou uma versão para a televisão, no canal ABC, da peça *Once Upon a Mattress*, que reinventou o clássico conto de fadas *The Princess and the Pea*. Matthew interpretou Sir Harry, um cavaleiro que descobre que a sua namorada está grávida e precisa encontrar uma maneira de contornar a lei da rainha, segundo a qual ninguém pode se casar até que seu filho, o príncipe Dauntless, se case.
- Rachel se recusa a aparecer nua e explorar animais para alcançar a fama. O interessante é que Lea Michele apareceu nua e fez uma cena muito vívida de sexo em *Spring Awakening*.
- Aqueles colchões nos quais o New Directions pula? Não são colchões de verdade! Originalmente Zach Woodlee tentou fazer a coreografia com colchões de verdade, mas não dava certo. A produção teve de desenvolver um trampolim que parecesse um colchão para que o elenco pudesse dar os saltos e giros que tornam esse número tão divertido.

Palco central:
- Terri acha que um lenço de bolso vai fazer o Will ficar parecido com Ted Knight, um ator americano mais conhecido por ter interpretado Ted Baxter em *The Mary Tyler Moore Show*, Henry Rush em *Too Close for Comfort* e Juiz Smails em *Caddyshack* (*Clube dos pilantras*).

Mãos de jazz:
- Os dois pais homossexuais de Rachel estão envolvidos na ACLU local, a União Americana pela Liberdade Civil, uma parceria entre duas organizações sem fins lucrativos para promover os direitos individuais nos Estados Unidos por meio de pressões em litigância, comunicação e legislação.

- Rachel está no Clube do Discurso, no Clube para Zombar das Nações Unidas, no Clube da Renascença, no Clube dos Estudantes Muçulmanos e na União dos Estudantes Negros.
- Mercedes usa Kwanzaa como desculpa para não ser líder do clube do coral. Kwanzaa é uma celebração que acontece todos os anos, que vai de 26 de dezembro a 1º de janeiro, e celebra a hereditariedade e a cultura africanas. Os participantes acendem uma vela kinara, e as festividades terminam com um banquete e troca de presentes. Kwanzaa foi criada pelo ativista, erudito e autor Ron Karenga e foi celebrada pela primeira vez em 1966.
- O cartaz do vestiário diz: "Aqueles que Ficarem Serão Campeões", uma mensagem nada sutil para os que largaram o futebol americano para continuar no clube do coral.
- Os distintos pijamas que o New Directions usa no comercial são da Cambridge Pajamas.

O palco de Ohio: como Cheerio, Quinn conseguia entradas para o Cedar Point. Cedar Point é um parque de diversões em Sandusky, Ohio, e detém vários recordes de montanhas-russas, que são 17. Uma delas é a Top Thrill Dragster, a segunda mais alta e mais rápida do mundo.

Como a Sue vê isso: "E se eu inocentemente assassinasse você, Will? Eu teria que ir a julgamento. Mas provavelmente me livraria por 'homicídio justificável'."

♪♫♪

1.13 "As seccionais" (Sectionals)
Data original de exibição: 9 de dezembro de 2009
Escrito por: Brad Falchuk
Dirigido por: Brad Falchuk

Música: ★★★★
Enredo: ★★★★
Risadas: ★★★★

Will (para Finn): Às vezes ser especial é um saco.

New Directions chega às Seccionais sem Will e sem Finn, e descobre que a sua lista de músicas vazou e que os competidores roubaram as suas apresentações. Será que o New Directions conseguirá dar a volta por cima quando é mais importante?

O episódio "As seccionais" vinha sendo muito esperado, mas excede até as maiores expectativas com grandes músicas e um enredo ainda melhor. Apesar de no final assumir seu papel de diva com a sua balada estilo Barbra [Streisand] nas Seccionais, finalmente Rachel entende a importância de ser membro de um time e apoia Mercedes a assumir a tão importante balada, e aceita a confissão de Santana sem duvidar ou ridicularizar. Isso não significa que ela não está mais colocando os seus desejos em primeiro lugar. Afinal de contas, Rachel revela para Finn o segredo de Quinn sobre quem é o pai do bebê com a desculpa de estar preocupada com o que é melhor para a equipe. Admitamos, é óbvio que essa revelação é só mais uma tentativa de separar o casal de ouro e ser a nova garota nos braços de Finn. Ela até admite isso. Mesmo assim, a nossa estrela está aos poucos, mas certamente, percebendo que as coisas nem *sempre* são sobre ela.

Finn se vê em uma grande dificuldade, maior ainda do que liderar o time de futebol americano para a vitória. Quem pode culpá-lo por querer largar tudo que tenha a ver com Quinn e Puck, inclusive o clube do coral, depois de descobrir a verdade? Mas Will está certo – o New Directions precisa dele. Ele é o líder, aquele em quem todos confiam e acreditam, e já não pode mais dizer isso do time de futebol americano. E eles sabem que o New Directions não consegue vencer as Seccionais sem ele. Depois de esquivar-se da liderança em "Era uma vez um colchão", Finn finalmente está forte o suficiente para assumir a liderança quando é preciso. Com um pouco de motivação paternal do Sr. Schue, o nosso gostosão do coral corajosamente deixa de lado os seus problemas pessoais e retoma a liderança do clube para a vitória, mas a tensão permanece entre ele e Puck e pode aparecer no futuro.

A grande revelação do segredo de Quinn é um eco da revelação do segredo de Terri apenas um episódio atrás: a verdade veio à tona por meios que não eram da vontade das mulheres, e os homens reagiram com uma raiva extrema e sem precedentes. O fato de Will demonstrar mais autocontrole que Finn ao não apelar para a violência física (apesar de parecer que ele estava considerando a possibilidade quando encurralou Terri contra os armários) atesta, novamente, a sua maturidade. Quinn, assim como Terri, fica nervosa, porém aliviada de que seu segredo tenha sido revelado. Mas apesar de a revelação ser parecida, seria mais interessante se o efeito no relacionamento fosse diferente.

Outro dilema, o casamento de Emma, chega ao final. Depois de Emma optar por adiar algumas horas o casamento para poder ajudar Will, Ken finalmente cria coragem e termina com ela. Como resultado, Emma finalmente declara os seus verdadeiros sentimentos para Will. Entretanto, o que Will não consegue expressar em palavras, ele consegue demonstrar em um beijo eletrizante quase no fim do episódio. É um momento muito importante para Emma, que finalmente está se abrindo para alguém (e seus germes), e para Will, que obviamente não desistiu do amor. Também será bastante interessante ver que tipo de parceiro o Sr. Schue será para alguém que não é louco... ou pelo menos não é tanto.

Mas nem tudo são beijos apaixonados para Will. É extremamente triste vê-lo ouvir, orgulhoso, pelo telefone o seu clube do coral se apresentar, e ele sofre o ataque mais violento de Sue quando ela dá a sua lista de músicas para Jane Addams Academy e Haverbrook. Felizmente, o bem vence o mal nesse

Intervalo

Nos Estados Unidos, o episódio "As seccionais" foi considerado o *Fall Finale* (último episódio inédito da série antes do intervalo da temporada) para *Glee*, com novos episódios sendo apresentados apenas em 13 de abril de 2010. A Fox escolheu fazer dessa maneira por uma série de motivos. Primeiro, o seu pedido inicial era de apenas 13 episódios, e os 13 estavam gravados antes de a série ir ao ar. Produzir o programa consome muito tempo, e iria interferir no *marketing* e na promoção. O intervalo deu à equipe de produção tempo para escrever, criar e produzir os nove episódios finais. Em segundo lugar, as Olimpíadas de Inverno XXI iriam ao ar de 12 a 28 de fevereiro, na NBC, o que afeta a programação de todos os canais de televisão. Em terceiro lugar, o *American Idols* ocupa três noites por semana na Fox durante a primeira parte da temporada, o que significa que não teria lugar no horário nobre para *Glee* mesmo que se quisesse exibi-lo ao mesmo tempo. Em quarto lugar, se o programa passasse em abril, significaria que a Fox teria de apresentá-lo com o *American Idol*, que tem uma hora de duração nas noites de terça-feira, e a Fox passaria a ter duas horas poderosas de música. Em quinto lugar, passar o programa em abril significaria estar no ar durante o *May sweeps**, uma época muito importante para os canais de televisão. A audiência em maio determina o valor das propagandas para a temporada de outono. A emissora garantiu que *Glee* não perdesse popularidade ao produzir *Gleewinds* no YouTube, reprisando os episódios, lançando um processo de seleção de elenco nacional para a segunda temporada, levando ao ar exibições de caridade de "Hello" e apresentando um concurso de "Maior *Gleek*".

* N.T.: *May sweeps* é um período do mês de maio, na televisão americana, em que a trama de alguns seriados fica mais forçada para alavancar audiência.

round, e Figgins, simultaneamente, suspende Sue como treinadora das Cheerios e reintegra Will como diretor do clube do coral. Pode parecer que a sorte está mudando para a treinadora Sue, mas todos nós sabemos que o Expresso Sue Sylvester (Destino: Horror!) logo chegará à estação da escola McKinley. Apesar de a cortina ter caído, isso é apenas um intervalo.

Nota alta: tudo. As apresentações nas Seccionais são as melhores que já vimos até agora e muitas das histórias têm uma reviravolta dramática. Todos lidam muito bem com a bela cena da grande revelação, e Emma rejeitando Will foi um momento tanto cheio de classe quanto de partir o coração. E aquele beijo? Esse episódio tem de tudo.

Nota baixa: Mercedes dá um sermão em Puck dizendo que ele tem de recuar e deixar Quinn tomar a decisão que seja melhor para ela, e depois vai e conta para todo mundo no clube? Inclusive as Cheerios? Como isso aconteceu? É verdade que Mercedes é superfaladeira, mas contar tudo para o clube inteiro é um pouco demais.

Por trás da música:
"And I Am Telling You I'm Not Going" (Mercedes)
Dreamgirls (1982)
Effie, uma das cantoras originais do supergrupo The Dreams (veja "Mande lembranças à Broadway", mais adiante), se recusa a terminar o seu relacionamento com o empresário do grupo, apesar de ele estar tentando terminá-lo. Apesar de na versão de Mercedes faltar a mensagem romântica, ela está se impondo por si mesma com essa música como nunca havia feito. Ela está cansada de ser jogada para o fundo e, ao cantar uma música tão poderosa, mostra o quão talentosa é, e prova que veio para ficar.

"Don't Rain on My Parade" (Rachel)
Funny Girl (1964)
Nada poderá parar o New Directions agora, e eles farão qualquer coisa para vencer: nem a falta do professor, nem o seu líder chegando atrasado, nem os números roubados, nem o drama interno que está acontecendo. E qual a melhor maneira de mostrar aos que têm raiva deles e aos descrentes que eles estão falando sério do que a fabulosa versão da Rachel da música que melhor representa a Barbra Streisand? Originalmente escrita para o musical de 1964 (e para a adaptação

> ## Minha vida seria muito chata sem esses passos de dança
> A sequência de dança de "My Life Would Suck Without You" inclui passos de dança das outras músicas que o New Directions apresentou no passado. Aqui está a lista completa. Tente você mesmo em casa!
> - Virar de costas para frente ("Hair/Crazy in Love")
> - Girar em círculos ("Sit Down, You're Rocking the Boat")
> - Bater no traseiro ("Push It")
> - Pular para cima e para baixo ("Jump")
> - Chapéus de cowboy e dançar alinhados ("Last Name")
> - Mercedes na cadeira ("Hate on Me")
> - Dança do "Single Ladies" ("Single Ladies")
> - Dança das Cheerios de "Say a Little Prayer" ("Say a Little Prayer")
> - Socar o ar com os pulsos e sentar no palco ("It's My Life/Confessions Part II")
> - Fazer auréolas ("Halo/Walking on Sunshine")
> - Dança Faux ("Push It")
> - Casais andando juntos ("Somebody to Love")
> - Ficar parado em linhas, olhando uns para os outros ("Keep Holding On")
> - Fazer o "Pensador" ("Sit Down, You're Rocking the Boat")
> - Cabelografia ("Hair/Crazy in Love")
> - Dar voltas uns nos outros ("Somebody to Love")
> - Inclinar a cadeira de rodas do Artie ("Proud Mary")
> - Dar tapas nas pernas ("I Kissed a Girl")

para o cinema de 1968), *Funny Girl* (*Funny Girl – Uma garota genial*), "Don't Rain on My Parade" é a bronca mais cheia de classe de todos os tempos.

"You Can't Always Get What You Want" (New Directions)
The Rolling Stones, *Let It Bleed* (1969)
Os Rolling Stones ensinaram a legiões de fãs uma lição de vida muito importante com esse sucesso acidental inspirado na cultura da farra da década de 1960 em Londres. Selecionada como uma das 500 Melhores Músicas de Todos os Tempos pela revista *Rolling Stone*, "You Can't Always Get What You Want" lembra aos ouvintes que às vezes o que você quer e o que você precisa são coisas diferentes. Vamos usar o New Directions como exemplo. Eles queriam três números musicais perfeitos e uma apresentação de arrebentar. Mercedes queria o solo. Will queria estar lá. Finn queria que tudo voltasse ao normal. Eles não conseguiram essas coisas, mas conseguiram aquilo de que precisavam: ganharam as Seccionais, a camaradagem do grupo, confiança, honestidade e algumas lições de vida importante.

"My Life Would Suck Withou You" (New Directions)
Kelly Clarkson, *All I Ever Wanted* (2009)
"My Life Would Suck Withou You" foi amada tanto pela crítica como pelo público. Deu o maior salto da história na lista de sucessos (do 97º para o 1º lugar) e reacendeu a carreira inexperiente de Kelly. New Directions entende o quanto o Sr. Schue faz por eles quando eles ficam sem o professor e sem direção nas Seccionais. Essa música demonstra o quanto o New Directions aprecia a orientação e o apoio do Sr. Schue. Mas a mensagem da música de como o amor pode às vezes ser problemático aplica-se a quase todos: Finn e Quinn, Quinn e Puck, Quinn e as Cheerios, Rachel e Finn, Will e New Directions, Will e Terri, Will e Emma... e a lista continua.

Mande lembranças à Broadway: Inspirada na história da Motown, a premiada peça *Dreamgirls* estreou em 20 de dezembro de 1981. Foi um sucesso instantâneo e ganhou seis Tonys. *Dreamgirls* conta a história de um grupo clássico feminino da Motown, The Dreams, que se tornou estrela musical. Pelo caminho, corações foram partidos e amigos foram traídos. Originalmente, Effie não era um papel principal, mas quando a atriz que interpretava a Effie original, Jennifer Holliday, desistiu duas vezes de fazer a peça alegando diferenças criativas, o segundo ato foi completamente reescrito para que ela aparecesse mais. Beyoncé, Jennifer Hudson, Eddie Murphy e Jamie Foxx estrelaram a adaptação para o cinema de 2006, que ganhou dois prêmios Oscar, incluindo Melhor Atriz Coadjuvante para Hudson.

Fora de tom:
- Com as Seccionais a apenas uma semana, eles ainda não decidiram a lista de músicas?
- "Cadeiras de roda" foi um episódio inteiro dedicado a levantar fundos para adquirir um ônibus especial para Artie. O ônibus no qual que eles estão indo para as Seccionais não é um ônibus fretado, é um ônibus adaptado para pessoas que usam cadeiras de rodas da "Escola Pública de Lima".
- Emma se pergunta se o coral de surdos vai cantar "Don't Stop Believin'".
- Rachel tem um *band-aid* no joelho direito quando está indo para o palco. Quando ela está no palco, o *band-aid* sumiu.
- Quando Will e Sue se confrontam no corredor, Sue tem uma bolsa nos ombros em alguns ângulos, mas em outros, não.
- O tempo decorrido nas Seccionais não faz o menor sentido. A competição começa às 11h, o New Directions assiste a duas apresentações e tem uma

> ### *Gleek* fala: Lisa
> **(uma figurante em "As seccionais")**
>
> **Conte-nos sobre a sua experiência como figurante em *Glee*!**
> A experiência inteira foi uma verdadeira loucura! Eu cheguei com a minha amiga, Cheyanne, cerca das sete da manhã para ter certeza de que pegaria um lugar na frente do teatro. Valeu a pena porque nós sentamos bem na primeira fileira do balcão, com bastante chance de aparecer nas filmagens! O e-mail nos instruía a usar roupas de outono porque a cena aconteceria, em Ohio, no outono. Felizmente o teatro tinha ar-condicionado; caso contrário seria realmente desagradável considerando que estávamos no final de julho no sudoeste da Califórina. O e-mail dizia que eles precisariam dos figurantes por cerca de três horas. Na verdade, essas três horas viraram oito! Eu não tinha ideia de que ajustar os diferentes ângulos das câmeras demorava tanto tempo. Primeiro eles mandaram que todos no teatro fizessem uma ovação de pé, e eles filmaram isso, fazendo cerca de quatro tomadas. Isso aconteceu depois que estávamos havia quase duas horas sentados vendo a equipe se preparar. Para fazer o tempo passar um pouco, todo o elenco e os criadores do programa apareciam na plateia em grupos e faziam "perguntas e respostas" com a gente. Depois de esperar pelo que pareceu uma eternidade, finalmente começamos as filmagens. "Don't Rain on My Parade" foi a primeira cena com a personagem de Lea Michele aparecendo pela porta dos fundos do teatro. A coitada da Lea teve que fazer essa cena cerca de 25 vezes de diversos ângulos diferentes. Depois disso, Cheyanne e eu fomos almoçar e voltamos para ver algumas das cenas do elenco inteiro fazendo "You Can't Always Get What You Want". Aí já estava ficando tarde e nós começamos a ficar muito cansadas, então decidimos ir para casa. Na saída recebemos uma camiseta vermelha de *Glee* em agradecimento pelo nosso tempo. Foi uma maneira maravilhosa de terminar o dia!

hora para se preparar e, então, os juízes se reúnem às 12h15. A menos que tenha acontecido alguma viagem no tempo, isso é impossível.

Por trás da cena:

- Quinn está com medo de que Puck possa ter os genes para Tay-Sachs, uma doença "judia". Na vida real, Dianna Agron é judia e Mark Salling é cristão.
- "Don't Rain on My Parade" era a música dos sonhos em *Glee* para Lea Michele. O seu sonho virou realidade. Quando perguntaram qual música Ryan Murphy cantaria, ele também escolheu "Don't Rain on My Parade". *Funny Girl* (*Uma garota genial*) foi o primeiro filme que ele viu, e ele amava cantar essa música quando criança.

Palco principal:

- Puck quebrou as primeiras duas regras do clube de luta: você não fala sobre o clube da luta. *Fight Club* (*O clube da luta*) é um romance de 1996 de Chuck Palahniuk, que foi adaptado para o cinema, em 1999, com Edward Norton e Brad Pitt. O personagem sem nome de Norton está cheio da sua vida de americano de colarinho branco e integra um clube secreto de luta com Tyler Durden (Brad Pitt) como forma de escape.
- Artie faz sessões de poesia *def*. Poesia *def* foi popularizada pelo produtor musical Russell Simmons quando ele produziu um programa na HBO chamado *Def Poetry Jam*, de 2002 a 2007. Semelhante a uma competição de poesias (*poetry slam*), artistas da palavra falada iam e vinham no programa. Houve uma versão de palco do programa na Broadway em 2002.
- Altamont Speedway Free Festival foi um concerto gratuito no nordeste da Califórnia em 1969, que os Rolling Stones organizaram e encabeçaram. Santana, Jefferson Airplane, The Flying Burrito Brothers and Crosby, Stills, Nash & Young também participaram. Trezentas mil pessoas assistiram ao concerto, que hoje é mal-afamado pela sua violência. As brigas aconteciam por toda parte e até Mick Jagger levou um soco no rosto. Houve um assassinato, atropelamento com fuga, um afogamento e rumores de que quatro bebês nasceram. A frequentadora de concertos Meredith Hunter foi assassinada por um membro do Hells Angels que mais tarde

foi preso pelo crime e alegou legítima defesa. Existem boatos de que os Stones contrataram o Hells Angels para fazer a segurança do concerto, algo que a banda e a organização negam até hoje, afirmando que os Angels deveriam apenas cuidar do palco e do equipamento.

Mãos de jazz:
- Tay-Sachs não é tecnicamente uma doença "judia", mas ela tem maior ocorrência em canadenses franceses, judeus ashkenazi e cajuns do que nas outras populações, e os sintomas são deterioração mental e física, normalmente resultando em morte aos quatro anos de idade. A causa é uma mutação genética recessiva, o que significa que os dois pais precisam ser portadores do gene para que o filho tenha os sintomas.
- Quando Will acusa Sue de ter entregado a lista de músicas, ela diz que ele está fazendo uma *libelous statement* (acusação difamatória). Em termos jurídicos, uma *libelous statement* é por escrito. Uma *slanderous statement* (afirmação caluniosa) é falada.*
- De acordo com a orientadora da Jane Addams Academy, Will tem Jheri Curl. Jheri Curl é um estilo muito popular de cabelo afro-americano que recebeu esse nome em homenagem a Jheri Redding. Seus adeptos têm cabelo encaracolado, brilhante e solto.
- Os vestidos das garotas na Seccional foram desenhados por Aqua, mas o departamento de figurino acrescentou as fitas vermelhas para parecerem um pouco mais vivos.
- Quando Will e Emma se beijam pela primeira vez, o cartaz atrás deles diz "Não ao Sexo". O que Ryan Murphy está tentando nos dizer?

Como a Sue vê isso: "Você estará adicionando vingança a uma longa lista de coisas em que não é bom, logo abaixo de ser casado, liderar um clube de coral e encontrar um estilo de cabelo que não faça você parecer uma lésbica."

♪♫♪

---

* N.E.: Isso vale para a lei norte-americana. No Brasil, não há diferença se a calúnia, injúria ou difamação foi feita por escrito ou se foi apenas falada.

1.14 "Alô" (Hell-O)

Data original de exibição: 13 de abril de 2010
Escrito por: Ian Brennan
Dirigido por: Brad Falchuk

Música: ★ ★ ★ ♪
Enredo: ★ ★ ★
Risadas: ★ ★ ★

Rachel: E assim, queridos companheiros do coral, é como se diz alô!

Rachel quer Finn, mas Finn quer liberdade, antes de querer Rachel, mas até lá, Rachel já quer o Jesse. Jesse finge que quer Rachel, mas ele pode querer ainda mais destruir o New Directions. E Will? Ele não tem a menor ideia de o que ou quem ele quer.

"Hell-O" (que ficou "Alô" em português) é o título perfeito para a estreia na primavera de *Glee*, pois o programa diz olá aos novos e velhos fãs depois do intervalo de quatro meses. O tema do episódio de introduções, reintroduções e reinvenções, e o uso da palavra *hello* (olá, alô) – ou apenas a poderosa primeira sílaba ("inferno", em português) – é um pouco brega, mas cria a oportunidade de introduzir novos personagens, novos sentimentos, e novo drama.

Os dois novos personagens que dizem olá nesse episódio são: Jesse St. James, o solista estrela do Vocal Adrenaline, e Shelby Corcoran, a diretora deles. Jesse parece o par perfeito para Rachel, com a sua tendência pela busca por sucesso e seu estilo *bad boy* (ela ficou com Puck, portanto, é claro que a Rachel tem uma atração por rebeldes). Ele pode não ser nada além de um espião maquinador, mas a sua química com Rachel é elétrica. Depois de lidar com a fobia de Finn por relacionamentos, Rachel merece alguém que goste dela por quem ela é, com calendários combinados de gatinhos e tudo mais. Rachel pode ser um monte de coisas loucas (do tipo rainha do drama obcecada pela fama), mas ela também se conhece muito bem. Assim como em "Balada" ela sabia que a maturidade de Will poderia completar a sua personalidade compulsiva, sabe que o New Directions tem mais chance de vencer nas Nacionais do que ela de encontrar um cara no ensino médio que entenda as suas necessidades exageradas e que apoie as suas ambições implacáveis. Como o principal cantor do Vocal Adrenaline parece ser Rachel com um cromossomo Y e ainda mais confiante, isso poderia ser uma combinação perfeita, e um relacionamento com Jesse pode ser um risco que vale a pena correr.

Enquanto se sente a eletricidade no ar entre Rachel e Jesse, a introdução de Shelby parece um pouco forçada. O fato de Will ficar com uma mulher forte que faz a dedicação dele ao coral parecer sem importância é uma ideia interessante, mas apesar da conexão que houve entre os seus lábios na sala de estar dele, Shelby não parece se conectar com Will tão bem quanto Jesse com Rachel. Parece irreal que a breve conversa sobre os corais os levasse a ficar excitados, ainda que as atitudes de Shelby sejam de certa forma compreensíveis. O avanço de Rachel com os calendários "dele e dela" é o equivalente inocente do avanço de Shelby no sofá de Will. Shelby, assim como Rachel, reconhece que são poucos os caras solteiros que amam o coral e aproveita cada oportunidade romântica que aparece. É muito cedo para saber qual será o papel de Shelby, mas as perspectivas são intrigantes.

Apesar de Will e Rachel terem um gostinho do Vocal Adrenaline nesse episódio, mais uma vez os paralelos entre Will e Finn reaparecem quando ambos tentam redescobrir a si mesmos. Eles estão bastante atrapalhados no momento, pois ambos ainda estão se recuperando do drama do bebê e seus grandes rompimentos, e nenhum dos dois lida bem com mudanças. Mais uma vez, Finn demonstra que faria qualquer coisa para manter a sua popularidade, e esse

Idina Menzel como Shelby Corcoran

A estrela da Broadway, Idina Menzel, era uma grande fã de *Glee* em sua estreia. Ela queria ver se conseguia uma participação, então sua equipe mandou seu *curriculum* para Ryan Murphy. Deu certo, e Idina foi escolhida para o papel de Shelby Corcoran, a exigente treinadora do Vocal Adrenaline. Nascida em 30 de maio de 1971, em Syosset, Nova York, filha de uma terapeuta e um vendedor, Idina sonhava em ser artista e frequentou a NYU's Tisch School of the Arts (a mesma faculdade que Matthew Morrison frequentou alguns anos mais tarde). Logo depois de se formar, ela conseguiu o seu primeiro papel na Broadway, Maureen, da produção da Broadway de *Rent*. Esse trabalho a estabeleceu como uma artista da Broadway e ela até foi indicada para o Tony de Melhor Atriz pelo papel. *Rent* também fez maravilhas para a vida pessoal de Idina: ela conheceu seu futuro marido, Taye Diggs, que trabalhava com ela e com quem se casou em 2003. Depois de sair de *Rent*, em 1997, Idina fez pequenos papéis em peças fora do circuito da Broadway e gravou o seu primeiro disco antes de conseguir o seu segundo grande papel, como Elphaba em *Wicked* (com a companheira de *Glee*, Kristin Chenoweth), em 2003. Ela se manteve ocupada desde que saiu de *Wicked*, em 2007, gravando, atuando e aproveitando a vida em família. Deu à luz seu filho Walker em 2009.

episódio não é nenhuma exceção, com ele jogando Rachel de lado. E Will? Bem, ele esteve com a mesma mulher desde os 15 anos (!) e logo após o rompimento tenta trocar a louca da Terri pela Emma. Depois de continuamente se definir pelos seus relacionamentos com os outros, está na hora de o nosso confuso líder fazer uma reintrodução de si mesmo.

Com todas essas grandes mudanças e a nova competição, é melhor o New Directions se preparar. Não vai demorar muito para que os olás de hoje preparem o caminho para a "estrada para o inferno".

Nota alta: a tensão entre Finn e Rachel é muito bem representada, especialmente durante a apresentação de "Hello Goodbye" do New Directions. Rachel pode estar saindo com Jesse, mas o relacionamento deles está longe de acabar.

Nota baixa: no final, o episódio é corrido e não destaca muitas coisas. *Glee* tinha muita coisa para mencionar, então nós esperamos que eles reduzam a velocidade nos próximos episódios.

Por trás da música:
"Hello, I Love You" (Finn)
The Doors, *Waiting for the Sun* (1968)
O primeiro sucesso do The Doors é inspirado no "Sunshine of Your Love", do Cream, e em uma bela garota que Jim Morrison viu na praia de Venice. Fala sobre desejo à primeira vista. Finn está dizendo olá tanto ao seu roqueiro interior quanto aos seus desejos românticos. Para qual garota (Rachel, Quinn, Brittany, Santana, ou talvez alguém novo) ele irá dizer "olá" da próxima vez?

"Gives You Hell" (Rachel)
The All-American Rejects, *When the World Comes Down* (2008)
Rachel canta o primeiro grande sucesso do The All-American Rejects, que fala sobre se sentir vingativo contra um ex, depois que Finn termina com ela. Rachel está frustrada com a tendência de Finn de sempre colocar o seu *status* social na frente do seu relacionamento com ela, enquanto ela sempre foi honesta em relação aos seus sentimentos por ele. The All-American Rejects canta sobre símbolos de *status* suburbanos, como empregos das 9 às 17 horas, carros novos e cercas pintadas, e *status* é algo que Finn normalmente não deixa de lado. Para um perdedor de Lima como Finn, esse sonho suburbano pode ser o melhor possível.

"Hello" (Rachel e Jesse)
Lionel Richie, *Can't Slow Down* (1983)
Nada é mais romântico do que o sucesso n. 1 do maior baladeiro de todos, Lionel Richie, que fala sobre descobrir o amor da sua vida. Com essa música, Rachel e Jesse se unem tanto musicalmente quanto emocionalmente. Considerando que eles acabaram de se conhecer, é um dueto perigoso para Jesse, mas ele parece ser um cara corajoso. Entretanto, Rachel cantou "Endless Love" com o professor, então ela não é exatamente boa em reconhecer se as músicas que ela escolhe são apropriadas.

"Hello Again" (Will)
Neil Diamond, *The Jazz Singer* (1980)
Como Will explicou para Emma, a música de amor do Neil Diamond é sobre o descobrimento de sentimentos por um amigo de longa data. Emma pode ter amado Will por anos antes de eles ficarem juntos, mas Will só percebe os seus sentimentos depois que o seu casamento acaba e Emma admite que gosta dele. Will está usando essa música para se reapresentar para Emma, dessa vez com uma perspectiva romântica – apesar de Terri revelar que esse não é um começo tão novo quanto parece.

"Highway to Hell" (Vocal Adrenaline)
AC/DC, *Highway to Hell* (1979)
Depois de descrever que fazer uma turnê era como estar na "estrada para o inferno", os companheiros de banda Bon Scott, Angus Young e Malcolm Young se inspiraram para transformar essa experiência em música, que se tornou o *rock* mais famoso de todos os tempos. Todos estão na estrada em direção ao seu sonho: Vocal Adrenaline está a caminho de ganhar o quarto campeonato nacional consecutivo, Rachel está à procura do amor e do estrelato, e tanto Will quanto Finn estão no processo de se redescobrir. Mas até mesmo a jornada em direção à grandeza pode ser longa, dolorosa e infernal.

"Hello Goodbye" (New Directions)
The Beatles, *Magical Mystery Tour* (1967)
Uma vez Paul McCartney disse que esse clássico dos Beatles fala sobre como não se pode ter tudo. Assim que você consegue alguma coisa que quer, perde outra no processo. Finn quer Rachel e quer ser popular, mas acredita que não pode ter os dois. Rachel quer um relacionamento e diz olá para o Jesse, só para descobrir

que poderia ter o Finn se quisesse. O New Directions pode estar dizendo olá para o sucesso como clube de coral, mas esse sucesso significa que eles continuarão no fundo da escada social.

Mande lembranças à Broadway: Rachel quer participar da produção comunitária de *Phantom* com o Finn. *The Phantom of the Opera* (*O fantasma da ópera*) conta a história de um homem desfigurado que vive embaixo da Opera House de Paris. Um gênio do musical, ele conhece, treina e se apaixona por Christine, uma jovem garota que trabalha no coro. Mas enquanto o amor do fantasma cresce, Christine se apaixona por outra pessoa, criando um triângulo amoroso condenado a um fim trágico. Considerado o musical mais popular de todos os tempos, Andrew Lloyd Webber foi inspirado em transformar o romance francês de 1910, *Le Fantôme de l'Opéra*, de Gaston Leroux, em um musical depois de assistir à adaptação musical de 1976 de Ken Hill. Webber desenvolveu a sua adaptação, que estreou primeiro em Londres e chegou à Broadway em 26 de janeiro de 1988. A apresentação de número 9 mil aconteceu na Broadway em 2009, fazendo desse o musical em cartaz por mais tempo.

Isso é muito *Popular*: Adam, um confiante, talentoso, sombrio e misterioso novo aluno do último ano, admira o talento e a beleza das Glamazons e quer se juntar a elas em "All About Adam". Ele parece ser um admirador inofensivo, mas no final as suas intenções verdadeiras são reveladas: ele está lá para destruir as Glamazons. E quanto às intenções de Jesse com Rachel? Ainda é muito cedo para dizer, mas se ele for qualquer coisa parecido com Adam, é melhor a Rachel se cuidar.

Suco na cara:
- Jogam suco na cara de Rachel, Kurt e Mercedes no corredor.
- Sue corta o rabo de cavalo de um aluno.

Fora de tom:
- Emma e Terri se referem à musica do *The Jazz Singer* como "Hello". O verdadeiro título que Neil Diamond deu à música é "Hello Again".
- Quando Quinn e Puck estão brigando no corredor, a posição de Quinn contra a parede muda de quadro para quadro.
- Durante "Gives You Hell", Brittany e Santana estão apoiando o queixo nas mãos em uma tomada, mas quando a cena volta para elas, as suas mãos estão no colo.

Jonathan Groff como Jesse St. James

Finalmente Lea Michele uniu-se novamente ao seu grande amigo da vida real Jonathan Groff, e tudo graças a Ryan Murphy. Depois de Lea e Jonathan estrelarem juntos *Spring Awakening* na Broadway, Jonathan gravou o piloto de Ryan Murphy de *Pretty Handsome*. Apesar de o programa não ter dado certo, Ryan ficou impressionado com Jonathan e prometeu a ele que se *Glee* desse certo, ele escreveria um papel para Jonathan. *Voilà*: conheça Jesse St. James! O nativo de Ronks, Pensilvânia, nasceu em 26 de março de 1985, filho de Jim e Julie Groff. Jonathan esteve ocupado desde a infância, tendo feito o papel de Rolf na turnê nacional de *The Sound of Music (A noviça rebelde)* e tendo um papel em *One Life to Live* até 2007, quando o seu personagem foi morto. Ele e Lea Michele eram os atores principais na montagem original de *Spring Awakening*. Foi o seu primeiro grande papel na Broadway, e graças a ele Jonathan conseguiu sua primeira indicação ao Tony. Jonathan fez um bocado de pequenos filmes desde então, mas definitivamente ainda vamos ver muita coisa com esse cara supertalentoso!

- Dakota Stanley, o coreógrafo do Vocal Adrenaline de "Acaffellas", não aparece e nem é mencionado.

Por trás da cena:
- Apesar de Cory Monteith afirmar que é terrível em basquete, essa é a segunda vez que ele interpreta um jogador de basquete na televisão. A primeira vez foi em *Kyle XY,* onde fazia o papel de Charlie Tanner, um atleta do ensino médio nas duas primeiras temporadas do programa.
- Lauren Gottlieb, Jason Glover e Janette Manrara, todos antigos participantes de *So You Think You Can Dance*, são dançarinos do Vocal Adrenaline em "Highway to Hell".
- "Golfinhos são apenas tubarões gays" é a frase favorita de Brittany para Heather Morris.
- Sue deveria dizer as frases "Cale a sua boca antes que eu a estupre" e "Ela usa saia comprida até o chão para parecer que fugiu de um culto poligâmico" nesse episódio, mas os produtores cortaram ambas as falas no último minuto para evitar polêmica.

Palco principal:
- Kurt se sente como Lady Gaga, uma cantora que conheceu o sucesso de um dia para o outro quando o seu primeiro álbum, lançado em 2008, *The Fame*, teve seis indicações ao Grammy.
- Ken dá uma de "Jessica Simpson", ao engordar depois que ele e Emma terminaram. Entre 2007 e 2009, Jessica, atriz, cantora, estrela de *reality show*, teve um relacionamento muito público com o jogador profissional de futebol americano, Tony Romo. Depois do término do namoro em 2009, Jessica revelou um corpo muito curvilíneo e pesado.
- Quando Will encoraja Finn a encontrar o seu roqueiro interior, ele usa Mick Jagger e Jim Morrison como exemplos. Mick Jagger, cantor e líder da banda The Rolling Stones, tem vivido a vida de um verdadeiro astro do *rock* desde que a banda se formou na década de 1960. Mick é conhecido por namorar modelos, atrizes e estilistas; tem muitos filhos e encabeça várias turnês pelo mundo. Jim Morrison foi o amado líder da banda The Doors de 1965 a 1970 e é amplamente considerado um dos astros do *rock* mais carismáticos de todos os tempos. Morrison morreu de forma misteriosa, supostamente vítima de uma hemorragia cerebral causada pelo uso de heroína.

- *The Jazz Singer* (*O cantor de jazz*) é um filme de 1980 com Neil Diamond, cantor e compositor de enorme sucesso mais conhecido por "Sweet Caroline". Neil interpreta um jovem judeu que desafia o pai e segue seu sonho de se tornar um cantor *pop*. O filme foi um fracasso de bilheteria, mas a trilha sonora (composta e realizada por Neil) foi um sucesso, vendendo mais de cinco milhões de cópias.
- Terri ama as noites de Jerry Bruckheimer, mas deixa para trás três dos filmes de ação do produtor de filmes e de televisão quando se muda: *Armageddon*, *Bad Boys* e *Con Air* (*A rota de fuga*). Will Smith e Martin Lawrence estrelaram *Bad Boys*, um filme de 1995 sobre dois policiais que precisam encontrar 100 milhões de dólares em heroína ou a sua divisão será fechada. *Armageddon* é um filme de 1998, com Ben Affleck e Bruce Willis como perfuradores de petróleo que são recrutados para destruir um asteroide que está vindo na direção da Terra. *Con Air*, encabeçado por Nicolas Cage e John Cussack, é um filme de 1997 sobre um grupo de prisioneiros que está sendo transportado e que, com sucesso, assume o controle do avião no qual está viajando. Cada um dos três filmes arrecadou mais de 100 mil dólares de bilheteria.
- Uma das faxineiras mais velhas da escola McKinley passa as suas noites de sexta-feira assistindo *Ghost Whisperer*, o drama da CBS que esteve no ar de 2005 a 2010 e tinha Jennifer Love Hewitt no papel de Melinda Gordon, proprietária de um antiquário que tenta reunir espíritos e entes queridos para que aqueles possam encontrar a paz eterna.
- Rachel tem medo de virar a personagem de Barbra Streisand no filme *The Way We Were* (*Nosso amor de ontem*) de Sydney Pollack de 1973, que recebeu indicação ao Oscar, e que também tinha Robert Redford no elenco. Barbra e Robert interpretam Katie Morosky e Hubbell Gardiner, um casal cujas diferenças faz com que se separem e que, anos mais tarde, se arrependam de ter seguido caminhos diferentes, ainda que percebam que não podem reviver o passado.

Mãos de jazz:
- Quando Rachel, Kurt e Mercedes estão andando pelo corredor na primeira cena, uma versão instrumental de "Don't Rain on my Parade" está tocando, uma referência ao solo de Rachel nas Seccionais, e reforçando a crença do clube do coral de que, graças à sua vitória, os corredores da escola McKinley são um lugar de fama, e não de vergonha.
- Maharishi, que é como Sue chama o diretor Figgins, é o termo hindu para santo, que literalmente se traduz por "grande senhor".

Primeira temporada

- Dê uma boa olhada nos calendários de relacionamento que Rachel criou: ela colocou o rosto dela e de Finn na cabeça de gatos!
- Puck pede a Quinn que pare de "superaumentar", um termo usado pelo McDonald's até 2009 para aumentar o tamanho da batata frita e das bebidas geladas por um preço menor.
- O Furacão Katrina, a tempestade devastadora que causou o colapso e a inundação de New Orleans em 2005, foi o desastre natural mais significativo da história da América do Norte, assim como o mais mortal. As casas de 700 mil moradores foram destruídas. Foram oferecidos a eles *trailers* ou quartos de hotel para morarem pela Fema, Federal Emergency Management Agency (Agência Federal de Administração de Emergências). Esses *trailers* causaram polêmica, pois normalmente não eram apropriados, e o estoque deles era limitado. Cinco anos depois, centenas de famílias ainda moram nesses *trailers* e a área atingida ainda está sendo reabilitada.

Assim como Jesse (St.) James

Jesse St. James é o nome do astro do Vocal Adrenaline, e também é o nome de outras pessoas notáveis:

1. **Jesse Woodson James:** o Jesse James original era um *gangster*, um fora da lei que roubava trens e bancos e que cometeu assassinatos no final de 1800, no centro-oeste dos Estados unidos. Ele nunca foi preso, mas no final foi morto por Robert Ford, um companheiro fora da lei que ele considerava seu cúmplice.
2. **Jesse Gregory James:** outro Jesse James notório é desenhista de motos e estrela do *reality show Monster Garage*. Ele é conhecido por ser um conquistador. Já foi casado três vezes, inclusive com a atriz Sandra Bullock, um relacionamento que terminou em um divórcio muito exposto ao público.
3. **Jessie St. James:** Jessie St. James era uma das estrelas mais famosas da indústria pornográfica nos anos 70 e 80. O seu papel mais famoso foi no filme *Insatiable* de 1980, um dos filmes pornôs mais vendidos de todos os tempos.
4. **Brian Gerard James:** um lutador profissional mais conhecido pelo seu nome artístico "The Road Dogg" Jesse James, Brian James lutou na World Wrestling Federation (agora chamada de World Wrestling Entertainment) de 1994 a 2000, na qual foi cinco vezes campeão em equipe com o seu parceiro Billy Gunn.
5. **Jessica Rose James:** Jessica, cujo nome artístico é Jessie James, é uma cantora americana de *country/pop*, cujo primeiro disco, *Jessie James*, foi lançado em 11 de agosto de 2009, pela Mercury Records, a mesma gravadora com que o astro de *Glee*, Matthew Morrison, tem contrato.

- Alexander Graham Bell, o inventor do telefone, realmente usava a expressão "Ahoy" (uma saudação tradicional usada quando dois navios se aproximam) como sua maneira de atender ao telefone. Como Will afirma, foi Thomas Edison que convenceu a Central District and Priting Telegraph Company a adotar o "Hello" como forma padrão de atender ao telefone.
- "Pearly white harbor" (porto branco de pérola), a investida dental de Will em Emma, é uma referência ao ataque japonês aos Estados Unidos em Pearl Harbor, Havaí, em 7 de dezembro de 1941, durante a Segunda Guerra Mundial. Seis aviões japoneses bombardearam a base naval, resultando em quatro couraçados afundados e pelos menos 2.500 mortes.
- Sue ameaça Brittany e Santana com um ritual japonês de cortar a barriga, também conhecido como *seppuku* ou *hara-kiri*. Esse método de suicídio foi muito popular durante o período medieval japonês e era considerada uma forma honrosa de acabar com a vida.
- Sue afirma ter dado um seminário sobre animação de torcida a Sarah Palin, a ex-governadora do Alasca e controversa candidata à vice-presidência de John McCain em 2008. Amplamente desqualificada e não votada pela campanha de McCain, Palin causou uma indisposição com os eleitores americanos por sua falta de experiência, afirmações contraditórias, pontos de vista conservadores e dificuldades com as entrevistas da imprensa.
- Quando Rachel está procurando por uma música "hello" na biblioteca, ela passa pelas partituras da trilha sonora de *The Jazz Singer*, que inclui "Hello Again", a música que Will e Emma dançam no apartamento dele.
- Os modelitos de Rachel fazem que ela pareça uma Pippi Meialonga de Israel, uma garota forte e ruiva conhecida por suas meias e suas tranças. Pippi foi a personagem principal de muitos livros infantis, um filme de 1949 e duas séries de televisão.
- Rachel compara o seu romance com Jesse ao de Romeu e Julieta, um casal shakespeariano cujo amor estava condenado desde o início, graças às rivalidades entre as duas famílias.
- "Sr. Schue, nós temos um problema" é uma frase tirada de uma transmissão de rádio da Apollo 13. "Houston, nós tivemos um problema" foi muitas vezes citada erroneamente como "Houston, nós temos um problema" e agora é uma frase de impacto que ganhou popularidade quando a versão errada foi usada em 1995 no filme de Ron Howard, *Apollo 13* (*Apollo 13 – do desatre ao triunfo*).
- Kurt chama Rachel de "Benedict Arnolds", um general da Guerra da Independência dos Estados Unidos que traiu os americanos e se juntou ao

exército britânico. Enquanto ainda estava no exército americano, ele tentou ter o comando de White Point, Nova York, e entregá-lo ao controle britânico. Depois que esse plano falhou, ele deixou de ser um agente duplo e se juntou ao exército britânico.
- Aqueles lindos vestidos pretos de "Hello Goodbye" são da Target. O departamento de figurino adicionou laços brancos por diversão.

Como a Sue vê isso: "Eu estou transbordando de veneno e triunfo."

1.15 "O poder de Madonna" (The power of Madonna)
Data original de exibição: 20 de abril de 2010
Escrito por: Ryan Murphy
Dirigido por: Ryan Murphy

Música: ★★★★
Enredo: ★★★
Risadas: ★★★♪

Emma (para Will): Nós mudaremos o mundo, uma garota por vez. Nós seremos como uma equipe salvadora de garotas.

Sue e Will usam Madonna para dar poder aos seus alunos, enquanto os rapazes do New Directions recebem uma lição sobre o poder feminino.

Apesar de ocasionalmente o tema da semana em *Glee* dar uma pancada em nossas cabeças, a viagem de Madonna com o tema "igualdade para todos" fez esse conceito parecer novo e brilhante. As moças do *Glee* têm a tendência de aceitar tudo dos seus parceiros, então já é hora de alguém ajudá-las a se defender sozinhas e exigir um pouco de respeito. E parece que os meninos estão entendendo a mensagem que está sendo gritada nos alto-falantes. Jesse se transfere para a escola McKinley e Will entra com o pedido de divórcio; os dois homens estão trabalhando duro para provar que são merecedores do amor das suas damas. Finn também está na briga, tentando harmonizar os seus sentimentos por Rachel com o seu desejo de ser popular. Fora ter cedido à pressão sexual de Santana, Finn mostra muita maturidade nesse episódio, desde o momento em que diz aos rapazes que eles precisam fazer a coisa certa pelas meninas até ser um homem honrado e dar as boas vindas ao Jesse no New Directions. Se Finn quer reconquistar a Rachel, ele está no caminho certo.

Embora no início esse episódio pareça ser sobre assumir corajosamente o controle, também é sobre se conhecer, e a montagem de "Like a Virgin" traz a intersecção desses dois temas para um foco afiado. É particularmente interessante que Finn decida ir em frente enquanto as duas garotas recuam. Será que é uma indicação de que as moças estão mais maduras, mais sensíveis e ultimamente mais preocupadas com a maneira com que veem a si mesmas em vez de se preocupar com o que os outros veem? Ou será que as suas escolhas são um reflexo de estereótipos que a própria Material Girl desafia – que as mulheres são vistas como virgens, como Rachel e Emma, ou como putas, como Santana? (Na psicanálise de Freud essa tendência é chamada de complexo Madonna/puta, em que Madonna se refere à Virgem Maria, e não à cantora de "Like a Virgin".) Mas ao fazer o papel de sedutora, Santana está no controle da situação e do seu próprio corpo. É um contraponto interessante da abstinência de Rachel e Emma, provando que não se trata de moralidade das escolhas que fazem, mas de serem honestas consigo mesmas nessas escolhas.

Kurt e Mercedes finalmente recebem a chance de brilhar ao se juntar às Cheerios nesse episódio. Eles deixam muito claro que não gostam da maneira como o Sr. Schue está continuamente favorecendo Rachel e Finn nos solos, mas ele ainda não entendeu a mensagem, pois raramente deixa qualquer outro ter a sua chance à luz do holofote. Claro, foi um recurso sorrateiro da parte de Mercedes e Kurt se juntar às Cheerios pelas costas de Will, mas é compreensível que esses dois estejam cansados de ser colocados em segundo lugar, especialmente quando ambos são artistas de primeira qualidade. A aceitação de Mercedes e Kurt por Sue lembra o papel que ela fez de codiretora do clube do coral em "A separação", e essa mudança é outra personificação da mensagem de Madonna de igualdade e conquista de poder, assim como o mantra de inclusão e diversidade de Sue (algumas vezes oculto). Sue adora colocar Will no lugar dele, e quando tem a oportunidade de mandar-lhe uma mensagem enquanto arruína o clube dele (dando às suas Cheerios uma vantagem competitiva), ela a agarra. É uma boa demonstração de como Sue deseja ser como Madonna: as duas são mulheres polêmicas, ambiciosas que vão atrás do que querem e tentam ensinar uma lição ou duas aos homens pelo caminho.

Esse episódio é tão cheio de números musicais que não sobra muito espaço para o desenvolvimento da trama. Como resultado, outras histórias como o vídeo da "Vogue" de Sue e a sua mudança no visual parecem corridas e mal-desenvolvidas. Todavia, vale a pena esperar 15 episódios para ver a estreia de Sue cantando – a sua recriação do vídeo que é um dos maiores ícones da Madonna é fantástica.

Apesar de algumas desafinações, as mensagens da Madonna de igualdade e conquista de poder parecem alcançar a todos. Garotos e garotas, *nerds* e Cheerios, o sucesso do New Directions vem de respeitar cada um e trabalhar junto. Quando eles conseguem, o resultado é simplesmente mágico.

Nota alta: "Like a Prayer" é bonita e animadora, o final perfeito para um episódio poderoso.

Nota baixa: é melhor que Jesse não esteja saindo com Rachel como parte de um plano do Vocal Adrenaline, porque tentar convencê-la a dormir com ele antes de ela estar pronta é ir longe demais.

Por trás da música:
"Express Yourself" (Rachel, Quinn, Mercedes, Tina, Santana e Brittany)
Madonna, *Like a Prayer* (1989)
Expressar-se por meio de uma música não é nada novo para o New Directions, e um dos sucessos contagiantes da Madonna sobre dar poder às mulheres dá o tom para o resto do episódio, conforme o New Directions explora a mensagem da Madonna de igualdade dos sexos. As garotas fazem uma homenagem à Madonna de várias maneiras com a interpretação de "Express Yourself", pois o figurino e a coreografia delas são diretamente tirados do vídeo da música, considerado um dos melhores de todos os tempos.

"Borderline/Open Your Heart" (Rachel e Finn)
Madonna, *Madonna* (1983)
Madonna, *True Blue* (1986)
Madonna canta sobre um amor insatisfeito e homens chauvinistas em "Borderline", seu primeiro sucesso. Até que Finn seja maduro o suficiente para aceitar Rachel por quem ela é e tudo que vem junto ao namorá-la – o bom e o ruim –, Rachel acha que ele não a merece. "Open Your Heart", uma música sobre se abrir para o amor, foi originalmente composta com uma batida *rock and roll* e com a Cindy Lauper em mente. Mas, em vez disso, Madonna a agarrou, reescreveu algumas partes da letra e mudou a batida para fazer o seu quinto sucesso. Quando cantada por Finn, ela enfatiza o seu desejo para provar a Rachel que ele amadureceu, e que está pronto para um relacionamento com ela e com toda a sua loucura.

"Vogue" (Sue)
Madonna, *I'm Breathless* (1990)
"Vogue" foi inspirada pelo vibrante cenário dançante gay de Nova York. Ela mistura vários sucessos *disco*, incluindo "Love Is the Message" do MFSB, "Ooh, I Love It (Love Break)" de Salsoul Orchestra e "Like a Virgin" da própria Madonna. O vídeo foi inspirado em Hollywood da década de 1930 e várias cenas foram recriações de fotografias de famosos do Horst P. Horst, muitos dos quais são mencionados na música. Em um episódio em que Kurt e Mercedes se reinventam como Cheerios, eles se inspiram para recriar o visual de Sue Sylvester. Como a Madonna adora uma reinvenção, qual a melhor maneira de fazer isso que usar o maior sucesso *dance* como trilha sonora para a transformação total?

Making of: a discografia da Madonna

Madonna já gravou e lançou 11 álbuns produzidos em estúdio, seis coletâneas, três trilhas sonoras, três álbuns ao vivo e três álbuns remixados durante toda a sua brilhante carreira. Aqui, vamos examinar brevemente a importância dos seus álbuns originais de estúdio:

1. **Madonna (1983):** o álbum de estreia de Madonna vendeu dez milhões de cópias pelo mundo inteiro e a estabeleceu como uma artista empreendedora, enquanto o seu visual único fez dela um ícone da moda imediatamente.
2. **Like a Virgin (1984):** o segundo álbum de Madonna incorporou uma batida mais ligada ao *rock* e às influências Motown, em parte graças ao aumento de seu controle sobre a parte criativa. *Like a Virgin* ultrapassou o impressionante sucesso do seu primeiro álbum, e já vendeu mais de 21 milhões de cópias ao redor do mundo.
3. **True Blue (1986):** o terceiro álbum de Madonna, amplamente considerado como o seu álbum revelador, explora o seu lado feminino, o conceito do amor e o seu relacionamento com o então marido, Sean Penn. Apesar das variadas opiniões dos críticos, Madonna dominou as listas de sucesso e vendeu mais de 24 milhões de cópias pelo mundo.
4. **Like a Prayer (1989):** a música de Madonna assumiu um lado mais sombrio em *Like a Prayer*, pois ela explorou musicalmente o seu divórcio com Sean Penn, a sua infância e a relação difícil com a madrasta. Apesar de não ter sido um grande sucesso comercial como *True Blue* (tendo vendido apenas 7 milhões de cópias pelo mundo), *Like a Prayer* foi adorado pelos críticos e é considerado um dos melhores trabalhos de Madonna.
5. **Erotica (1992):** cada música desse álbum conceitual explora um diferente aspecto da sexualidade, mas nesse caso, o sexo não vende. Apesar do contagiante estilo *dance*, mistura de *hip-hop* e jazz, é o álbum da Material Girl com o menor sucesso comercial, vendendo apenas 4 milhões de cópias desde o lançamento. Muitos críticos argumentaram que Madonna levou o conceito de "erotica" longe demais e que a sua exploração foi muito clínica em vez de sensual, mas o álbum veio a ser venerado com o tempo.
6. **Bedtime Stories (1994):** depois do fracasso comercial e de crítica de *Erotica*, Madonna mudou para sons R&B em *Bedtime Stories*, e como resultado recebeu a sua primeira indicação ao Grammy e dois discos de platina um ano após o lançamento. Vendeu mais de seis milhões de cópias no mundo inteiro. Apesar da bem-vinda vibração do disco, Madonna ainda lidava com assuntos polêmicos na sua música, inclusive a reação pública ao *Erotica*.
7. **Ray of Light (1998):** gravado após o nascimento de sua filha, *Ray of Light* é um marco da mudança para sons mais maduros e audaciosos, explorando *trance* e eletrônica, e mencionando assuntos

pessoais como maternidade e fama. Essa mudança resultou no maior sucesso de Madonna, que recebeu disco triplo de platina nos Estados Unidos em nove meses do seu lançamento, ganhando quatro das seis categorias do Grammy para as quais foi indicada e, no final, vendeu mais de 20 milhões de cópias no mundo.

8. **Music (2000):** *Music* foi gravado para animar a lista de músicas e interesse geral em sua turnê Drowned World Tour. Musicalmente é uma extensão de *Ray of Light* e acentua a transição de Madonna para *euro dance pop*, ao mesmo tempo em que mantém a sua marca de *rock*. O álbum recebeu cinco indicações ao Grammy, ganhando um, e vendeu 11 milhões de cópias pelo mundo.

9. **American Life (2003):** esse álbum conceitual explora o materialismo, a fama, o nacionalismo e a identidade americana. Apesar do empurrão dado por "Die Another Day", a música tema do filme de James Bond de mesmo nome, *American Life* foi o segundo álbum menos vendido de Madonna (depois de *Erotica*), e recebeu críticas indiferentes.

10. **Confessions on a Dance Floor (2005):** *Confessions on a Dance Floor* marca o retorno de Madonna às suas raízes de *dance music*, incorporando influências das décadas de 1970 e 1980 com o moderno e *euro dance music*. O retorno ao seu estilo dançante foi um sucesso: ela conseguiu o Grammy por Melhor Álbum Dance/Eletrônica e vendeu mais de oito milhões de cópias pelo mundo desde o seu lançamento.

11. **Hard Candy (2008):** Madonna continua a sua exploração da *dance music* moderna em *Hard Candy*, mas dessa vez ela coloca um toque urbano, graças à colaboração de artistas e produtores como Justin Timberlake, Timbaland e Pharrell Williams. O álbum recebeu críticas variadas e vendeu respeitáveis quatro milhões de cópias pelo mundo.

"Like a Virgin" (Rachel, Jesse, Santana, Finn, Will e Emma)
Madonna, *Like a Virgin* (1984)

"Like a Virgin" é uma das marcas registradas de Madonna, e foi inspirada pelas próprias experiências amorosas da compositora. Madonna não gostou da música quando ouviu a demo pela primeira vez, mas no final, a música a conquistou. Apesar da ambiguidade da letra, *Glee* a leva ao pé da letra: Rachel, Emma e Finn estão todos esperando perder a virgindade. O vídeo da música de Madonna assegura a sua força sexual e independência, que é o que as garotas fazem: Santana ao se oferecer sem vergonha a Finn, e Rachel e Emma ao perceberem que não estão prontas.

"4 Minutes" (Mercedes e Kurt)
Madonna com Justin Timberlake e Timbaland, *Hard Candy* (2008)
Graças ao "4 Minutes", os dois deslocados socialmente são de repente os garotos mais legais da escola. Madonna compôs essa música como uma reação à destruição do meio ambiente, à desigualdade social e à diferença econômica, e para encorajar imediatamente reações a essas condições. Kurt e Mercedes podem não mudar o mundo, mas eles mudaram a estrutura social do McKinley quando entram para as Cheerios e recebem aplausos de pé por sua apresentação.

"What It Feels Like For a Girl" (Finn, Puck, Kurt, Artie, Mike e Matt)
Madonna, *Music* (2000)
"What It Feels Like For a Girl" mostra o sofrimento que as meninas enfrentam todos os dias em uma sociedade contemporânea, e é a mensagem que o Sr. Schue está tentando ensinar aos meninos. A introdução falada de Artie é de um romance de Ian McEwan de 1978, *The Cement Garden,* uma história gótica e moderna sobre quatro irmãos órfãos deixados à própria sorte. A atriz e cantora Charlotte Gainsbourg estrelou a adaptação para o cinema de 1993 e emprestou a sua voz para a gravação do original.

"Like a Prayer" (New Directions)
Madonna, *Like a Prayer* (1989)
"Like a Prayer" explora as fortes emoções de uma relação muito intensa, e a versão do New Directions compara esses sentimentos com os que eles têm quando se apresentam. Rotina, ritual e canalizar um grande poder são os elementos fundamentais da religião, dos relacionamentos e das apresentações, e a versão do New Directions de "Like a Prayer" demonstra os três. Estarem juntos no palco é como uma experiência religiosa e, se quiserem manter esse sentimento positivo e a sensação de poder, os membros do coral deveriam seguir a regra de ouro da religião: não faça aos outros o que não quer que façam a você, uma mensagem aprovada por Madonna.

Som da música: atualmente Madonna pode dominar o mundo da música, mas sua origem é humilde. Nascida em 16 de agosto de 1958, de mãe francesa canadense e pai italiano, em Bay City, Michigan, Madonna Louise Ciccone foi a terceira de seis filhos. Depois do ensino médio, ganhou uma bolsa de estudos de dança na University of Michigan, mas largou o curso para perseguir uma carreira na dança em Nova York. Lá, chamou a atenção do DJ Mark Kamins, que a apresentou ao Sire Records, assinou com ela e lançou o seu disco de estreia em 1983. Madonna conseguiu sucesso mundial e aclamação da crítica, e constantemente se reinventou pelo seu público. Ela também fez uma tentativa de atuar, estrelando *Desperately Seeking Susan* (*Procura-se Susan desesperadamente*) em 1985 e *A League of Their Own* (*Uma equipe muito especial*) em 1992. A vida pessoal de Madonna também foi uma viagem louca. Depois de um rápido namoro, ela se casou com Sean Penn em 1986, um relacionamento que terminaria em um divórcio público em 1989. Em 1996, Madonna teve a primeira filha, Lourdes, com seu antigo *personal trainer*, Carlos Leon. Ela se casou com o segundo marido, Guy Ritchie, em 2000, e no mesmo ano ele teve o segundo filho, Rocco. Em 2004, Madonna desenvolveu um interesse por questões humanitárias, fazendo parceria com o Live Aid. Ela também adotou duas crianças, David, em 2006, e Mercy, em 2009, ambos de Malauí.

Mande lembranças à Broadway: Jesse escolhe encontrar Rachel em uma biblioteca perto da biografia de Stephen Sondheim, e *Sondheim on Music*, de Mark Eden Horowitz, cai no chão, uma coleção de entrevistas de compositores examinando o seu trabalho e processo criativo. Stephen Sondheim é um premiado compositor da Broadway cujos trabalhos incluem os ícones *A Funny Thing Happened on the Way to Forum, Sweeny Todd* e *West Side Story* (*Amor, sublime amor*). Ele celebrou seu aniversário de 80 anos em 2010 e recebeu vários prêmios pelo conjunto de sua obra. Seu trabalho é tão influente que um *show* da Broadway mostrando a sua música, *Sondheim on Sondheim*, foi desenvolvido em 2010. Madonna até gravou uma música de Sondheim, "Sooner or Later (I Always Get My Man)" para o filme *Dick Tracy* de 1990, que rendeu ao Sondheim um Oscar de Melhor Música Original.

Isso é muito *Popular*: apesar da recriação que Sue fez de "Vogue" ser épica, essa não é a primeira vez que os personagens de Ryan Murphy se ligam à Material Girl. A animadora de torcidas Nicole Julian fez sua própria reencenação de "Vogue" na segunda temporada, no episódio "Coup", e Nicole e Marry Cherry refizeram parcialmente o vídeo "Music" de Madonna em "Ur-Ine Trouble". Assim como Emma e Rachel, Brooke certamente se sentiu como uma virgem no episódio piloto depois que percebe que usar *lingerie sexy* não significa que você esteja pronta para o sexo. E em "Caged!" nós ficamos sabendo que a menina má Nicole deu uma de Santana quando seduziu o

> ### *Express yourself*: as referências de Madonna
> Esse episódio precioso merece uma parte especial para celebrar todos as referências feitas a Madonna:
> - O título do episódio é uma referência à musica de Madonna de 1998 "The Power of Good-Bye", que fala sobre como é poderoso e libertador dizer adeus ou terminar um relacionamento.
> - O disco que Sue dá a Figgins é *Celebration*, de 2009, o terceiro disco de coletâneas de Madonna.
> - Sue está "procurando Susan desesperadamente", uma referência ao filme de 1985 de mesmo nome. Madonna estrelou como Susan, uma nova-iorquina cuja vida intriga várias pessoas, inclusive a dona de casa suburbana Roberta, interpretada por Rosanna Arquette. A trama começa quando Roberta decide encontrar Susan.
> - Sue menciona que Madonna tem uma propriedade na Inglaterra. Em 2001, Madonna e o então marido Guy Ritchie compraram a Ashcombe House, de 200 anos de idade em Wiltshire, Inglaterra, uma propriedade que era da fotógrafa e estilista Cecil Beaton. Quando Madonna se divorciou de Guy, ele ficou com a propriedade, mas ela regularmente aluga uma casa no interior do país.
> - Sue encoraja as Cheerios a namorarem rapazes mais jovens, assim como Madonna. O segundo marido de Madonna, Guy Ritchie, era dez anos mais novo que ela. Após o divórcio, em 2008, Madonna se envolveu com Jesus Luz, um modelo 28 anos mais novo que ela.
> - Oito sósias de Madonna, dos seus vídeos de música ("Like a Virgin", "Material Girl", "Holiday (Live)", "Human Nature", "Nothing Really Matters", "Don't Tell Me", "Open Your Heart" e "Lucky Star"), aparecem durante o dueto de Rachel e Finn.
> - Assim como Madonna, Kurt está "praticando a Cabala". Cabala é uma série de ensinamentos baseados no misticismo judaico e focados no universo ao natural. Madonna começou a praticar em 1996 e é uma seguidora devota.
> - Kurt diz que o vídeo será "Madge-co", se referindo à Madge, o apelido que os tabloides ingleses deram à Madonna.
> - "Burning Up", "Frozen" e "Justify My Love" eram ouvidas nos alto-falantes do McKinley.

garoto de ouro Josh na cama depois que ele terminou com Brooke, um esforço para aumentar a popularidade dos dois.

Suco na cara:
- Quinn faz um desenho nada bonito de Rachel enquanto as garotas estão na sala de ensaios.
- Sue empurra três garotos no corredor depois que Will a insulta.

Fora de tom:
- Durante a apresentação das Cheerios de "Ray of Light", alguns dos cartazes no ginásio estão invertidos. Provavelmente a imagem do filme foi espelhada na pós-produção.
- A barriga de gravidez da Quinn está significativamente menor no figurino de "Express Yourself" do que nas suas roupas normais. Ela deve estar usando uma cinta bem apertada!
- Madonna não está tocando nos alto-falantes quando Kurt e Mercedes falam com Sue sobre fazer "Vogue".
- Não há nenhum participante homem das Cheerios na apresentação do "4 Minutes", ou na conversa "O que a Madonna faria?", apesar de eles participarem da apresentação de "Ray of Light".
- Sue afirma que tinha seis anos quando lançaram *True Blue* em 1986, o que faria que ela tivesse sete anos quando fez um discurso no Palladium.

Por trás da cena:
- Originalmente Madonna não gostou muito da ideia de dar licença para *Glee* usar sua música. Para fazê-la concordar em oferecer o seu catálogo inteiro, Ryan Murphy escreveu uma carta pessoal a ela dizendo que era um fã de longa data e que a sua mensagem de igualdade era importante para os fãs do programa. Não foi nada ruim que a publicitária de Madonna, Liz Rosenberg, tenha dado uma força para o episódio, em parte graças à sua enteada que é obcecada por *Glee*. "Eu implorei a Madonna que ela permitisse que eles usassem sua música porque a minha enteada nunca me perdoaria se eu não conseguisse o OK para que eles usassem as músicas", explicou Liz.
- A recriação de "Vogue" (que demorou três meses para ficar pronta) foi filmada com o verdadeiro vídeo da Madonna passando na frente do elenco para que eles imitassem perfeitamente o original.
- As mãos na frente do rosto de Jane Lynch durante "Vogue" são as mãos da Heather Morris e Naya Rivera. Heather também aparece no vídeo como a dançarina usando o sutiã de cone.
- Nathan Trasoras, da sexta temporada de *So You Think You Can Dance* aparece no vídeo de "Vogue" e na apresentação das Cheerios de "Ray of Light".
- A banda que toca na apresentação das Cheerios de "4 Minutes" é a banda da University of Southern California, os Trojans.

- "Sr. Schue, ele é seu filho?" é uma fala que Heather Morris improvisou durante os ensaios, e Ryan Murphy achou que era hilário e a adicionou às falas de Brittany.
- A mulher com quem Mercedes dança no coral de "Like a Prayer" é a mãe de Amber Riley! Quando Ryan Murphy mencionou que precisaria de pessoas para fazer um coral, Amber sugeriu a sua mãe, e Ryan garantiu que ela ficasse na frente para que pudesse cantar com a filha.
- New Directions usou o figurino de "Like a Prayer" para o White House Easter Egg Roll e nas apresentações na *Oprah* em abril de 2010 e durante a turnê de 2010 *Glee* Live Tour.
- Vários figurinos foram feitos especialmente para esse episódio específico de Madonna, incluindo os do "Express Yourself", as pernas de pau das Cheerios e as camisolas da Rachel, Santana e Emma (que são todas feitas com o mesmo tecido).

Palco principal:
- Sue acredita que Madonna é mais poderosa que Angelina Jolie e Catarina, a Grande. Angelina é uma atriz ganhadora de Oscar que é famosa tanto pela sua vida pessoal quanto pela sua carreira. Ela e seu parceiro de longa data, Brad Pitt, são reconhecidos por seus trabalhos humanitários e pelos muitos filhos. Catarina, a Grande, foi Imperatriz da Rússia de 1762 até a sua morte, em 1796. Sob o governo de Catarina, a Rússia tornou-se um dos grandes líderes econômicos, políticos e culturais da Europa.
- Sue afirma que disse "Sou forte, sou ambiciosa. E sei exatamente o que quero. Se isso faz de mim uma sacana, tudo bem", no Palladium em 1987. Madonna disse isso em 1992 na revista *People*. Palladium era uma boate *new wave* muito popular em Nova York que apresentava artistas como Frank Zappa, Blue Oyster, Iggy Pop, Kiss, Iron Maden e Def Leppard antes de fechar, em 1998.
- Rachel e Jesse foram assistir aos Wiggles, um grupo musical australiano que é muito popular com o público infantil. Eles venderam mais de 17 milhões de DVDs e 4 milhões de CDs pelo mundo.
- Emma acha que as garotas estão confusas porque entre seus ídolos estão Britney Spears e a sua cabeça raspada, Lindsay Lohan e o seu visual *Senhor dos Anéis* e Ann Coulter. A cantora Britney Spears teve um grande revés público em 2007, quando raspou a cabeça e se internou em uma clínica. Lindsay Lohan é uma jovem atriz mais conhecida como adulta por suas

festas pesadas e seus relacionamentos de alto escalão. *The Lord of the Rings* (*O senhor dos anéis*) de J. R. R. Tolkien é uma trilogia de fantasia que foi adaptada para o cinema por Peter Jackson, e é uma franquia de sucesso, e a referência a Lohan é provavelmente ao doentio e extenuado Gollum. Ann Coulter é uma comentarista política, autora e ativista mais conhecida pelas suas opiniões de direita e ações polêmicas.

- Sue cheira os biscoitos dos elfos no cabelo de Will. Os elfos Keebler são os mascotes de Keebler, a segunda maior companhia de assados nos Estados Unidos. Muitos dos seus comerciais de televisão mostram os elfos assando os produtos Keebler nos seus fornos de árvore.
- Finn prefere fazer uma homenagem à banda Pantera do que à Madonna. Pantera foi uma banda muito popular de *heavy metal* na década de 1990. Formada em 1981 e dissolvida em 2003, Pantera foi a pioneira em "*groove metal*" e amplamente considerada uma das melhores bandas de *heavy metal* de todos os tempos.
- Sue "permite" que Will tenha as suas Barbras, Chers e Christinas, se referindo à Barbra Streisand, Cher e Christina Aguilera.
- Will faz um comentário sobre o visual "Florence Henderson" de Sue. Florence interpretou Carol Brady em *The Brady Bunch* e ficou conhecida pelo seu cabelo curto. Coincidentemente, Jane Lynch interpretou Carol Brady na comédia *The Real Live Brady Bunch* em Chicago, no começo dos anos 1990.
- Sue chama Mercedes de "Whoopi" e Kurt de "Don Knotts". Whoopi Goldberg, a atriz que estrelou filmes como *Sister Act* (*Mudança de hábito*) e *Ghost* (*Do outro lado da vida*) e que atualmente é apresentadora do programa de entrevistas *The View*, faz parte de um grupo de elite de artistas que ganharam os quatro maiores prêmios do entretenimento: Emmy, Grammy, Oscar e Tony (também mencionados como Egot). Don Knotts é um ator americano mais conhecido pelo seu papel, ganhador do Emmy, de Barney Fife no programa popular de televisão da década de 1960, o *The Andy Griffith Show*, e pelo seu papel de Ralph Furley, o senhorio do programa da década de 1980 *Three's Company*.
- Sue chama Kurt de "futuro quadrado do centro", referindo-se ao *game show* Hollywood Squares, que foi ao ar de 1966 a 2004, em que as celebridades ficavam em um cenário que parecia um jogo da velha e ajudavam os concorrentes com as perguntas. O quadrado do centro era normalmente de uma celebridade peculiar e extravagante.

Mão de jazz:

- Rachel ganhou de Jesse um Ursinho Carinhoso, um bichinho de pelúcia baseado nos personagens da American Greetings. Um desenho animado baseado nesses personagens foi ao ar de 1985 a 1988. Desde então, eles apareceram em filmes, jogos de computador e brinquedos.
- O novo folheto da Emma diz: "Perdedor", "Choque tóxico", "Parabéns, você está grávida!", "Eu tenho *asperger*?", "ECA! Minhas áreas baixas", "Limpeza adequada: fácil como 1-2-3", "Por que tem sangue?", "Autismo: o...", "Eu ainda mamo... mas com qual idade devo parar?" e "Socorro! Eu estou apaixonada pelo meu padrasto!".
- Rachel diz "registrado" para Finn, assim com Shelby diz "registrado" para Will em "Alô".
- Finn é tão *sexy* quanto as Cabbage Patch Kids, uma linha de bonecas fofinhas com cabeças de plástico e corpos gordinhos que parecem bebês. As bonecas eram muito populares na década de 1980.
- Sue chama o clube do coral de "rejeitados do Up with People". Up with People é uma organização internacional fundada em 1965 que cria grupos musicais de estudantes com diferentes histórias, e os manda pelo mundo em apresentações. Mas o New Directions não poderia ser composto de rejeitados do Up with People porque é necessário ter pelo menos 18 anos para fazer o teste.
- Will afirma erroneamente que o catálogo de músicas da Madonna é de domínio público. Para o trabalho de um artista se tornar de domínio público nos Estados Unidos é preciso que esse artista tenha morrido há mais de 70 anos.
- Will sugere que Sue devia arrumar o cabelo com um Flowbee, um aparelho a vácuo para corte de cabelo que era popular – e motivo de muitas piadas – na década de 1980.
- Sue tentou clarear o cabelo com napalm e amônia. Napalm é um líquido inflamável usado por militares para provocar incêndios, fazer lança-chamas e explosivos e queimar inimigos.

Como a Sue vê isso: "Ah, oi, William. Eu achei que tinha sentido o cheiro de biscoitos assando nos fornos dos pequenos elfos que vivem no seu cabelo."

1.16 "Uma nova chance" (Home)
Data original de exibição: 27 de abril de 2010
Escrito por: Brad Falchuk
Dirigido por: Paris Barclay

Música: ★ ★ ♪
Enredo: ★ ★ ★
Risadas: ★ ★ ♪

Will: Você sempre se sentirá vazio por dentro até que encontre um lar.

Kurt, Finn, Mercedes, Will e April Rhodes (sim, ela está de volta!) recebem uma lição sobre o que lar significa para eles e sobre a importância de encontrar um lugar que pareça... um lar.

Em "Uma nova chance", *Glee* faz o melhor que pode para lembrar a todos que não existe lugar como a nossa casa. É um conceito interessante para um episódio, pois muitos membros do clube do coral vêm de lares não tradicionais – Kurt, Finn e Puck têm uma família de pais solteiros, Rachel tem dois pais homossexuais e Quinn está pulando de uma casa para outra, mas já não tem mais um lar.

Essa ideia de "lar" e sua importância na vida das pessoas manifesta-se de maneiras diferentes para personagens diferentes. Finn, por exemplo, está se apegando à ideia de um lar que na verdade não existe, achando que o lar deveria ser um lugar físico imutável, e não um lugar emocionalmente adaptável. Considerando que nós constantemente temos visto Finn sofrer com as mudanças, a sua maneira de ver as coisas não é surpreendente. Ele se apega à parte física da casa (por exemplo, a sua devoção obsessiva à cadeira do pai) e não percebe que o seu lar evoluiu para algo de maior valor (a felicidade da sua mãe e o apoio que ela dá a ele). Para Kurt, lar tem a ver com aceitação – seu pai é o seu bravo advogado e o seu lar é seu refúgio, um lugar onde ele pode fugir do tormento que sofre na escola. Para Quinn, lar tem a ver com apoio – algo que ela precisava desesperadamente de sua família, mas que agora procura nos amigos. Para Will, lar são memórias dos seus dias de glória e de tempos mais felizes. A ausência de Terri reforça a sua sensação de sem-lar agora que não tem certeza de quem ele é. Uma casa é um espaço físico que tem a função de nos proteger de uma tempestade e, para todos esses personagens, um lar é um abrigo emocional.

O uso mais interessante do tema "lar" é o mais abstrato: a busca de Mercedes por se sentir "em casa" em seu uniforme das Cheerios. Mercedes

Perguntas & respostas: Michael Benjamin Washington como Tracy Pendergrass

Nascido e criado em Dallas, Texas, Michael Benjamin Washington tem trabalhado profissionalmente desde os 11 anos de idade. Depois de concluir o ensino médio, ele se matriculou na Tisch School, na New York University. A partir daí, Michael fez papéis na Broadway, incluindo um na produção original de *Mamma Mia!*. Ultimamente, ele tem se dedicado mais à sua carreira em filmes e televisão. Nós conversamos com ele sobre como é ter um papel no novo programa de maior sucesso, e ele respondeu, com alegria, às nossas perguntas:

Você sempre quis ser ator? Como começou a atuar?
Eu participei do *Presidential Scholar** no meu último ano do ensino médio e apresentei trechos de *Othello* e *The Colored Museum* para o presidente Clinton e sua esposa no Kennedy Center! Fiz teatro na New York University com um famoso ator chamado Matthew Morrison, que continua sendo um dos meus melhores amigos. Fiquei muito feliz quando recebi o convite para interpretar Tracy Pendergrass, embora Ryan Murphy não fizesse a menor ideia de que Matt e eu éramos amigos!

Como você se preparou para interpretar Tracy?
Eu estudei jornalismo na NYU e NUNCA usei esse diploma até esse papel! Obrigado, *Glee*. Meus pais ficaram muito felizes.

Que música Tracy cantaria?
Eu imaginei Tracy encontrando Artie no refeitório, de cabeça baixa, e eles começam a cantar "Sittin' on the Dock of the Bay". Kevin e eu viemos da mesma cidade, Plano, no Texas, então eu achei que os nossos ouvidos gostariam das mesmas músicas. Ele é fantástico! E um cara muito legal, estiloso, realista e que ANDA!

Como era o *set* de filmagens de *Glee*, especialmente trabalhando com Jane Lynch?
Jane Lynch não é somente uma comediante brilhante, ela é uma atriz FANTÁSTICA. Os longos dias/noites que foram necessários para fazer a apresentação em *Glee* teriam sido um saco se não houvesse 100% de comprometimento em perícia, energia e atitude. A Sra. Lynch é uma profissional consumada e não perde uma piada. Ela está sempre presente e, apesar do seu *status* de ícone como "A" vilã mais formidável da televisão, eu nunca trabalhei com ninguém mais generoso e aberto. A minha meta era ajudar o público a ver o outro lado de Sue, e eu acho que eles viram.

* N.T.: Programa do governo norte-americano que escolhe e premia os melhores alunos do último ano do ensino médio.

sempre se sentiu confortável com o seu corpo, mas entrar para as Cheerios fez que ela se lembrasse de que as garotas magras controlam a escola. Agora que ela é popular, existem algumas regras diferentes que deve seguir, mas conformidade não é algo com que a nossa atrevida diva fique à vontade. Graças à doce orientação de Quinn, Mercedes descobre como equilibrar de onde vem com aonde quer chegar, e o resultado é um dos momentos musicais mais emocionantes da temporada.

April está de volta em cena, agindo como um catalisador para as descobertas de Will relacionadas a lar. Apesar de ela ajudá-lo a compreender sua necessidade de pertencer a algum lugar, sua reintrodução é forçada, e a história dela é muito fraca. O episódio "Uma segunda chance" já tinha enfocado o retorno de April ao lar (para April, lar é onde estão os holofotes). É frustrante que *Glee* tenha voltado a essa trama, mas fez sentido para alguém que está sempre pulando fora do barco, como April. Algumas pessoas precisam de uma ajuda a mais para encontrar o caminho de casa.

New Directions ganha um novo lar no April Rhodes Civic Pavilion, mas para os membros do clube as coisas são um pouco mais complicadas. Aqui eles desejam poder simplificar as coisas no futuro se lembrando que lar é onde está o coração.

Nota alta: Finn abrir a sua casa para Burt é um grande momento. Ele está aprendendo a priorizar as necessidades dos outros, e querer que a sua mãe seja feliz é um bom começo.

Nota baixa: Kurt ficar do lado de fora da janela da casa dos Hudson é assustador. A pungência da trégua entre Finn e Burt e o coração partido de Kurt já são evidentes. Não precisava fazê-lo parecer um perseguidor.

Por trás da música:
"Fire" (Will e April)
Bruce Springsteen, *Live/1975-85* (1987)
Originalmente imaginada para Elvis Presley (e com uma gravação famosa das Pointer Sisters), "Fire" marca a dinâmica entre April e Will pelo resto do episódio. A música fala de um homem que tenta conquistar uma mulher que diz que não o quer. April tem uma queda por Will, e, claramente, existe uma química entre os dois. Entretanto, Will está confuso com o divórcio recente e com as suas múltiplas explorações românticas, e fica relutante em fazer qualquer coisa com qualquer um, ainda mais com a alcoólatra da April.

"A House Is Not a Home" (Kurt e Finn)
Dionne Warwick, *Make Way for Dionne Warwick* (1964)
Kurt usa essa música composta por Burt Bacharach e Hal David para demonstrar a Finn que a mãe dele está certa – uma casa não é um lar, viver junto não faz uma família e uma cadeira não pode substituir um pai. A versão de Kurt para essa música é linda, mas também é um pouco assustadora e egoísta: se Finn aceitar a vida romântica da mãe, ele não tem opção a não ser passar mais tempo com Kurt.

"One Less Bell to Answer/A House Is Not a Home" (Will e April)
Barbra Streisand, *Barbra Joan Streisand* (1971)
Barbra Streisand foi a primeira artista a gravar esse *mash-up* das duas músicas de Burt Bacharach, e as duas exploram a solidão. "One Less Bell to Answer" fala sobre morar sozinho depois de um rompimento, algo que Will está vivendo pela primeira vez e algo de que April constantemente tem pavor. Will pode fingir que se mudar lhe proporcionaria um novo começo, e April pode fingir que o relacionamento dela com Buddy é de verdade, mas os dois estão apenas fugindo da solidão.

"Beautiful" (Mercedes)
Christina Aguilera, *Stripped* (2002)
A balada de Christina, vencedora do Grammy, fala sobre não deixar que as críticas dos outros deixem você triste, e isso faz Mercedes se lembrar da importância de ser verdadeiro consigo mesmo e de se amar. Essas mensagens são importantes para *Glee*, pois muitos dos personagens estão constantemente se questionando sobre quem são, tentando mudar ou esconder a sua verdadeira identidade e se sentem deixados de lado, ignorados ou julgados.

"Home" (April com New Directions)
The Wiz (*O mago*) (1975)
Qual a melhor maneira de resumir um episódio que fala da importância de se encontrar do que uma versão emocionante de "Home", uma música que afirma que não existe nenhum lugar como o lar? O New Directions canta essa música em seu novo lar. Por sua vez, April está procurando um lugar que possa chamar de lar, e Will quer recriar os sentimentos de lar que tinha quando seu casamento era feliz e estável.

> ### *Gleek* fala: Clare Hitchens
> **(fã de Glee e defensora dos deficientes)**
>
> **Como mãe de um filho com síndrome de Down, como você e a sua família se sentiram em relação à personagem Becky Jackson?**
> Nós ficamos muito felizes! Crianças com síndrome de Down estão sendo cada vez mais incluídas em salas de aula normais, esportes e clubes comunitários, grupos de igreja e locais de trabalho. Mas você não saberia disso pelo que assiste na TV – a representação é muito pequena. É importante para as pessoas com deficiência se verem na mídia, na cultura popular etc. Se eu me lembro corretamente, ela frequentou o ensino médio, mas em uma sala de aula especial. Apesar de muitas crianças estarem em salas de aulas normais, isso ainda é raro no ensino médio, e a classe especial ainda é a regra. Mas boas escolas farão que os alunos com deficiência sejam incluídos em atividades extracurriculares e abrirão exceções quando os seus testes não alcançarem o nível exigido. Isso tem a ver com comunidade, ou deveria ser.
>   Eu também quero responder à opinião que alguns têm de que esse lado de Sue é irreal. Eu conheço alguns verdadeiros idiotas que têm um lado mais mole quando se trata de crianças com deficiência. Vamos admitir, as famílias de pessoas com deficiência não formam um grupo homogêneo. Mas existe alguma coisa nessas crianças que traz à tona o melhor das pessoas. Faz muito sentido para mim que Sue seja dessa forma com a irmã e que leve isso para a sua relação com Becky. Para mim isso não enfraquece a sua personagem, só enriquece. Por falar nisso, achei que a Jean (Robin Trocki) estava ótima. Mas eu não sei por que ela está sempre de cama. Gostaria mais de vê-la andando para cima e para baixo em vez de ficar perpetuando a ideia de que deficiência é igual a doença. Mas eu não quero nem começar a falar sobre essas instituições. Pode ser o lugar para onde vão muitas pessoas mais velhas com síndrome de Down, mas isso também está mudando. E, por outro lado, talvez Sue só a visite na hora de dormir. Eu gostaria que isso fosse explorado um pouco mais, porque isso me incomoda. Mas, no quadro geral, eu estou feliz em ver a síndrome de Down retratada positivamente nas duas personagens.

Mande lembranças à Broadway: estreando na Broadway em 5 de janeiro de 1975, *The Wiz* (*O mago*), uma remontagem do conto clássico *The Wizard of Oz* (*O mágico de Oz*), reinterpreta as aventuras de Dorothy em Oz pela perspectiva de um negro e muda a localização de Kansas e Oz para Harlem e uma irreal Nova York. O musical foi um sucesso, ganhador de sete prêmios

Tony, incluindo o de Melhor Musical, e teve 1.672 apresentações. Em 1978, foi lançada a adaptação para o cinema com Michael Jackson e Diana Ross, mas foi um fracasso comercial e de crítica.

Isso é muito *Popular*: as inimigas Brooke e Sam viram seus pais ficarem juntos muito cedo no programa, e muito da primeira temporada é sobre as tentativas das garotas de separá-los. Assim como Finn, Brooke acaba aceitando e apoia o seu pai na união, mas Sam faz grandes esforços para arruinar o casamento porque ela morre de medo da ligação que sua mãe e Brooke estão desenvolvendo.

Fora de tom:
- Will alugar uma pista de patinação parece um pouco forçado; existem muitas opções no McKinley, que incluem a sala de ensaios e o ginásio. E se as Cheerios precisam do auditório a semana inteira, porque Kurt, Mercedes, Brittany e Santana estão sempre com o clube do coral?
- Em "Alô", Brittany e Santana aspiram a refeição no restaurante Breadstick (e trapaceiam fazendo a garçonete dar o segundo prato para elas), mas aqui elas dizem a Mercedes que só bebem o purificador da Sue.

Por trás da cena:
- A banda da pista de patinação é a Mulatto, um grupo de seis integrantes que misturam *rock*, *hip-hop*, *jazz*, *funk* e *soul*. A banda foi formada em 2005 em Long Beach, California, e tem viajado com Nas desde 2008.
- As lágrimas de Kurt são de verdade! Apesar de existir um colírio que cria a ilusão das lágrimas, Chris Colfer se recusa a usá-lo.
- "A House Is Not a Home" foi incluída no *show* da Broadway de 2010 de Kristin Chenoweth, *Promises, Promises*, de Burt Bacharach, porque demonstra maravilhosamente a voz dela.

Palco principal:
- Mercedes e Kurt deveriam ter um programa na Bravo, um canal a cabo norte-americano conhecido pelos seus programas revolucionários do tipo *reality show* que incluem *Project Runway*, *Queer Eye for the Straight Guy* e a franquia *Real Housewives*.
- O jornalista Tracy Pendergrass pode ter recebido esse nome como uma homenagem ao cantor e compositor R&B Teddy Pendergrass, cujo maior sucesso foi "If You Don't Know Me by Now".

- A mãe de Finn deu uma de *Pretty Woman* (*Uma linda mulher*), uma referência ao filme que fez de Julia Roberts uma estrela. Nesse filme, Julia interpreta uma prostituta contratada por um homem rico (Richard Gere) para ser sua acompanhante pela semana. Para ir da vulgaridade à elegância, ela passa por uma famosa transformação no visual na Rodeo Drive.
- Rachel e Jesse adorariam ser como Beyoncé e Jay-Z, um poderoso casal da música que se casou em abril de 2008. Jay-Z é produtor e cantor de imenso sucesso, e Beyoncé é uma das cantoras de maior sucesso de todos os tempos.
- No refeitório, Rachel cita Fanny Brice, cantora, atriz e comediante que foi a inspiração para *Funny Girl* (*Uma garota genial*), *show* da Broadway em 1964 e filme em 1968.
- Kurt fez seu pai assistir *Riverdance*, um *show* de sapateado irlandês que se tornou muito popular no final da década de 1990 e até esteve na Broadway em 2000.
- Às vezes April precisa de um pouco de Burt Bacharach, um pianista, compositor e produtor musical conhecido por suas baladas românticas e músicas para os *shows* da Broadway.
- Kurt se sente como o cara que "juntou Liza e David Gest". Liza Minnelli é uma atriz e cantora que se casou com o promotor de concertos David Gest, em 2002. O casal se divorciou apenas 18 meses depois, e ele a processou por 10 milhões de dólares, alegando abuso físico e emocional. A acusação foi recusada em 2006.
- Sue chamou Tracy Pendergrass de "Rerun". Freddy "Rerun" Stubbs, conhecido pela sua boina vermelha e sua dança de baixa qualidade, é um personagem da série da década de 1970, *What's Happening!!* O programa era sobre três adolescentes negros crescendo em L.A., durou três temporadas, de 1976 a 1979, e foi um sucesso modesto.

Mãos de jazz:
- Se você olhar com atenção para os membros do New Directions na pista de patinação, verá que Artie está usando patins!
- Os Hudson e os Hummel estão se fundindo assim como fizeram os Bouvier, uma rica e prestigiosa família, e os Kennedy, uma dinastia política emergente, quando Jacqueline Bouvier e John F. Kennedy se casaram em 1953. John foi eleito presidente dos Estados Unidos em 1960, cargo que desempenhou até ser assassinado em 22 de novembro de 1963.

- O Prêmio Pulitzer, para o qual Tracy Pendergrass foi anteriormente indicado, é um prêmio anual dado à melhor produção jornalística, literária e musical nos Estados Unidos. A revista *Newsweek*, que tem uma circulação de quase dois milhões de cópias, é a segunda maior revista de notícias dos Estados Unidos.
- A Primeira Guerra do Golfo, que aconteceu de agosto de 1990 a fevereiro de 1991, é comumente chamada de Operação Tempestade no Deserto. Os Estados Unidos envolveram-se depois que o Iraque invadiu o Kuwait, e as Nações Unidas iniciaram uma resposta militar. A invasão do Iraque terminou rapidamente, mas aproximadamente 3.500 civis e 150 soldados da coalizão (incluindo o pai de Finn) perderam a vida no processo.
- Duke University em Durham, na Carolina do Norte, tem um dos melhores programas de basquete de faculdade nos Estados Unidos. Eles ganharam o campeonato NCAA de 2010. Apesar do sucesso, Burt os odeia tanto quanto odeia os nazistas, o partido político alemão que foi responsável pela Segunda Guerra Mundial e pelo Holocausto, evento em que foram assassinados cerca de seis milhões de judeus.

O palco de Ohio: O pai de Kurt oferece ingressos a Finn para verem o Cleveland Browns, o único time profissional de futebol americano de Ohio e um dos quatro times da NFL que nunca jogaram em uma partida do Super Bowl. Tracy Pendergrass escreveu um artigo sobre atletas do ensino médio que imediatamente se tornam profissionais. Um desses atletas de maior sucesso foi LeBron James, de Ohio, que cresceu em Akron, que fica a mais de 220 km a nordeste de Lima. LeBron foi contratado pelo Cleveland Cavaliers do NBA em 2003 e agora é um dos melhores jogadores da liga.

Como a Sue vê isso: "Agora, se você me der licença, eu preciso fazer uma ligação para a Secretaria de Estado de Ohio para notificá-los de que não carregarei mais um documento com foto. Você quer saber por quê? As pessoas devem saber quem eu sou."

♪♫♪

1.17 "A lista" (Bad reputation)

Data original de exibição: 4 de maio de 2010
Escrito por: Ian Brennan
Dirigido por: Elodie Keene

Música: ★ ★ ★
Enredo: ★ ★ ★
Risadas: ★ ★ ★

Rachel: Nesta época de vídeos de sexo de celebridades, uma boa reputação não faz bem a ninguém.

Enquanto os garotos do New Directions tentam sujar sua reputação na esperança de melhorar seu status social, Will e Sue se debatem sob o peso de uma má imagem.

Na época de escândalos de sexo e drogas das celebridades e Perez Hilton, não é nenhuma surpresa que os membros do New Directions sofram com frequência por serem alvos de sucos sem importância. Graças à Glista escrita por Quinn, os garotos do coral decidem que é hora de subir um degrau e passar de "bundões para sacanas", como disse Jesse.

Quinn passou anos cultivando a imagem de boa moça (afinal de contas, ela era a presidente do clube do celibato), mas, como ela mesma cita no final do episódio, uma má reputação é melhor que reputação nenhuma. Quinn sabe que enquanto estiver grávida, nunca voltará a ter um bom *status* social no McKinley, então acha que, destruindo os poucos fios que ainda mantêm sua suposta decência, pelo menos voltaria a ser notada. O seu plano faz um paralelo com uma das principais questões de "O Poder de Madonna", pois nos lembra que, basicamente, as garotas podem ser boas (virgens) ou más (putas) para terem valor. Agora que a sua barriga prova que ela perdeu o seu cartão-V, Quinn acha que precisa chegar até o fundo da lista de safadezas e reinventar a sua reputação para poder recuperar um lugar nos holofotes.

O problema da má reputação, como Quinn aprendeu, é que a menos que você tenha um exército de relações públicas ao seu dispor, ela é quase impossível de controlar. Rachel está fazendo o possível para estabelecer a sua reputação desde o nascimento, e o seu desejo de controlar a sua imagem nunca foi mais evidente do que com o vídeo "Run Joey Run". Esse projeto é um sonho da Rachel, e ele permite que ela faça o papel principal, seja a roteirista e a diretora, exercendo completo controle criativo sobre a sua própria história.

Primeira temporada

Mas a estrela determinada rapidamente descobre que não pode exercer esse mesmo controle na vida real, e que as suas impensadas atitudes fazem que ela não seja uma "menina má", e sim uma má pessoa. Todos sabem que Rachel não está disposta a comprometer a sua chance ao estrelato, mas o seu fracasso de vídeo realmente mostra o quão disposta ela está a comprometer o seu relacionamento com os outros, até mesmo o romance mais promissor que ela já teve. Mas o curioso em relação à criação da Rachel é que ela só mostra o vídeo para as doze pessoas que estão envolvidas no clube do coral, e não serão eles que farão ou acabarão com a sua reputação. Será isso um sinal de que esse projeto não tem tanto a ver com fazer uma reputação, mas com uma revisão da sua autoimagem?

Enquanto o pessoal do New Directions está tentando destruir a sua reputação na esperança de que isso vá melhorar o seu *status* social, Will e Sue aprendem que má reputação não garante o mesmo resultado social no mundo dos adultos. Normalmente os homens são enaltecidos por serem conquistadores, portanto o novo *status* de pária de Will causado pelo seu comportamento promíscuo é um desenvolvimento interessante, lembrando aos espectadores (e ao clube do coral) que desenvolver uma má reputação fora da escola e em Hollywood normalmente não é a melhor maneira de prosperar. Apesar de Will ter boas intenções (a maneira como ele tratou Quinn no final do episódio prova a paixão que ele tem por esses garotos), um lembrete ocasional de que ele é um exemplo a ser seguido poderia colocá-lo no seu lugar, pois ser mulherengo e desonesto com Emma não é um exemplo que os seus alunos deveriam seguir.

Falando das mulheres de Will, o tema recorrente da incapacidade de Emma de se afirmar aparece novamente, mas dessa vez a Senhorita Empertigada e Respeitável não tem medo de falar o que pensa. Apesar de esse espetáculo ter sido estimulado pela intrometida Sue Sylvester, é um recurso válido, porque as motivações de Sue são reveladoras: é claro que ela quer humilhar Will, mas deixando a intenção maliciosa de lado, na verdade existe uma razão (e talvez alguma empatia) por baixo do exterior duro de Sue. É um movimento que dá à tirana de abrigo esportivo um pouco mais de profundidade, mas que faz parte da personagem, já que depois de "O Poder de Madonna" não há dúvida de que a treinadora Sylvester é uma defensora fervorosa do bom e velho poder feminino.

Tanto Will quanto Sue reagem à humilhação de maneiras parecidas. Will, envergonhado pela humilhação pública imposta por Emma, desconta a sua frustração com uma atitude que parece ter saído diretamente do manual de funcionamento de Sue Sylvester – interroga severamente os membros do coral para

> **Olivia Newton-John**
> Olivia Newton-John foi uma das grandes artistas musicais da década de 1980. Nascida em Cambridge, Inglaterra, no dia 24 de setembro de 1948, Olivia se mudou para a Austrália quando tinha seis anos de idade. Lá, afiou o seu talento musical, ganhando um concurso em um programa de televisão, Sing, Sing, Sing. O prêmio era uma viagem à Inglaterra, e, depois de um bico na banda Toomorrow, do estilo "The Monkees", ela acabou fazendo carreira musical solo. Lançou seu primeiro disco, If Not For You, em 1971, e depois de um modesto sucesso na Inglaterra, foi para os Estados Unidos e acabou se tornando uma superestrela. Depois de conhecer Alan Carr, o produtor de Grease, em uma festa, recebeu o convite para representar Sandy, um papel que incentivaria uma carreira musical de sucesso.

descobrir o mistério da Glista. Sue, atormentada porque Glenda Castle e o resto dos professores do McKinley estão tirando sarro dela, lida com a raiva gritando insultos aos seus atacantes. Inicialmente, os dois professores usam a raiva para lidar com situações embaraçosas, mas mais tarde ambos revelam um lado mais suave (Will compreende Quinn e se desculpa com Emma, e Sue se abre com a sua irmã) para poder aliviar o sofrimento. Por meio desse paralelo de maneiras de lidar, *Glee* ajuda a esfumaçar as linhas divisórias entre os heróis e os vilões do programa, novamente confirmando a ideia de que ser bom ou ruim é baseado em apenas um conceito.

Este episódio começa com a lição de reabilitar a má reputação de uma música, mas, até o final, muitos dos membros do clube do coral tiveram que colocar a própria reputação em reabilitação. A opinião pública é um monstro escamoso e geralmente irracional, e com sorte esses garotos (que têm corações jovens) poderão viver as letras das músicas da Joan Jett e aprender a se amar um pouco mais e a se preocupar um pouco menos com a opinião dos outros.

Nota alta: a versão de Rachel para "Run Joey Run" merecer ir para o *hall* da fama dos vídeos musicais.

Nota baixa: no fundo, Will pode ser um cara legal, mas ele precisa fazer mais do que simplesmente dar flores à Emma como pedido de desculpas pelo seu comportamento machista.

> ## Molly Shannon como Brenda Castle
> Se alguém pudesse se igualar a Jane Lynch, esse alguém seria a destemida Molly Shannon. Nascida em 16 de setembro de 1964, de uma família irlandesa católica em Shaker Heights, Ohio, uma pequena cidade a apenas 225 km de Lima. Quando Molly tinha quatro anos de idade, sofreu um acidente de carro que levou a vida de sua mãe e de sua irmã mais nova. Ainda bem nova ela começou a atuar, entrando na indústria cinematográfica imediatamente após o ensino médio, e conseguiu vários papéis em pequenos filmes. A grande chance surgiu quando ela foi escolhida para o *Saturday Night Live* em 1995. Enquanto participou do programa de comédia ao vivo, desenvolveu personagens inovadores como Mary Katherine Gallagher. Em 2001, saiu do programa para se concentrar mais em projetos de cinema e televisão. A vida pessoal também floresceu: ela se casou com Fritz Chestnut em 2004, e o casal tem dois filhos.

Por trás da música:
"Ice Ice Baby" (Will e New Directions)
Vanilla Ice, *To the Extreme* (1990)
Como a primeira música *hip-hop* a chegar ao topo da lista da Billboard Hot 100, é surpreendente o quão rápido e fundo "Ice Ice Baby" caiu, seguindo o exemplo de "Under Pressure" do Queen e David Bowie. Vanilla Ice (nome verdadeiro: Robert Van Winkle) compôs essa música aos 16 anos de idade, inspirado nas suas experiências enquanto crescia na Flórida. Como um antigo sucesso que agora só é apreciado de forma irônica, é um grande exemplo para o Sr. Schue (que ensina os movimentos de dança do vídeo original!) usar no seu projeto de "reabilitação musical".

"U Can't Touch This" (Artie, Kurt, Tina, Mercedes e Brittany)
MC Hammer, *Please Hammer, Don' Hurt 'Em* (1990)
Artie, Tina, Mercedes, Kurt e Brittany usam a música que é a marca registrada do MC Hammer (novamente com os movimentos de dança do vídeo da música original) para criar uma má reputação. Se a música de Hammer, as roupas e a dança exageradas não conseguem balançar uma biblioteca, nada consegue. Os nossos determinados membros do clube do coral tentam provar a todos, inclusive ao criador da Glista, que ninguém pode atingi-los. Eles são "malvados" e vão dançar onde quiserem, quando quiserem.

> **A Glista**
> A má reputação de todos foi inspirada por essa Glista. Aqui está como eles foram qualificados:
> 1. Quinn +45
> 2. Santanna +43
> 3. Puck +38
> 4. Brittany +33
> 5. Jesse +29
> 6. Finn +19
> 7. Mike +11
> 8. Matt +5
> 9. Rachel -5

"Physical" (Sue e Olivia Newton-John)
Olivia Newton-John, *Physical* (1981)
Como a própria Olivia Newton-John disse, "Physical", uma brincadeira sobre querer transar (uma declaração que às vezes resulta em má reputação), foi o maior sucesso da década de 1980. Sue e Olivia tentam dar uma nova aparência ao vídeo da música, já que o original, apesar de ter ganhado um Grammy por Melhor Vídeo de Música em 1983, foi rejeitado pelo público. Esta recriação, que substitui homens gorduchos por gostosos homens-objeto, é uma melhora significativa.

"Run Joey Run" (Rachel com Finn, Puck e Jesse)
David Geddes, *Run Joey Run* (1975)
O vídeo "musicalmente promíscuo" de Rachel, uma recriação da história totalmente esquecida de David Geddes sobre um relacionamento condenado, concentra os muitos temas deste episódio: tentar conquistar uma má reputação (o que ela acha que esse vídeo vai conseguir), reabilitar uma música ruim e a complexidade dos relacionamentos amorosos. Rachel pode achar que esse vídeo a representa como uma estrela desejável e promíscua, mas na verdade mostra que ela é uma garota confusa e insegura que se sente envolvida com (e atraída por) três garotos muito diferentes.

"Total Eclipse of the Heart" (Rachel e Jesse com Finn e Puck)
Bonnie Tyler, *Faster Than the Speed of Night* (1983)
O sucesso muito parodiado de Bonnie Tyler sobre perder um amor é a música perfeita para demonstrar a desolação e a confusão de Rachel em relação a ter

destruído não um, mas três relacionamentos com o seu vídeo "Run Joey Run". A música também fala sobre enlouquecer, que é o que acontece com Rachel quando ela decide que o vídeo "Run Joey Run" seria uma boa ideia, e sobre desmoronar, que é como Rachel está se sentindo agora que perdeu Puck, Finn e, o mais impressionante, Jesse, para sempre.

Mande lembranças à Broadway: *Grease*, a história de estudantes do ensino médio da década de 1950, foi inicialmente montada como uma peça em um celeiro em Chicago. No final chegou à Broadway, estreando em 4 de fevereiro de 1972, e teve um número recorde de apresentações para a época, 3.388. A adaptação para o cinema, que foi aclamada pela crítica, colocou a desconhecida Olivia Newton-John ao lado do superastro iniciante, John Travolta, e os dois levaram à telona o amor da boa menina Sandy e do *bad boy* Danny, no filme de maior sucesso comercial de todos os tempos.

Gleek fala: Darryl Pring
(cofundador de *Gleeks: um musical improvisado*)

Conte-nos sobre seu *show* em Toronto, *Gleeks: um musical improvisado*. Amanda Barker (roteirista e comediante) entrou em contato comigo com a proposta de fazermos uma paródia de *Glee*. Eu já tinha tido sucesso com outras paródias de shows como *Don't You Forget About John Hughes* e *Dr. Whom*. Eu era fã de *Glee* e não hesitei em concordar. O segredo para se fazer uma sátira ou uma paródia é amar o que se está satirizando, para que o público sinta isso. A nossa maior dificuldade com esse show foi (e continua sendo) o tamanho do elenco. Nós tivemos 11 improvisadores, mais um pianista e eu editávamos as cenas. Às vezes, quando você tem muitos galos na cozinha, ela fica muito suja. Normalmente, em um *show* improvisado, você não ousa ter mais do que seis artistas, talvez sete. O problema é que, com um programa como *Glee*, existem MUITOS personagens interessantes. A *posteriori* (ou para o próximo show) nós poderemos ter um elenco menor. Mas, no geral, foi muito bem. Como em qualquer show de improvisação, algumas cenas não seguiram a narrativa, então não ficaram muito boas, e eu senti que nós não conseguimos pegar bem a identidade do programa (a energia criativa), mas o dueto no final do Sr. Shooter e da orientadora educacional foi simplesmente mágico. Esses são os momentos que eu aprecio, porque eles não podem ser reproduzidos novamente.

Isso é muito *Popular*: criar e manter reputações é o tema recorrente em *Popular*, mas fica mais evidente quando Sam tenta mostrar a sua má reputação em "Mo' Menace, Mo' Problems" ao colocar um *piercing* no nariz.

Suco na cara:
- O clube do coral colocou o vídeo de Sue, "Physical", no YouTube.
- Figgins diz que Sue fez uma lista dos alunos ruivos mais feios do McKinley.
- Os alunos do West Dayton High colocaram na internet um vídeo do seu superintendente usando lingerie feminina cavalgando um pônei.
- Quinn lança uma lista na qual qualifica os membros do clube do coral de acordo com a promiscuidade e as proezas sexuais de cada um.
- Puck menciona como ele gosta de pôr fogo em coisas e bater em pessoas que ele não conhece.
- Artie conta que alguém gosta de jogar os seus óculos na privada e dar descarga.
- Puck diz à Rachel que espirra o extintor de incêndio nas pessoas, apesar de ter a intenção de não o fazer.

Fora de tom:
- Fazer barulho na biblioteca foi a pior coisa que eles conseguiram inventar? Esses garotos precisam assistir mais *Gossip Girl*.
- Mercedes e Kurt não estão usando os uniformes de Cheerios quando o Sr. Schue os interroga.

Por trás da cena:
- Os produtores ficaram surpresos com a resposta positiva ao relacionamento de Puck e Rachel em "Mistura perfeita", um par que foi apelidado de "Puckleberry" pelos fãs. Como resultado, os produtores decidiram usar novamente o romance Puck/Rachel.
- Olivia Newton-John sempre teve vergonha do vídeo "Physical", ainda que tenha ganhado com ele o Grammy por Melhor Vídeo do Ano em 1983. Quando Ryan Murphy entrou em contato com ela com a intenção de recriá-lo para o *Glee*, ela adorou a oportunidade de poder rir de si mesma.
- Fazer "Physical" foi a realização de um sonho para Jane Lynch, pois deu a ela a oportunidade de trabalhar com Olivia, uma pessoa que ela admira

desde o ensino médio. Até o nome do cachorro de Jane é uma homenagem à estrela do *Grease*!
- Três participantes de *So You Think You Can Dance* estão nesse episódio. Brandon Bryant aparece tanto no vídeo "Physical" quanto na aula de balé de Rachel e Jesse. Melissa Sandvig faz uma colega estudante de balé. Ben Susak, que apareceu pela primeira vez em *Glee* em "Acaffellas", também está no vídeo "Physical".

Palco principal:
- O título do episódio foi inspirado em uma música de Joan Jett and the Blackheart, "Bad Reputation" ("Má Reputação", em inglês), que foi a música tema de outro seriado que envolvia o ensino médio, o *Freaks and Geeks* da NBC. A música fala sobre fazer o que você quer e não se preocupar com o que os outros pensam de você.
- Sue faz a dança Cabbage Patch no seu vídeo de *jazzercise*, que se tornou popular graças à música do Dr. Dre e DJ Yellas, "The Cabbage Patch". A dança consiste em fechar as mãos e movimentá-las em círculos.
- West Dayton High School, onde as fotos escandalosas do superintendente circulam livremente, não é uma escola de verdade. Entretanto, West Dayton High é o nome da escola que a assessora de imprensa da Casa Branca, C. J. Cregg, frequentou na série *The West Wing* (*Nos bastidores do poder*), da NBC. Ela vai à vigésima reunião dos ex-alunos da West Dayton High School em "The Long Goodbye".
- No vídeo "Run Joey Run", Rachel interpreta a trágica heroína que morre no final, assim como Nicole Kidman em *Moulin Rouge* (*Amor em vermelho*)! Esse musical de 2001 conta a história trágica do amor de um poeta, Christian (Ewan McGregor), que se apaixona pela condenada estrela de cabaré Satine (Nicole Kidman). O filme foi indicado a oito premiações do Oscar e foi o primeiro musical a ser indicado como Melhor Filme em 22 anos.
- Olivia descobre o vídeo de "Physical" de Sue graças a sua filha, Chloe. Chloe Lattanzi, cantora e atriz, é a única filha de Olivia, nascida em 17 de janeiro de 1986, com o seu primeiro marido, Matt Lattanzi.
- Assim como em *Glee*, Olivia é uma ativista ocupada, trabalhando para difundir informação sobre questões ambientais, direitos dos animais e câncer de mama.

- *Law & Order* (*Lei & ordem*) é uma popular franquia da televisão que dramatiza os aspectos do sistema judiciário. A franquia começou em 1990 e desde então tem se expandido para incluir várias derivações diferentes.
- Kurt, Tina, Artie, Mercedes e Brittany estão tão ameaçadores quanto os Muppet Babies, que são uma versão infantil de Caco, Miss Piggy e dos outros Muppets, que apareceram em uma série de desenhos animados, *Muppet Babies de Jim Henson*, de 1984 a 1990.

Mãos de jazz:
- Terri Schuester ficou ausente, tornando-se o primeiro membro do elenco principal a não aparecer em três episódios seguidos.
- Sue precisa entender a diferença entre calúnia e difamação, dois conceitos que também se misturaram em "As seccionais".
- Na camiseta preta de Jesse lê-se "UTGÅNG", que significa "saída" em sueco.
- Perez Hilton é um blogueiro de fofocas sobre celebridades, conhecido por sua atitude irritante, por expor as celebridades e por descobrir músicas novas.
- Enfaixar os pés era uma tradição, que começou por volta do século X, praticada em meninas e mulheres na China (e não no Japão Imperial, como afirmou Sue), como maneira de garantir que os seus pés ficassem pequenos e delicados. Isso resultava em pés deformados e dores crônicas para a vida inteira.
- *Jazzercise*, a combinação de *jazz* e exercício aeróbico, foi desenvolvida em 1969 e rapidamente se tornou um fenômeno de malhação.
- Sandy Ryerson faz uma breve aparição interpretando o pai de Rachel no vídeo "Run Joey Run".
- O livro com figuras que Sue lê para Jean é *I'll Always Love You*, de Paeony Lewis e Penny Ives, que fala sobre uma forte ligação entre a mamãe ursa e o seu bebê.

O palco de Ohio: Olivia Newton-John preside um ato beneficente em Kings Island, um parque temático em Mason, Ohio. É um parque igual ao Cedar Point, anteriormente mencionado, e um dos parques temáticos mais populares na América do Norte, recebendo mais de três milhões de visitantes todos os anos.

Como a Sue vê isso: "Talvez eu compre uma fraldinha para o seu queixo, porque ele parece uma bunda de bebê."

Não deixe de acreditar

1.18 "Minha música" (Laryngitis)
Data original de exibição: 11 de maio de 2010
Escrito por: Ryan Murphy
Dirigido por: Alfonso Gomez-Rejon

Música: ★ ★ ★
Enredo: ★ ★ ★
Risadas: ★ ★ ʲ

Will: O clube do coral perdeu a sua voz. É hora de recuperá-la.

Sentimentos de perda e de saudade são abundantes conforme Rachel perde a voz e teme nunca mais cantar, Puck perde o seu penteado moicano e teme que nunca mais seja descolado e Kurt tenta perder a sua imagem efeminada fabulosa por medo de perder seu pai.

O título deste episódio pode se referir à perda da voz de uma pessoa, mas em "Minha música" vemos três personagens importantes perderem partes importantes de si mesmos e sofrerem para lidar com as implicações dessas perdas.

Quando Rachel está abalada por ter perdido a voz, ela explica muito claramente o simbolismo por trás dessa perda: quem é Rachel Berry sem a sua voz? Assim como uma cadeira não é apenas uma cadeira em "Uma nova chance", aqui a voz também não é apenas a voz; é uma metáfora muito usada para identidade. Para Rachel, ser cantora é o seu propósito na vida, a sua verdadeira razão de existir. Claro, parece um pouco exagerado ela se sentir *tão* perdida por algo que deve ser apenas uma doença passageira, mas quase tudo que Rachel faz é exagerado. Assim como com o seu vídeo "Run Joey Run", Rachel faria qualquer coisa para alcançar o sucesso, até se isolar das pessoas que ama. Desse modo, é compreensível que perder a capacidade de cantar seja horrível para ela. Além disso, Rachel usa o seu talento e a sua busca pelo *status* de celebridade para esconder os seus medos, e se ela perder a voz, também perderá a máscara atrás da qual se esconde. Ao conhecer Sean, o amigo paralisado de Finn, Rachel compreende que existem pessoas que estão numa situação pior que a dela, e que perder a voz não é uma sentença de morte. Rachel está começando a entender que ninguém deveria ser definido por apenas uma coisa, porque no final você estaria limitando a si mesmo. A política do ensino médio se resume a encaixar as pessoas em categorias convenientes (atleta, *nerd*, valentão, gostosão), e algumas vezes viver sob um rótulo é mais fácil do que aprender sobre si mesmo.

Apesar de Rachel e Puck aprenderem lições parecidas sobre rótulos nesta semana, eles chegam a conclusões diferentes. Puck não precisa mais do moicano para manter a sua maneira de ser, mas ele não entende a mensagem de que pode ser mais do que simplesmente um valentão, e em vez disso escolhe continuar vivendo dentro do estereótipo ao qual já estava acostumado. Quando Mercedes fala com ele sobre a importância de ser verdadeiro com relação a quem ele realmente é, existe um brilho de compreensão nos olhos de Puck, mas parece que isso é o máximo que veremos dele: momentos passageiros de um cara potencialmente legal que são rapidamente atropelados pelo seu mau comportamento. Puck segue exatamente o mesmo padrão em "Mistura perfeita", quando por um breve tempo namora Rachel (e até cantou para o seu interesse amoroso mais uma vez). E das duas vezes ele acaba voltando a seu tipo de garoto rebelde. Será que, em algum momento, veremos Puck explorar o seu lado bom de verdade ou ele tem medo demais de perder a segurança que o seu jeito valentão lhe proporciona?

O uso mais interessante do tema "perda" é a tentativa de Kurt de perder a sua imagem "deslumbrada" motivado pelo medo de perder seu pai. Dos três personagens que lidam com alguma perda neste episódio, Kurt é o único que de fato escolhe perder uma parte essencial da sua personalidade. Tratamentos de pele e música de espetáculos estão fora, calças masculinas e as músicas de Mellencamp estão dentro, tudo para que ele consiga estabelecer uma ligação mais forte com o pai. Mas o fato de se limitar para tentar se tornar um estereótipo é algo que Burt nunca esperaria do filho. Apesar de Kurt ser notavelmente indiferente aos valentões e ao preconceito na escola, toda essa transformação deixa evidentes as suas inseguranças bem disfarçadas. Ver Kurt fazer um esforço tão grande pelo amor do pai é tocante, mas no final do episódio a história fica um pouco familiar demais. Já vimos Kurt e Burt conversarem sobre a ligação e o amor indestrutíveis que eles têm um pelo outro, várias vezes. Na verdade, é basicamente a única coisa que Burt faz na série. Esses dois são o retrato perfeito de uma relação de pai e filho complicada, mas já é hora de eles explorarem outros assuntos.

Will também está lutando com a perda; ou seja, a perda coletiva da atenção e motivação dos seus alunos. Se o New Directions não conseguir espantar a preguiça e o desinteresse, talvez eles tenham de encarar a maior perda de todas: o título da Regional.

Nota alta: nada supera a incrível interpretação de mágoa de Kurt ao cantar "Rose's Turn" e a sua emocionante reconciliação com o pai, depois.

Nota baixa: "One" pode ser a pior apresentação do grupo, logo depois de "Hair/Crazy in Love", mas pelo menos esta última tinha a intenção de ser horrível. "One" é a pior interpretação de *Glee* até agora.

Por trás da música:
"The Climb" (Rachel)
Miley Cyrus, *Hannah Montanna: The Movie* (*Hannah Montanna: o filme*) (Trilha Sonora Original) (2009)
Vários artistas rejeitaram essa balada *pop country* sobre como a vida pode ser uma jornada difícil, até que ela encontrou o seu lugar com a princesa *pop* adolescente. Rachel, chateada porque nem todos estão se empenhando no clube do coral, escolhe essa música para reforçar a ideia de que ela é a pessoa mais trabalhadora no New Directions. A música foi a mais escolhida para os testes da temporada de 2009 de *American Idol*, e a versão fora de tom de Rachel parece ser uma cutucada de brincadeira no outro programa.

"Jessie's Girl" (Finn)
Rick Springfield, *Working Class Dog* (1981)
Rick Springfield compôs esse sucesso sobre um amor que não dá certo depois de ter tido uma paixão pela namorada de seu amigo Gary. Depois de ver uma malha onde estava escrito "Jessie", Rick mudou o nome da música para Jessie, e os fãs de *Glee* agradecerão para sempre por isso. "Jessie's Girl" pode ser a música com o significado mais literal que *Glee* já fez, mas é uma escolha perfeita para Finn, o fanático por *rock* clássico.

"The Lady Is a Tramp" (Puck e Mercedes)
Babes in Arms (1937)
Muitos artistas, como Frank Sinatra e Ella Fitzgerald, The Supremes e Sammy Davis Jr. já gravaram essa música, que é uma sátira da alta sociedade do musical *Babes in Arms*. "The Lady Is a Tramp" fala sobre uma mulher que não segue as convenções da alta sociedade nova-iorquina, mas ela também se aplica a Mercedes, nos dias atuais, na escola McKinley. Mercedes não tem a aparência, não soa nem age como uma Cheerio, mas graças à sua atitude insolente e ao seu talento vocal, está no topo da escada social. Puck escolhe essa música para conquistar Mercedes porque ele quer mostrar a ela que ele também desafia a rígida estrutura social do ensino médio, embora no final do episódio a gente possa ver que Puck faz qualquer coisa para garantir o seu lugar no topo.

"Pink Houses" (Kurt)
John Cougar Mellencamp, *Uh-Huh* (1983)
O hino de John Cougar Mellencamp não é sobre "decoração de interiores arrojada", como primeiramente Kurt pensa, mas sobre o sofrimento dos trabalhadores que vivem no centro dos Estados Unidos. Kurt tenta se conectar com o pai não só fazendo uma transformação no visual, que o deixa truculento, mas também ao cantar algo do artista favorito de Burt. "Pink Houses" também fala sobre mascarar a realidade, pois a tinta rosa esconde a pobreza e o desespero que há dentro das casas, assim como as calças e o boné de caminhoneiro de Kurt escondem o seu lado extravagante e amante de músicas de espetáculos.

"The Boy Is Mine" (Mercedes e Santana)
Brandy and Monica, *Never Say Never* (1998) e *The Boy Is Mine* (1998)
A história de Brandy e Monica que fala sobre amarem o mesmo homem foi o primeiro sucesso das duas cantoras. Ela garantiu às artistas um Grammy de Melhor *Performance* de Dupla ou Grupo Vocal R&B. Enquanto a música original salientava os rumores de rivalidade entre Brandy e Monica, a versão de *Glee* salienta a rivalidade que se inicia entre Mercedes e Santana depois que Mercedes começou a sair com Puck.

"Rose's Turn" (Kurt)
Gypsy (1959)
Do musical que virou filme *Gypsy*, Rose Lee é uma mãe dominante nos palcos, e canta "Rose's Turn", uma música sobre arrependimentos e oportunidades perdidas, depois que percebe que afastou a filha e perdeu sua única chance de

Zack Weinstein como Sean Fretthold
Zack Weinstein é tão inspirador quanto o personagem que ele interpreta. Enquanto crescia em Saratoga Springs, em Nova York, ele sonhava em ser ator e, depois do ensino médio, formou-se em teatro na Skidmore College, em sua cidade natal. No verão seguinte ao seu ano de calouro, Zack sofreu um acidente de canoa e quebrou o pescoço, o que o paralisou do pescoço para baixo. Ele deixou a faculdade por um ano para se recuperar e se reabilitar, mas nunca desistiu do seu sonho de ser ator. Voltou à faculdade, formou-se em maio de 2009, casou-se com a namorada da faculdade e se mudou para Los Angeles para perseguir o seu sonho. *Glee* foi o seu primeiro trabalho profissional, e ele espera que muitos mais venham!

encontrar o próprio sucesso e a felicidade. Kurt está com medo de que, ao ser ele mesmo e introduzir Finn na vida do pai, tenha afastado o pai. Várias partes da letra foram alteradas para refletir a situação pessoal de Kurt.

"One" (New Directions)
U2, *Achtung Baby* (1991)
A música "One" do U2 apareceu quando parecia que a banda ia se separar para sempre. Em vez disso, eles se uniram para compor essa canção que fala de dificuldades e de cuidar de relacionamentos, o que é uma verdade para o New Directions. Os membros do clube do coral percebem que precisam colocar o grupo na frente dos seus problemas pessoais e que precisam trabalhar duro para manter relacionamentos importantes.

Isso é muito *Popular*: Brooke fica mesquinha e tenta recuperar Josh depois de o ter largado e ele ter começado a sair com a nada popular Carmen em "Lord of the Flies". Nicole, Mary Cherry e Poppy Fresh brigam pela afeição do novo garoto em "Hope in a Jar", fazendo uma competição de perda de peso (em vez de uma competição de música) para determinar quem merece mais a sua adoração. O drama de pai e filho de Kurt e Burt se assemelha ao relacionamento de Sam com a mãe. Sam fica chateada e com ciúmes quando sua mãe começa a planejar com Brooke o seu casamento, uma atividade que Brooke conhece muito bem, mas que não é do interesse de Sam.

Suco na cara:
- Puck é jogado na lixeira por um grupo de *nerds* liderado por Jacob Ben Israel.
- Puck força Jacob a entregar o seu dinheiro do almoço e compra um café gelado para Mercedes.
- Quando Puck recupera a sua motivação, consegue se vingar, supervisionando os *nerds* serem jogados na lixeira, um a um.

Fora de tom:
- Por que Finn teve permissão de entrar no consultório do médico com Rachel? Eles não são parentes, nem casados, e não estão tendo um bebê juntos.
- Não só a ida de Jesse para o feriado da primavera com os seus colegas do Vocal Adrenaline é uma péssima desculpa para a sua ausência, mas parece difícil acreditar que qualquer pai ou mãe, mesmo estando em Bali, permitiria que seu filho faltasse uma semana na escola. Além disso, por que a

sua amizade com os seus antigos parceiros de equipe não causa nenhuma preocupação dentro do New Directions?
- Hipocritamente, o Sr. Schue briga com Rachel por lidar com os seus problemas de relacionamento nas músicas que apresenta no clube do coral quando ela canta "Gives You Hell" em "Alô", mas aplaude Finn por fazer a mesma coisa com "Jesse Girl".
- Puck afirma que o jogo de videogame *Super Mario Bros. 3* tem *stars worlds*, mas só o *Super Mario World* tem *star world*.
- Quando Santana e Mercedes decidiram se juntar para ensaiar uma música que demonstra a briga delas por Puck?
- Enquanto Rachel entendia a importante lição de que ela é mais do que só a voz, existem vários participantes de *Glee*, além do Sean, com quem ela poderia ter aprendido uma lição semelhante, como, por exemplo, o deficiente, talentoso e pouco aproveitado Artie.

Gleek fala: Myles McNutt
(blogueira de televisão do cultural-learnings.com)

O que a atraiu em *Glee* e por que você o recapitula no Cultural Learnings?
Em resumo, o programa não deveria dar certo: os musicais, particularmente, não fazem parte da tendência cultural, fora os sucessos inovadores (*Mamma Mia* é um exemplo), e o programa tem tantas partes que se alteram (sátira em um momento, sinceridade no próximo) que ele varia de semana para semana de uma forma que os outros programas não fazem. Existem mais motivos para *Glee* fracassar do que para ter sucesso, e é exatamente isso que o faz ser um sucesso (e ter alguns ocasionais tropeços), o que é muito mais intrigante para o ponto de vista crítico. Para alguns, a atitude "destemida" do programa de ficar em uma posição vulnerável e tentar coisas novas é amigável o suficiente para que o público perdoe os ocasionais tropeços. Apesar de que, pessoalmente, eu penso que é porque existe um coração no centro dessa história que há profundidade. Através de todos os números musicais e das falas de uma frase só, personagens como Quinn e Kurt são capazes de ter aqueles momentos de descoberta ou de decepção.

Se o programa não tivesse esses momentos, tudo poderia parecer inconsequente, mas existem pessoas de verdade com problemas de verdade, e o programa é melhor em episódios (como "Grávidas" e "Cadeiras de roda") que se concentram nesses elementos.

Por trás da cena:
- Este episódio tem a fala que Jane Lynch considera a melhor de Sue: "Então você gosta de música de espetáculos. Isso não significa que você seja *gay*, só significa que você tem um gosto horroroso."
- Enquanto filmavam a cena em que Kurt e Brittany se beijam, os produtores ficavam pedindo que Chris Colfer beijasse mal, pois ele parecia muito experiente para aquele ser o primeiro beijo de Kurt.
- A versão de "Rose's Turn" foi ideia do Chris. Depois de visitar Nova York e assistir *Gypsy* na Broadway, ficou maravilhado com a música e pediu a Ryan Murphy se poderia incluí-la em um episódio futuro.
- Chris gostou tanto de ver o nome de Kurt em luzes que tirou uma foto e colocou como pano de fundo no seu iPhone.

Palco principal:
- Kurt afirma que tem o mesmo alcance vocal de Orlando de Lassus, um músico belga do século XVI que compôs mais de 2 mil músicas e tinha a habilidade de cantar em qualquer estilo, e também em quatro línguas. Kurt planeja usar esse alcance vocal para fazer um número de Whitney Houston. Whitney é uma cantora e atriz conhecida por suas baladas poderosas, incluindo o megassucesso "I Will Always Love You".
- Puck baixou todas as músicas de Sammy Davis Jr. Sammy foi um artista muito conhecido por ser o único negro no "Rat Pack" de Frank Sinatra. Sammy, que se converteu ao judaísmo em 1954, ficou famoso por suas apresentações na Broadway e em Las Vegas. Ele se juntou ao Rat Pack em 1950. Continuou a se apresentar até pouco antes de morrer, vítima de câncer na garganta, em 1990.
- Rachel é como Sininho, a fadinha ajudante de Peter Pan. Sininho ama atenção e tem muito ciúme da amizade de Peter Pan com Wendy em *Peter Pan*, a peça do clássico de J.M. Barrie. A peça, que estreou em 1904, se tornou um ícone depois que a Disney a transformou em desenho animado em 1953.
- Santana chama Mercedes de "Weezie", que é o apelido de Louise Jefferson, a esposa de George Jefferson na clássica série *The Jeffersons*, que foi ao ar de 1975 a 1985.
- Mercedes deveria cantar uma música de Mariah Carey no campeonato nacional das animadoras de torcidas. A cinco vezes ganhadora do Grammy, Mariah Carey, foi a primeira artista a ter cinco músicas no topo da lista

Primeira temporada

Billboard Hot 100. Atualmente, Mariah está no segundo lugar da lista de artistas com o maior número de sucessos no primeiro lugar da Billboard, atrás dos Beatles.

Mãos de jazz:
- Quando Puck se compara ao cara que perdeu todo o cabelo, e então perdeu toda a sua força, ele está se referindo ao tenista profissional Andre Agassi. Mundialmente considerado um dos melhores tenistas de todos os tempos, Andre ganhou o Carrer Golden Slam – venceu Wimbledon, o U.S. Open, o Australian Open, o French Open e o Ouro Olímpico. Em 1995, em uma tentativa de renovar a sua imagem, Andre raspou a cabeça, ficando completamente careca. Apesar de 1995 ter sido o ano de maior sucesso na sua carreira, ele também começou a usar drogas e, em 1997, teve uma lesão que quase acabou com a sua carreira.
- Apesar de Puck mencionar Andre, Santana pensa que ele estava se referindo ao texto bíblico de Sansão e Dalila. De acordo com a história, Sansão era um dos homens mais fortes do mundo e obtinha a sua força dos seus longos cabelos. Seus inimigos contrataram Dalila para tirar a sua força, e ela fez um servo raspar a cabeça de Sansão enquanto ele dormia. Ele perdeu a sua força e foi capturado pelos seus inimigos, que o cegaram.

- Alguém deveria denunciar esse erro de digitação à cidade de Lima: o letreiro na lixeira em que Puck é atirado diz "Waste Managment" (a palavra correta em inglês é Management).
- Puck diz a Rachel que a Wikipedia afirma que Martin Luther King Jr. amava os judeus. Martin Luther King Jr. foi um influente ativista dos direitos humanos e vencedor do Prêmio Nobel. Originalmente como pastor Batista, King começou a organizar protestos, e em 1963 liderou a Marcha em Washington, onde cerca de 300 mil marcharam pelos direitos civis. Quando foi assassinado em 1968, era considerado um dos ativistas dos direitos civis mais influentes do mundo. Em 1965, o Comitê dos Judeus Americanos honrou King com a Medalha da Liberdade Americana pelos seus esforços.
- Rachel dá uma de "tira da narcóticos" no clube do coral, quando "entrega" quem não está assumindo sua responsabilidade no coral. Um tira da narcóticos é um policial que normalmente trabalha disfarçado, investigando crimes que envolvem drogas.
- Puck tenta conquistar Mercedes dizendo que ela tem mais curvas que uma propaganda da Nissan. Nissan é uma fabricante de carros japonesa, e normalmente os seus comerciais mostram carros andando em estradas longas e sinuosas.
- Burt achou que o bilhete de Kurt fosse a primeira pista de um dos seus "murder mystery dinners" (jantares com um mistério de assassinato). Esses jantares são uma forma popular de diversão, em que o anfitrião propõe um mistério para os seus convidados. Cada convidado faz o papel de um suspeito diferente do crime e, através de uma série de pistas, o assassino é revelado.
- A mãe de Puck não deixa Quinn comer bacon. Os judeus kosher não podem comer bacon, mas essa é uma restrição esquisita já que regularmente a família cede à carne de porco agridoce, como foi mostrado em "Mistura perfeita".
- Puck acredita que Super Mario Bros. mudou a civilização quando foi lançado, em 1985. O videogame foi desenvolvido pela Nintendo e mostra dois irmãos encanadores, Mario e Luigi, tentando salvar a princesa do Mushroom Kingdom. Foi o videogame mais vendido de todos os tempos por 20 anos e teve várias sequências.

O palco de Ohio: Burt leva Finn para ver os Cincinnati Reds, um time da Major League Baseball. O time da National League ganhou cinco campeonatos World Series, sendo o mais recente em 1990. Cincinati fica a quase 190 km de Lima, o que significa que Burt e Finn passaram bastante tempo juntos.

Como a Sue vê isso: "Então você gosta de música de espetáculos. Isso não significa que você seja *gay*, só significa que você tem um gosto horroroso."

♪♫♪

1.19 "Os sonhos" (Dream on)
Data original de exibição: 18 de maio de 2010
Escrito por: Brad Falchuk
Dirigido por: Joss Whedon

Música: ★★★
Enredo: ★★★
Risadas: ★★♪

Jesse: Sonho é algo que preenche o vazio que há lá dentro. A única coisa que você sabe que se viesse a se realizar, todo o sofrimento iria embora.

Amargurado por nunca ter realizado os seus sonhos de estrelato, Bryan Ryan, o rival de Will no ensino médio, volta à escola McKinley e traz problemas para Will e para o New Directions. Enquanto isso, Rachel sonha em encontrar a sua mãe biológica, e Artie sofre com o seu sonho aparentemente impossível de ser um dançarino.

    Apesar de esse episódio dar continuidade à tendência de *Glee* por temas pesados, ele funciona melhor do que o "Coreohairfia", "Alô" ou "Uma nova chance", porque, na sua essência, *Glee* é um programa sobre sonhos. Dos sonhos de ser uma grande estrela da Broadway até sonhos de ter um dia sem sucos na cara, todos os personagens tentam equilibrar as suas aspirações com a realidade. E sem precisar forçar o tema de sonhos para que se encaixe nos personagens, esse é um dos tópicos mais realistas que o programa já abordou.

    Se o New Directions e o Sr. Schuester ensinaram alguma coisa aos membros do clube do coral foi acreditar em si mesmos e nos seus sonhos, não importa o quão ambiciosos sejam. Mas nem tudo são rosas – quanto mais alto você colocar a sua esperança, maior será o tombo se não der certo. Existe uma linha muito tênue entre metas (feitos alcançáveis através de trabalho duro, como o desejo do Will de estrelar a peça comunitária), sonhos (metas de longo prazo que podem ser realizadas com perseverança, como a busca da Rachel pelo estrelato na Broadway) e fantasias (sonhos muito improváveis de se realizarem, como o desejo de Artie de andar novamente). Os sonhos são uma ponte entre as metas e as fantasias e podem se transformar em uma ou em outra, dependendo das circunstâncias, do trabalho duro (ou da falta dele) e de um pouco de sorte.

A tensão entre esses vários níveis de sonhos é alcançada pela bela história de Artie, na qual ele literalmente se eleva no sonho de se tornar um dançarino e cai na realidade novamente. Apesar de o desejo de Artie de se tornar um dançarino estar mais para uma fantasia no início, seu comprometimento crescente em tornar esse desejo realidade transforma isso em mais que um sonho, apesar de ser algo muito distante no futuro. Artie vai de esperançoso a triste e, depois, a realista no decorrer do episódio, compreendendo no final que os sonhos não são como desejos que a fada madrinha realiza. Eles precisam de tempo e de esforço, e que esse longo caminho fica mais fácil de percorrer quando você tem apoio. Artie dá um grande passo quando compartilha esse sonho com Tina e finalmente se abre para ela, diferentemente do que aconteceu em "Cadeiras de roda", em que ele a afastou. Há a esperança de que esses dois continuem a estreitar esse laço – Artie ajudou Tina a superar a sua gagueira, e talvez Tina possa, um dia, ajudar Artie a alcançar o seu sonho também.

Apesar de o sonho de reaproximação de Rachel e Shelby ser mais tangível que o de Artie, ele é tão complicado quanto. Não existem apenas a proibição legal e a dificuldade de lidar com os sentimentos dos pais de Rachel, mas também existe a possibilidade de desapontamento da própria Rachel, no caso de sua mãe não corresponder às expectativas que ela criou. Ao enterrar esse sonho lá dentro, Rachel pode continuar a se iludir sobre por que sua mãe quis abrir mão dela. Mais uma vez, vemos Rachel tentar se proteger com uma história que ela mesma criou – é mais fácil para a aspirante a estrela criar um passado elaborado que valide os seus sonhos de Broadway do que integrar a realidade à sua imagem já vulnerável.

Com a chegada do rival de ensino médio de Will, Bryan Ryan, esse episódio também mostra um dos sonhos de Will, o seu desejo de ser um astro. Will encara essas aspirações em "Acaffellas", e com Bryan em cena, a sua fantasia de

Primeira temporada

ser o ator principal ressurge. Mas, enquanto Bryan está de novo em busca do seu lugar no palco, no final do episódio, Will decide realizar o sonho do New Directions em vez de correr atrás do seu, algo que temos visto Will fazer com frequência. Levando em conta esse padrão, não podemos deixar de imaginar se Will realmente está preocupado com o melhor para os alunos ou se ele, assim como Rachel, tem muito medo de que seus sonhos não saiam de acordo com o que planejou. Mas vendo as histórias de advertência, como as de Bryan Ryan e April Rhodes, não estará Will correndo o mesmo risco ao abandonar o seu sonho? Por outro lado, ser capaz de distinguir um sonho de uma fantasia é um sinal de maturidade, e Will faz isso, entendendo que o seu retorno ao palco é uma fantasia e ajudar o New Directions a ganhar a Regional é um sonho que ele pode ajudar a realizar.

Artie, Rachel e Will têm grandes sonhos, mas é o reconhecimento da potencial realidade amedrontadora de seus desejos que os mantém com os pés no chão: Artie pode não andar de novo, a mãe da Rachel pode ter sido uma "adolescente tresloucada" sem talento e Will pode nunca mais brilhar nos palcos novamente. Quer você tente realizar um sonho, quer deixe-o escondido sob as cobertas, sempre existe o risco de perdê-lo. Às vezes você precisa fazer um esforço de fé e trazer seu sonho para a luz do dia, porque não basta fazer um pedido aos céus para realizá-lo.

Nota alta: justo quando "I Dreamed a Dream" estava ficando superexposta graças à Susan Boyle, a estrela de *Britain's Got Talent*, a versão de Rachel e Shelby faz dela uma música de provocar lágrimas mais uma vez.

Nota baixa: é frustrante como *Glee* usa repetidamente os mesmos tópicos, como as tentativas de destruir o New Directions e Will se colocando na linha de tiro para evitar que isso aconteça. *Glee* precisa encontrar novos assuntos para o New Directions e se concentrar em desenvolver outros pontos da trama.

Por trás da música:
"Daydream Believer" (Bryan)
The Monkees, *The Birds, The Bees & The Monkees* (1968)
A ironia da música, ao mesmo tempo amarga e doce, dos Monkees, que fala sobre sonhar com tempos e lugares mais felizes, provavelmente passa despercebida pelos adolescentes Bryan Ryan e Will Schuester. No ensino médio, quando

Bryan conquistava as garotas com o sucesso dos Monkees, tanto Bryan quanto Will sonhavam com a Broadway. Apesar de para nenhum dos dois a vida ter sido exatamente como eles esperavam, Will está feliz ajudando os seus alunos a alcançar os seus sonhos e refletindo sobre seus dias de glória, enquanto Bryan é ressentido por nunca ter tido a chance de brilhar.

"Piano Man" (Will e Bryan)
Billy Joel, *Piano Man* (1973)
O primeiro grande sucesso de Billy Joel relembra a sua época de cantor de salão e pianista em Los Angeles. Essa música é sobre relembrar sonhos perdidos, assim como Will e Bryan estão fazendo nesse dueto bêbado. Essa versão de "Piano Man" dá um fim mais solene à mensagem que "Daydream Believer" estava tentando passar. Nesta, os dois homens eram jovens e cheios de esperança, enquanto naquela eles estão mais velhos, cansados e saudosos daquela boa época, quando eram os gostosões do clube do coral e cheios de sonhos.

"Dream On" (Will e Bryan)
Aerosmith, *Aerosmith* (1973)
A música de estreia do Aerosmith é sobre realizar os seus sonhos, e mostra bem o que Will e Bryan estão tentando ao fazer o teste para *Les Misérables*, pois ambos estão recorrendo ao teatro comunitário para reviver a alegria que o clube do coral trazia a eles na escola. Sua apresentação reforça o duelo natural do teste pelo papel, pois só um deles pode ser bem-sucedido, e ambos acham que o seu rival deveria "continuar sonhando".

"Safety Dance" (Artie)
Men Without Hats, *Rhythm of Youth* (1982)
A banda canadense masculina Men Whitout Hats conseguiu o seu grande sucesso com "Safety Dance", uma homenagem boba à alegria e ao poder da dança. Com o movimento *New Wave*, estilos inovadores de dança foram introduzidos, incluindo o *pogoing*, no qual os dançarinos simplesmente pulam para cima e para baixo. Esse tipo de dança não deixou os donos de boates felizes e normalmente era proibida, por ser considerada perigosa. Men Whitout Hats compôs essa música para protestar contra essa proibição. Por mais boba que a música possa parecer, essa celebração do movimento é a trilha sonora perfeita para o maior, porém ilusório, sonho de Artie.

> **Neil Patrick Harris como Bryan Ryan**
> Os fãs mais velhos do *Glee* se lembrarão de Neil Patrick Harris como o pré-adolescente prodigioso Doogie Howser. A antiga estrela infantil nasceu em 15 de junho de 1973 em Ruidoso, Novo México, filho de donos de restaurante. Depois de ser descoberto no acampamento de teatro, Neil começou a trabalhar regularmente na televisão e no cinema antes de ser selecionado para o papel que definiria a sua carreira, Doogie de *Doogie Howser, M.D. (Tal pai, tal filho)* aos 16 anos de idade. Quando o programa terminou, em 1993, Neil voltou a fazer participações em filmes e programas de televisão e trabalhou ocasionalmente na Broadway até 2005, quando conseguiu um papel fixo na série da CBS *How I Meet Your Mother*, como o conquistador Barney. Recentemente, Neil também estrelou na série musical da internet de Joss Whedon, *Dr. Horrible's Sing-Along Blog*. O ator, assumidamente homossexual, tem um relacionamento com o ator/chef David Burtka desde 2007.

"I Dreamed a Dream" (Rachel e Shelby)
Les Misérables (1980)
Uma das marcas registradas de *Les Misérables*, "I Dreamed a Dream" é cantada por Fatine, cujo sonho é ser reconhecida pela sua filha há muito perdida, assim como Shelby sonha com uma reunião com Rachel. Reaproximar-se da mãe é um sonho que Rachel guardou no coração por quase toda a sua vida, mas ela manteve isso tão enterrado lá no fundo que não está pronta para lidar com a possibilidade de isso se realizar ou, pelo menos, com a possibilidade de não ser como ela imaginou. Quando o sonho de Shelby de se tornar uma estrela não deu certo, ela se voltou para o sonho de se reaproximar da família e construir a vida da qual abriu mão.

"Dream a Little Dream of Me" (New Directions)
Ozzie Nelson (1931)
Vários artistas, inclusive Louis Armstrong e Ella Fitzgerald, Barbara Carroll, The Nat King Cole trio, Bing Crosby e Dean Martin gravaram essa doce música sobre encorajar o ser amado a sonhar com você. Artie tem grandes sonhos de se tornar dançarino, mas ele também teme que a sua deficiência afaste-o de Tina. Se eles não podem nem dançar juntos para o clube do coral, que é um lugar onde os grandes sonhos são encorajados, como Artie pode realizar o seu sonho de ser um astro e de ficar com a Tina?

Mande lembranças à Broadway: Brenda Castle fez o teste para o papel de Miss Adelaine em *Guys & Dolls* (*Garotos e garotas*), um musical sobre pequenos criminosos da década de 1940 em Nova York. O show, baseado nos contos de Damon Runyan, "The Idyll of Miss Sarah Brown" e "Blood Pressure", estreou na Broadway em 24 de novembro de 1950, teve 1.200 apresentações e conquistou um Tony por Melhor Musical. Miss Adelaine é uma cantora de boate que está ansiosa para se casar com o jogador Nathan Detroit, seu noivo há 14 anos. O musical conta as desventuras de Nathan enquanto ele planeja a sua aposta mais elaborada. Ele aposta com outro grande apostador que consegue iludir uma boa moça e trazê-la ao Havana. O que começa como uma missão de corrupção rapidamente se transforma em um romance contagiante que deixará os dois casais em suspense até o fim do espetáculo. O musical virou filme em 1955, com Marlon Brando, Frank Sinatra, Jean Simmons e Vivian Blane, e foi o filme de maior sucesso comercial daquele ano.

Isso é muito *Popular*: Quando pedem que todos escrevam o seu maior segredo em um pedaço de papel para uma lição na escola, em "Caged!", Nicole troca os papéis e força as garotas a revelarem qual segredo é de quem. No que se refere à ligação de mãe e filha, no final da primeira temporada Brooke se reencontra com a sua mãe, que a abandonou quando ela tinha oito anos de idade, e em "It's Greek to Me", Nicole, que foi adotada, se encontra com sua mãe biológica.

Fora de tom:
- Will não faz nada por si mesmo? Então sobre o que foi o "Acaffellas"?
- Durante a sequência de dança de Artie, você pode ver um restaurante da cadeia de *fast food* Jollibee no fundo. Atualmente Jollibee tem franquias em três estados (Nova York, Nevada e California), mas não em Ohio!
- Kurt jamais aproveitaria a oportunidade de ter uma jaqueta *jeans* empetecada, mesmo que seja de graça.

Por trás da cena:
- John Michael Higgins interpreta Russell, um companheiro viciado em músicas de espetáculos. John trabalhou com o coreógrafo Zach Woodle e com Heather Morris em *Fired Up!* (*Pelas garotas e pela glória*) de 2009 e interpretou Phil, o alvo amoroso de Molly Shannon na versão americana da série *Kath & Kim*, cuja única temporada foi ao ar pela NBC de 2008 a 2009.

- A sequência do grupo dançando na imaginação de Artie foi filmada no Eagle Rock Plaza em Los Angeles, que estava aberto ao público naquele dia. Para fazer a sequência parecer autêntica, várias pessoas se surpreenderam no meio das filmagens e várias delas aparecem no episódio!
- Isaac Tualaulelei, do Heavy Impact, da quinta temporada do *America's Best Dance Crew* foi um dos dançarinos principais da sequência do grupo dançando. Ele apareceu em *Glee* pela primeira vez em "Grávidas" e como um jogador dançarino de futebol americano em "Single Ladies". Agora a equipe inteira de dança de Isaac o acompanha. Assista aos seus companheiros na sequência.
- Sue se refere ao fenômeno recente de as administradoras protegerem os clubes de coral e outros programas de artes. Esse movimento é em parte graças ao próprio *Glee*, cujo sucesso estimulou um renovado interesse nos programas de artes e de música por todo o mundo.
- Neil Patrick Harris foi quem sugeriu que Bryan e Sue deveriam transar. Ele achou que Bryan e Sue eram pessoas tão intensas que a cena daria certo, e o "sexo com raiva" cairia bem para os dois personagens.
- Antes de fazer sucesso na Broadway, Idina Menzel cantava em casamentos, e "I Dreamed a Dream" estava sempre na sua lista.

Palco principal:
- Artie pega o livro *Godard on Godard: Critical Writings by Jean-Luc Godard*. Jean-Luc Godard foi um crítico de cinema e cineasta, e esse livro de 1986 é uma coleção dos artigos de entrevistas sobre o trabalho de outros cineastas e de suas próprias ideias sobre filme. French New Wave – ou Nouvelle Vague, em francês – foi o nome dado a um conjunto de cineastas franceses na década de 1950 e 1960 que faziam experimentos com técnicas de filmagens e normalmente usavam o cinema para comentar questões sociais e políticas.
- Christopher Reeve foi ator, roteirista e cineasta norte-americano, mais conhecido pelo seu papel como Clark Kent nos quatro filmes originais do Super-Homem. Uma queda de cavalo em 1995 o deixou paralisado, mas ele continuou a sua carreira na indústria cinematográfica, fazendo sua estreia como diretor em 1997 com o filme da HBO *In the Gloaming* (*Armadilha selvagem*), com a participação de vários nomes notáveis de Hollywood, e recebeu cinco indicações ao Emmy. O ator faleceu no dia 10 de outubro de 2004, vítima de um infarto causado por uma infecção.

- Rachel quer estrelar três produções da Broadway: *Evita, Funny Girl* e *Oklahoma!*. *Evita* é sobre a primeira dama da Argentina, Eva Perón, *Funny Girl* é sobre a cantora e atriz norte-americana Fanny Brice e *Oklahoma!* é sobre o romance de Laurey, uma garota da fazenda, e Curly McLain, um vaqueiro. Os três musicais têm personagens femininas fortes com vários solos, o que faz que os papéis se encaixem perfeitamente com Rachel.
- Patti LuPone e Bernadette Peters, as potenciais mães de Rachel, são grandes estrelas da Broadway. Nascida em 21 de abril de 1949, em Long Island, Nova York, Patti é mais conhecida pelo seu papel vencedor do Tony no musical *Evita* de 1979, no qual fazia a personagem-título. Bernadette Peters é uma cantora e atriz indicada sete vezes ao Tony. Nascida no Queens, Nova York, tem 32 filmes e vários *shows* da Broadway, sendo os mais notáveis *Annie Get Your Gun* e *Sunday in the Park with George*. Ela também é uma estrela de sucesso da televisão, ganhando premiações do Emmy pelas suas participações em *The Muppet Show,* em 1977, e *Ally McBeal,* em 2001. As duas atrizes interpretaram Rose em *Gypsy,* uma mãe exigente que leva as suas filhas ao estrelato, um esforço de que Rachel, com certeza, iria gostar.
- Patti normalmente fazia turnês com Mandy Patinkin, o cantor e ator norte-americano conhecido pelo seu trabalho na Broadway em *Evita, Sunday in the Park with George* e *Secret Garden*. Ele também teve uma

Joss Whedon
(diretor convidado)

Você gosta de *Buffy the Vampire Slayer* (*Buffy, a caça-vampiros*), *Angel, Dollhouse* ou *Firefly*? Então você tem de agradecer a Joss Whedon. O roteirista, diretor e produtor norte-americano criou todas essas séries, assim como a sensação da internet *Dr. Horrible's Sing-Along Blog*. O membro da terceira geração de roteiristas para televisão nasceu em 23 de junho de 1964, em Nova York, e frequentou a Wesleyan University antes de ir para Hollywood e começar a trabalhar como roteirista para a TV. Depois de um trabalho na série *Roseanne*, Joss tentou escrever filmes por alguns anos (até escreveu o filme original *Buffy the Vampire Slayer* e coescreveu *Toy Story*) antes de desenvolver seus próprios programas de televisão. Amante de histórias em quadrinhos, ele escreveu uma história do *X-Men* para a Marvel e irá dirigir uma adaptação para o cinema de *The Avengers* (*Os vingadores*) em 2011. Joss e sua esposa, Kai, moram em Los Angeles com seus dois filhos.

- careira de sucesso no cinema, estrelando *The Princess Bride* (*A princesa prometida*), *Yentl* e *Dick Tracy*.
- A música que estava tocando no bar antes de Will mudar para "Piano Man" é "Dream Weaver", o sucesso de 1976 de Gary Wright (que foi regravada e relançada para o filme *Wayne's World — Quanto Mais Idiota Melhor* — de 1992), e fala sobre como os sonhos são possíveis, graças aos realizadores dos sonhos, ou os "tecedores de sonhos".
- Bryan guarda as suas *Playbills*, a revista mensal que é distribuída em certos *shows* da Broadway para acompanhar a apresentação.
- Will e Bryan competem pelo papel de Jean Valjean em *Les Misérables* (veja p. 76).
- A música original do teste de Will seria "Impossible Dream", a marca registrada do musical de 1965, ganhador do Tony, *Man of La Mancha* – uma adaptação da vida do autor de *Dom Quixote*, Miguel de Cervantes. O musical conta a história do que um dia viria a ser um dos trabalhos mais influentes de ficção já escritos. "The Impossible Dream" fala sobre seguir o seu destino, que é o que Will e Bryan estão tentando ao fazer o teste para o musical.
- Na parede do quarto de Rachel, há um pôster do musical *Annie*, o show da Broadway vencedor do Tony que mostra uma órfã chamada Annie, que no final é adotada por um rico e amoroso homem de negócios, Oliver "Daddy" Warbucks.
- Jesse quer fazer uma investigação no estilo CSI, citando o popular programa da CBS sobre investigação forense em Las Vegas que resultou em várias sequências em Miami e Nova York.

Mãos de jazz:
- Bryan vende Hummers, um carro GM *off-road* conhecido pelo seu tamanho imenso, pneus gigantescos e por passar por terrenos difíceis. Eles ficaram muito populares na década de 1990, mas deixaram de ser fabricados em 2010.
- Aquecimento global, o conceito de que a temperatura média da Terra está aumentando por causa da atividade humana, é apenas uma teoria, de acordo com Bryan. Bryan não é o único que não acredita no aquecimento global, assim como muitos membros da política de direita e alguns grupos religiosos.
- O sonho de Rachel era ser "grande estrela", o de Quinn era ser "sem estrias", o de Puck "fazer sexo a 3" e o de Artie era "dançar".

Gleek fala: Adam Wright
(blogueiro de televisão do tvdonewright.com)

Como alguém que usa cadeira de rodas, o que você achou de Artie e suas duas maiores histórias, em "Cadeiras de roda" e em "Os sonhos"?
A primeira vez que vi o personagem de Artie, eu disse: "FINALMENTE!". Foi tão bom ver uma pessoa fisicamente deficiente que se distingue dos outros em um programa de sucesso, o que é uma raridade na televisão atualmente. Mas também fiquei curioso em ver COMO ele iria ser mostrado. Será que eles iriam reforçar o estereótipo típico que as pessoas têm do deficiente, ou será que eles iriam fazer isso direito? "Cadeiras de roda" foi um episódio no qual Artie foi visto como forte e confiante. Com "Os sonhos" foi como se tivessem esquecido completamente de "Cadeiras de roda". O sonho de Artie é de ser dançarino, um sonho que é praticamente inatingível. Até aí, tudo bem. Mas eles o fizeram parecer tão fraco da parte em que cai e continua caído até a parte em que assiste Tina dançando com outro garoto. Eu achei que "Os sonhos" foi escrito fracamente só para ter uma resposta emocional do público. Eles retrataram a minoria, nesse caso Artie, como uma pobre vítima. E por que eles não colocaram uma sequência de dança com cadeiras de rodas em "Os sonhos"? A cena da dança no shopping foi lindamente filmada, e eu dou todo o crédito ao Kevin McHale. A minha maior preocupação é a resposta do público a isso. Eu já li coisas do tipo "Ahhh, eu gostaria que eles mostrassem o Artie dançando mais vezes" ou "Isso foi tão legal, eu quero mais!!". Bom, adivinha só... pessoas com deficiências reais não têm esse botão do liga e desliga. Eu nunca tive nenhum problema com o fato de atores que não têm deficiências interpretarem deficientes, até que eles mostraram AQUELA cena. Eu quero ver, no futuro, mais do que nós vimos em "Cadeiras de roda". Mas também quero ver Artie com outros problemas que não tenham nada a ver com a sua deficiência.

- Artie pode finalmente estar na frente e no centro, mas o *status* de estrela não vem com um guarda-roupa novo – aquela camisa perfeitamente engomada é a única que ele usa!
- Você notou os colegas do clube do coral em "Safety Dance"? Por ordem de aparição: Mike, Matt, Brittany, Tina, Mercedes e Kurt aparecem para participar da dança na multidão.
- De acordo com o American Cancer Society, a estatística de Sue sobre obesidade e atividade no ensino médio estão corretas.
- Sue pode ter um quarto secreto de sexo, mas não se sabe se David Letterman realmente tem o seu. Em outubro de 2009, o popular apresentador do

programa noturno revelou que teve vários casos com membros femininos da sua equipe por toda a sua carreira na CBS.

O palco de Ohio: Patti LuPone se apresentou no E.J. Thomas Hall em Akron, Ohio. Esse local de apresentação faz parte da University of Akron, tem capacidade para 3 mil pessoas e apresenta artistas da Broadway, balés e musicais todos os anos. Desde a sua aparição em 1994, Patti já voltou para se apresentar nesse lugar várias vezes, inclusive em fevereiro de 2010 ao lado de Mandy Patinkin. Akron fica a aproximadamente 240 km ao leste de Lima.

Como a Sue vê isso: "É um pouco acima da conta o distrito pagar lições de paraquedismo para que as Cheerios saltem no campo de futebol? Talvez. Mas o que eu faço aqui faz diferença."

♪♫♪

1.20 "Eu sou o que sou" (Theatricality)
Data original de exibição: 25 de maio de 2010
Escrito por: Ryan Murphy
Dirigido por: Ryan Murphy

Música: ★★★
Enredo: ★★★
Risadas: ★★

Shelby: Vocês só precisam irradiar emoção, expressar o que está no fundo de vocês. É isso que é teatralidade.

Sr. Schue encoraja o clube do coral a deixar as suas excentricidades aflorar, mas Finn continua com muito medo de se expressar completamente. O drama pai e filho é abundante quando Burt defende Kurt, Shelby se reencontra com Rachel e Puck canta para a sua filha que vai nascer.

Não importa de que lado você olhe, os membros do clube do coral são um bando teatral, e nesse episódio eles aprendem a liberar as suas extravagâncias e a aceitar o que os faz diferentes. Ser você mesmo é uma perspectiva perigosa na escola, e Kurt, Tina e Finn aprendem isso da maneira mais difícil nesse episódio.

Glee entra no estilo Gaga

As garotas do New Directions, com Kurt, Finn e os membros do Vocal Adrenaline, usam figurinos inspirados nos diferentes visuais de Lady Gaga. Aqui está o que você precisa saber sobre cada figurino e como ele combina com o personagem que o usa:

Vocal Adrenaline: o visual de rendas que cobre o corpo inteiro é inspirado no vestido de 1998, de Alexander McQueen, que Lady Gaga usou para receber o prêmio por Melhor Artista Revelação em 2009, da MTV Video Music Awards. O figurino cobria o rosto das pessoas no Vocal Adrenaline, reforçando a ideia de que não são indivíduos. Por outro lado, os membros do New Directions podem escolher qual figurino demonstra melhor a sua personalidade única, e eles são todos a favor da autoexpressão.

Kurt: o visual de Kurt foi inspirado no vídeo "Bad Romance" de Lady Gaga, onde ela usou um minivestido cristalino e salto de 30 cm da coleção de Alexander McQueen, da primavera de 2010. Gaga e o estilista trabalharam juntos para criar esse visual futurista *alien*. Kurt deu ao visual um toque presidencial com uma peruca inspirada em George Washington, sobressaltando que ele não mente sobre quem é, mesmo que isso signifique ser teatral demais.

Tina: a roupa de bolhas de champanhe fez a sua aparição durante a turnê de Lady Gaga, American *Fame Ball*, de 2009. Hussein Chalayan, que criou o vestido original de bolhas para a sua coleção de 2007, inspirou o estilista de Gaga. Tina escolheu esse visual para mostrar o seu lado "bolhoso".

Quinn: Quinn fez o seu figurino a partir do vestido Giorgio Armani Privé que Lady Gaga usou no Grammy Awards de 2010. O visual espacial simboliza a alienação que Quinn sente agora que está grávida e fora das Cherrios.

Mercedes: ela mostra o seu lado diva e seu amor por cores berrantes ao usar a peruca violeta chocante que Lady Gaga usou na capa da revista *Billboard* de 2009. Apesar de Gaga ter usado um terno preto com a peruca, o vestido de Mercedes foi inspirado em um da Armani Privé que Gaga usou na sua apresentação no Grammy de 2010, mas Mercedes optou por prateado brilhante em vez de verde com glitter.

Rachel n.1: a primeira tentativa de visual de Lady Gaga foi feita a partir de uma criação de Gaga feita inteiramente de Cacos, dos Muppets. Gaga fez esse visual para uma entrevista em 2009 para um canal de televisão na Alemanha, e disse que era um protesto pelo uso de peles e outros produtos animais na moda. Rachel tem uma intenção diferente: esse visual representa a infância simples pela qual ela, agora, anseia.

Brittany: a primeira vez que Lady Gaga usou a máscara de lagosta, que foi desenhada pelo estilista irlandês de chapéus Philip Treacy, foi quando ela saiu para jantar na Inglaterra durante a sua turnê *Monster Ball* de 2010. Gaga combinou a sua máscara com um vestido transparente, enquanto Brittany optou por algo mais modesto (e mais funcional) como *legging* e uma jaqueta. Faz sentido que Brittany combine o seu interesse em coisas aquáticas com o seu desejo de dançar como um demônio no seu visual de Gaga.

Santana: o visual de rendas da Santana foi inspirado em um *colant* de Jeffrey Bryant e no chapéu de Charlie Le Mindu que Lady Gaga usou no March 2010 Viva Glam Launch, em Londres. Santana dá seu toque no visual trocando o chapéu floral grande demais por um laço grande demais, mostrando ao mundo que ela é um presente de Deus para a escola McKinley.

Rachel n. 2: finalmente Rachel brilha como uma estrela com o seu segundo visual, inspirado no vestido preto de noite de Lady Gaga com triângulos espelhados para enfeitar (e óculos de sol para completar). Lady Gaga usou esse visual no seu concerto no Ritz Byar, em Tampa, Flórida. Mais tarde, nesse ano, ela usou um visual parecido todo em prata, mas Rachel e Shelby provaram que são artistas sérias com um jeito para a dramaticidade ao optarem pelo original maravilhoso.

Finn: Finn transforma uma cortina de boxe em um maravilhoso vestido vermelho de PVC de Atsuko Kudo que Gaga usou quando conheceu a Rainha Elizabeth e se apresentou no Royal Variety Show, em dezembro de 2009. Enquanto Finn sai da escuridão para se vestir como Gaga para Kurt, ele escolhe o seu visual mais conservador até hoje, o que faz sentido para o garoto que, no princípio, não iria fazer Gaga nem morto.

Apesar de Kurt e Tina terem sido repetidamente alertados a mudar e a tentar se misturar na multidão, *Glee* deixa claro que emudecer a sua verdadeira personalidade e o seu estilo não é a decisão correta. E é melhor gritar do que ficar calado.

Teatralidade não quer dizer grandes músicas e chapéus maiores ainda. Em um sentido mais amplo, também é um campo seguro para a equipe do New Directions se expressar, enquanto escapam dos seus papéis designados pela escola, e assumir novos papéis. Isso pode ser usado para amplificar os sentimentos ou para encontrar uma máscara com a qual se esconder, tudo sob a proteção dos artifícios dramáticos, enquanto os membros do clube do coral descobrem quem são e quem querem ser.

Isso faz de teatralidade o perfeito pano de fundo para a história de Kurt, já que figurinos e músicas teatrais permitem que ele faça experiências com quem ele é. Mesmo assim, ele encontra resistência com as suas experimentações em qualquer lugar, primeiro com os atletas valentões Karofsky e Azimio, e depois com Finn. E apesar de Finn estar errado ao dizer que Kurt deveria se esforçar mais para se misturar com os outros, o nosso líder confuso foi admitidamente atirado dentro de uma situação difícil. Ele já mostrou várias vezes que tem dificuldade com mudanças, e quando é bombardeado com uma mudança drástica, como uma nova casa, e a trama parece ser como uma festa surpresa, o atleta que gosta das coisas simples provavelmente não pode deixar de achar que foi escolhido para interpretar a história de outra pessoa.

É claro que o mais ameaçador de todas essas histórias parece ser as tentativas superotimistas de Kurt de elevar a sua amizade para o nível de romance. Finn pode precisar ser um pouco mais flexível, mas Kurt também precisa parar de atrair os outros para suas tramas. A tensão entre Kurt e Finn rende ainda mais drama quando Burt se mete a fazer o papel de herói. O amor feroz e a lealdade que Burt tem pela sua família nunca pareceram tão fortes, e vê-lo revelar os seus arrependimentos sobre o passado foi um belo toque. Mas Burt está gritando com o seu eu da escola tanto quanto está gritando com Finn? A sua aceitação à força sobre a sexualidade de Kurt foi uma dura jornada para ele. Ele pode ser um pai que apoia, mas ainda está lidando com os preconceitos antigos que menciona a Finn. Nesse caso, o amor consistente e incondicional de Burt por Kurt é um dos momentos altos desse episódio.

A Hummel-Hudson não é a única família que tem uma união teatral, pois esse episódio também explora os relacionamentos entre Rachel e Shelby e entre Puck e sua filha que está para nascer. A tentativa de Rachel e Shelby de serem mãe e filha não acaba como nenhuma delas havia planejado, mas a retratação da situação delas é bem mais realista do que uma reunião feliz e sem problemas. Shelby pode treinar adolescentes o dia inteiro no trabalho, mas quando fica cara a cara com a sua filha adolescente, foge do compromisso e da responsabilidade. Tanto Rachel quanto Shelby tinham feito essa reunião em suas imaginações, mas a realidade da maternidade para Rachel é demais para Shelby, e ela acha que é melhor cortar logo os laços com Rachel, como quem arranca rapidamente um esparadrapo, antes que provoque uma ferida maior e a machuque ainda mais. Ela pode achar que isso é o melhor para Rachel, mas na verdade ela está é cuidando de si mesma, que é o que muitas pessoas talentosas fazem, inclusive a sua filha.

Enquanto Shelby mostra muita imaturidade, Puck, por outro lado, mostra bastante maturidade. Pela primeira vez, Puck usa a música para algo que não seja sedução quando ele canta para a filha que ainda não nasceu e para a mãe do bebê, como demonstração de seu amor e apoio. Numa mudança que sutilmente eleva o rebelde ao *status* de líder, a história de Puck espelha a de Finn na primeira metade da temporada, pois ambos queriam dar nomes ridículos ao bebê. O fato de Finn superar o seu próprio drama quanto à paternidade do bebê cantando "Beth" com Puck, e admitindo as suas frustrações com a família, é um grande avanço para ele. Ele pode ainda não saber disso, mas está assumindo a posição de líder que tanto queria ser em "Era uma vez um colchão". Parece que foi preciso se vestir como outra pessoa para mostrar a Finn e ao resto do New Directions que o papel mais radical e mais dramático que se pode interpretar no ensino médio é o de você mesmo.

Nota alta: Gaga = maravilha. Desde os figurinos, até os passos de dança, a homenagem das garotas (e do Kurt) a Lady Gaga é exagerada e teatralmente divertida.

Nota baixa: apesar do problema de Tina ter dado início à missão dos membros do clube do coral de se expressar, rapidamente se dissolve no pano de fundo das histórias das outras pessoas. É bom ver Tina em uma história que não esteja ligada a Artie, mas é uma pena que a sua busca pela individualidade não seja desenvolvida além da sua herança vampiresca.

Barulhento como o Kiss

Os garotos do New Directions optaram por outro número espetacular ao apresentar uma montagem completa do Kiss. Vamos ver quem escolheu o que e por quê:

Finn: Finn, sempre o líder do New Directions, usa o figurino do líder do Kiss, Gene Simmons. Gene era conhecido como "O Demônio" por causa do seu lado sombrio e seu amor por histórias em quadrinhos. Finn também tem um lado sombrio, que se mostra sempre que alguém faz perguntas quanto à sua popularidade ou sexualidade, e ele tem um momento sombrio mais para frente neste mesmo episódio.

Puck: Puck se apropria do personagem "Starchild", de Paul Stanley. Puck é o conquistador da escola McKinley, tendo saído com quase todas as garotas do New Directions. Ele faz o figurino um pouco mais pessoal ao substituir a tradicional estrela de cinco pontas de Paul pelo símbolo do judaísmo, a estrela de Davi, com seis pontas.

Artie: Artie assume o personagem "Spaceman", de Ace Frehley, que foi inspirado pelo amor de Ace pelo espaço e pela sua personalidade extrovertida. Afirmar que Artie é de outro planeta é forçar um pouco, mas certamente ele é o maior peixe fora d'água aqui como o único membro original do clube do coral a assumir a atitude do Kiss.

Mike: o personagem "Catman", de Peter Criss, foi inspirado na infância difícil de Peter. Ele passou por tanta coisa antes de se juntar à banda que realmente acreditava que tinha sete vidas. Por outro lado, Mike parece ser um jogador de futebol americano fácil de lidar cujos passos de dança e reflexos rápidos parecem de felinos.

Matt: Matt recebeu sua primeira fala para explicar que ele é o estepe da banda. Graciosamente aceitou o papel de Tommy Thayer, o substituto do Spaceman. Ace Frehley largou a banda em 2002 e Thommy foi convidado a assumir o personagem de Spaceman para encorajar a continuidade da banda. O coitado do Matt sempre fica com o pior quando se trata de figurinos, falas e histórias!

Por trás da música:

"Funny Girl" (Shelby)

Funny Girl (1968)

Fanny Brice, a protagonista de *Funny Girl* (veja "Mande lembranças à Broadway", mais adiante), é uma desajustada. Ela é a garota de quem sempre riem, e não a garota por quem se apaixonam, e ela canta sobre isso em "Funny Girl". Tanto Shelby quanto Rachel se sentem da mesma forma. Elas são artistas talentosas que podem controlar o público, mas sentem como se alguma coisa estivesse faltando em sua vida. Shelby quer corrigir erros do seu passado e começar uma família, e Rachel quer encontrar sua mãe e ser tratada com o respeito que uma futura estrela merece. Assim como Fanny, elas são artistas teatrais atraídas pelo drama, tanto nos palcos quanto na vida, e faz sentido que a música de um dos ídolos de Rachel seja o que as une.

"Bad Romance" (Rachel, Quinn, Mercedes, Tina, Santana, Brittany e Kurt)
Lady Gaga, *The Fame Monster* (2009)
Inspirada pela música techno que Lady Gaga ouviu enquanto viajava pela Europa Oriental, "Bad Romance" expressa como é estar apaixonado pelo seu melhor amigo e menciona que o amor tem seus altos e baixos. Os membros do New Directions amam se apresentar, mas às vezes esse amor pode vir com algumas consequências dolorosas, seja o tormento pelo time de futebol americano ou o confronto com o Vocal Adrenaline. Romanticamente, todos no New Directions já tiveram que lidar com um "romance ruim", como a paixão não correspondida de Kurt, Puck e suas múltiplas proezas românticas, Quinn tendo de lidar com as consequências de uma escolha ruim, o vai e volta de Rachel com Jesse e com Finn, e Will ainda tentando entender quem ele é e quem ele quer.

"Shout It Out Loud" (Finn, Puck, Artie, Mike e Matt)
Kiss, *Destroyer* (1976)
"Shout It Out Loud" foi um sucesso modesto, mas virou uma marca da teatralidade nos *shows* do Kiss. A música fala sobre sair e se divertir, e não ficar ruminando coisas que você não pode mudar, e sobre farrear muito, mesmo que esteja com o coração partido. Finn fez tudo isso quando assumiu o controle da situação. Os meninos podem não ter querido fazer Lady Gaga, mas certamente fizeram a escolha certa, escolhendo uma música que fala sobre se divertir à sua maneira, com um gostinho de *rock and roll*. Todos os garotos têm situações que não podem mudar, incluindo a nova vida em casa de Finn e Kurt e a iminente paternidade de Puck, mas apesar desses assuntos pesados, os garotos ainda vão se divertir.

"Beth" (Puck e Finn com Artie, Mike e Matt)
Kiss, *Destroyer* (1976)
Puck pode querer chamar a sua filhinha de "Beth", mas a música do Kiss também expressa a maneira como ele se sente sobre a sua filha que está para nascer.

O baterista Peter Criss compôs a primeira música que vendeu milhões com a sua banda original, Chelsea, depois que a sua esposa lhe falou que sentia a sua falta quando ele estava viajando. A esposa de Mike Brand, um companheiro da banda, se chamava Becky ("Becky", que mais tarde foi trocado por "Beth" para a música), também sempre fazia comentários parecidos e sempre ligava para a banda quando eles estavam ensaiando ou viajando. Nem sempre Puck esteve do lado de Quinn, mas ele canta essa música para provar a ela que mesmo que não estejam juntos (física ou emocionalmente), ele ainda a apoia.

"Poker Face" (Rachel e Shelby)
Lady Gaga, *The Fame* (2008)
A música de Lady Gaga ganhadora do Grammy (Melhor Gravação Eletrônica/Dance) é sobre rapazes e comparar os relacionamentos com apostas, mas quando *Glee* a canta, ela vira um doce dueto de mãe e filha sobre como todos os relacionamentos podem ser baseados em apostas. Shelby joga quando manda Jesse ao McKinley para ajudar na sua reunião com Rachel. Ela acha que conhecer Rachel trará tudo que ela quer, mas mais tarde percebe que trazer Rachel para dentro de sua vida nesse momento só faria que a adolescente ficasse mais confusa. Rachel também joga ao aceitar Shelby e tentar fazer que ela seja uma parte da sua vida. Alguns jogos, como esse, não valem a pena, mas nem Shelby nem Rachel se arrependem de terem se conhecido, reforçando a ideia de que a vida sem riscos não vale a pena ser vivida.

O som da música: Lady Gaga e Kiss vêm de épocas diferentes, mas são feitos do mesmo material: os dois são artistas extravagantes que sabem como fazer um espetáculo. Desde figurinos, passando pela escolha das músicas até os movimentos de dança, esses são os artistas que você gostaria de ver se apresentar porque nunca sabe o que esperar. Nascida no dia 28 de março de 1986, em Nova York, Stefani Joanne Angelina Germanotta, a Lady Gaga, começou a se apresentar em Nova York no começo de 2000, quando frequentava a New York University's Tisch School of the Arts. Assinou com a Interscope Records e, em 2008, lançou seu primeiro álbum, *The Fame*. A partir daí a sua própria fama cresceu e ela lançou vários *singles* de sucesso, todos com batidas dançantes originais, e o álbum foi indicado para seis categorias do Grammy. Os figurinos elaborados de Lady Gaga (nos quais ela gosta de fazer arte) se tornaram de alta concepção e são muito difíceis de serem usados. Apesar de Gaga ter citado Madonna, David Bowie e Michael Jackson como suas influências,

> **Gleek fala: Danielle Bruno**
> (Blogueira de moda no What Would Emma Pillsburry Wear? — O que Emma Pillsbury usaria? — wwepw.blogspot.com)
>
> **Se você pudesse escolher qualquer estilista para fazer figurinos para o New Directions, qual seria? E por quê?**
> Chris March, é claro! Quem mais além do discípulo de *Projectc Runway* poderia criar perfeitos visuais de palco para o New Directions? Em "Acaffellas", Rachel diz: "Nós vamos ganhar porque somos diferentes". Deixe de lado os figurinos tradicionais de apresentações de coral, onde as gravatas dos rapazes combinam com os vestidos das meninas. CHATO. Chris March levaria o New Directions a um outro nível, e eu, por exemplo, adoraria ver Kurt com pelo menos um ornamento na cabeça.

Kiss não pode estar muito no final dessa lista. Formado em Nova York em 1973, seus figurinos elaborados e suas apresentações no palco (que incluem fogos de artifício, sangue e guitarras que soltam fumaça) rapidamente garantiram atenção para eles. Assim como Gaga, os membros da banda usam egos alternativos no palco (veja "Barulhento como o Kiss"). A banda teve muito sucesso na década de 1970 e fez uma turnê de reunião de extremo sucesso na década de 1990. Eles já venderam mais de 100 milhões de álbuns por todo o mundo, mas, apesar do visual e do sucesso comercial, ainda não entraram para o Hall da Fama do Rock and Roll.

Mande lembranças à Broadway: Fanny Brice, cantora, comediante e atriz, foi a inspiração para o musical da Broadway de 1964 (e do filme de 1968), *Funny Girl* (*Uma garota genial*), os dois estrelados por Barbra Streisand. Ray Stark, o genro de Fanny, autorizou uma biografia sobre ela. Como o livro não foi bem-sucedido, ele concordou em transformar a história em um musical. *Funny Girl* foca a subida de Fanny para a fama e seu relacionamento tumultuado com seu marido, Nick Arnstein, que era empresário e apostador. O *show* estreou na Broadway em 26 de março de 1964, teve 1.348 apresentações e foi indicado a oito categorias do Tony. Em 1968, Barbra repetiu seu papel de Fanny para a adaptação do cinema, ganhando o Oscar de Melhor Atriz, uma honra que ela dividiu com Katherine Hepburn.

Suco na cara:
- Os atletas Karofsky e Azimio empurram Kurt e Tina para cima dos armários.
- Karofsky e Azimio ameaçam Finn no banheiro.
- Os dois atletas insultam Kurt e Tina, e destroem os sapatos de salto alto enfeitados de Kurt.
- Tina ameaça o diretor Figgins com uma visita à meia-noite de seu pai, "O rei dos vampiros".
- Karofsky e Azimio quase batem em Kurt pela terceira vez, mas Finn e o resto do New Directions impedem.

Fora de tom:
- Jesse não aparece e nem é mencionado, apesar de já ter voltado do feriado da primavera e ele e Rachel terem se reconciliado em "Os sonhos".
- A casa dos Hummel é duas vezes maior que a dos Hudson, e mesmo assim Kurt e Finn precisam dividir o quarto.

Por trás da cena:
- Originalmente era para "Eu sou o que sou" ser o vigésimo primeiro episódio da temporada, depois de "Nós queremos funk". Existe o boato (que nunca foi confirmado) de que a troca aconteceu para coincidir com a final de *American Idol* e com o mês de maio, pois drama familiar e um *Glee* recheado de Gaga atrairiam mais atenção dos espectadores normais e da imprensa.
- Lea Michele pode ser uma profissional no palco, mas ela não é páreo para Lady Gaga. O número "Bad Romance" deixou um enorme inchaço no joelho dela, para que se lembre da experiência!
- Apesar de os figurinos do New Directions não serem réplicas exatas dos visuais de Lady Gaga, eles chegaram bem perto, graças ao próprio costureiro de Lady Gaga, que estava por perto para deixar os visuais autênticos. O pessoal do departamento de figurinos intencionalmente costurou em casa os visuais de Gaga porque queriam reforçar a noção de que os garotos tinham feito os figurinos eles mesmos. (Veja "*Glee* entra no estilo Gaga", na página 241).
- Chris Colfer ficou com o sapato feito à mão de salto alto plataforma de 25 cm como lembrança, porque andar neles foi uma das coisas mais difíceis que ele já teve de fazer.
- Chris pode ter tido muita dificuldade com os saltos, mas ele não foi o único ator a sofrer com o seu figurino: o vestido de bolhas de Jenna Uskowitz fazia

tanto barulho que ela tinha de segurar a respiração durante o diálogo com outras pessoas; levava 45 minutos para colocar e tirar a máscara de lagosta de Heather Morris, pois ela tinha vários mecanismos para que não caísse enquanto ela dançasse; e a maquiagem do Kiss levou uma eternidade para ser removida.
- Artie toca guitarra em vários números do New Directions, inclusive na apresentação do Kiss dos garotos, mas na vida real Kevin McHale não consegue tirar uma nota! Para isso, o programa trouxe instrutores para ensiná-lo a fingir.

Palco principal:
- As garotas da escola McKinley são *Twihards*, o nome que se dá aos fãs obcecados pela série de livros de Stephenie Meyer e pelas suas adaptações para o cinema. Na versão do filme, Kristen Stewart interpreta Bella Swan, uma humana que se apaixona por um vampiro, Edward Cullen (Robert Pattinson). Por toda a série, Bella fica dividida entre Edward e seu melhor amigo lobisomem, Jacob Black (Taylor Lautner), induzindo os fãs a escolher o "Time do Edward" ou o "Time do Jacob" e apoiar abertamente a causa usando camisetas, como os alunos da escola McKinley.
- Kristen Stewart é conhecida pelas suas embaraçosas aparições em público e suas entrevistas pessoais francas. Ela fica muito incomodada com a constante exposição devido a *Twilight* e, como resultado, algumas pessoas questionam se ela gosta da série e dos fãs. A mãe de Tina não gosta dela por causa disso.
- No ensino médio, Will se vestia como Kurt Cobain, o cantor e líder da banda *grunge* Nirvana. Kurt era conhecido por usar camisas de flanelas, cabelos compridos e uma aparência de desleixo. Depois de formar o Nirvana no ensino médio, Kurt e seus companheiros de banda fizeram sucesso em 1991, quando lançaram seu segundo álbum, *Nevermind*. A banda recebe o crédito de ter lançado o movimento *grunge* e já vendeu mais de 50 milhões de discos pelo mundo inteiro. Eles se separaram em 1994, quando Kurt se suicidou.
- O diretor Figgins costumava se vestir como Elvis Presley, "O Rei do Rock and Roll" e o artista solo que mais vendeu em todos os tempos. Elvis ajudou a popularizar o *rockabilly* na década de 1950 e no final se tornou um superastro e um ícone da música, gravando em vários estilos diferentes, inclusive *gospel*, *blues*, *country* e *pop*. Ele era conhecido pelos seus quadris que giravam, seu cabelo cheio de gel e suas calças largas, e havia uma grande massa de meninas adolescentes que o seguiam. Depois de fazer 33 filmes e lançar mais de 120 músicas, morreu misteriosamente em 1977.

Primeira temporada

- Como Puck menciona, David Bowie "se vestia de um jeito esquisito". David Bowie é um músico e ator britânico que apareceu em 1969 com o seu primeiro single, "Space Oddity". Pelos próximos anos, aperfeiçoou o "*glam rock*", um estilo de música no qual os artistas eram conhecidos pelos seus figurinos exagerados, penteados elaborados, maquiagem e glitter em abundância. David continuou mudando o seu visual pelas décadas e hoje é considerado um dos artistas mais influentes e aclamados pela crítica dos últimos 30 anos.
- Will menciona Haus of Gaga de Lady Gaga. Haus of Gaga é um grupo de artistas e estilistas que ajudam Lady Gaga a fazer os figurinos, penteados, maquiagem e acessórios. Gaga teve a ideia de começar esse grupo, que foi inspirado na Andy Warhol's Factory, quando ela começou a ganhar dinheiro como compositora e queria usar esses fundos em alguma coisa criativa que a ajudasse ainda mais com o seu trabalho de artista.
- Will pode chamar o clube de coral Gaga de "pequenos monstros", o termo que Lady Gaga usa para os seus fãs.
- Apesar de ainda não estarem cantando, Vocal Adrenaline está ensaiando um número de "Bad Romance" de Lady Gaga quando está usando os figurinos de renda vermelha.
- "Speechless" de Lady Gaga está tocando no fundo quando Kurt conserta seus saltos Gaga e Finn tira a maquiagem do Kiss. A música, que oportunamente fala sobre apreciar e respeitar a sua família, está no álbum de 2009 de Gaga, *The Fame Monster*.
- Marlene Dietrich e Gary Cooper em *Morocco* (*Marrocos*) foram a inspiração de Kurt para a nova decoração do quarto. *Morocco* é um filme de 1930 sobre um homem (Gary Cooper) que serve na Legião Francesa e se apaixona por uma sedutora (Marlene Dietrich). O filme, mal-afamado por mostrar em cena duas mulheres se beijando, foi indicado para quatro prêmios do Oscar e é considerado um dos filmes de maior significado cultural que já foi feito.
- Rachel recebeu seu nome em homenagem a Rachel Green, a colega de quarto mimada e amante de moda da série *Friends*, da NBC. A série estreou em setembro de 1994 e teve dez temporadas, sendo uma das marcas das noites de quinta-feira. Rachel Berry nasceu em dezembro de 1994, o que significa que *Friends* estava no ar há apenas três meses quando ela recebeu o nome. Seus pais deviam ser realmente grandes fãs!!

Mãos de jazz:

- Três grandes atores não apareceram neste episódio: Jane Lynch, Jayma Mays e Jessalyn Gilsig.
- O estilo gótico de Tina é um visual que se originou na Inglaterra na década de 1980 quando bandas como The Sisters of Mercy e The Mission ganharam popularidade. O gótico é associado a filmes de terror, era Vitoriana, roupas escuras e maquiagem pesada.
- Antes de ser redecorado, o quarto de Kurt foi pintado em Dior Gray, uma tonalidade de tinta feita por Benjamin Moore e inspirada nas cores dos camarins do estilista francês Christian Dior.
- Os Hudson e os Hummel estão jogando *Sorry!*, um jogo que foi fabricado e patenteado por Parker Brothers em 1934. Os jogadores correm pelo tabuleiro para levar suas peças para "casa" primeiro e podem mandar os outros de volta ao começo. É um jogo apropriado para pedir que Finn jogue, considerando que ele foi jogado para fora de casa e ninguém se sente mal por isso.
- Tina se sente como uma "asiática da Branch Davidians" ("asiática da comunidade davidiana") quando é proibida de usar as suas roupas preferidas na escola. A Comunidade Davidiana é uma facção Protestante cujos membros estão se preparando coletivamente para a segunda chegada de Jesus Cristo, mas o grupo é mais comumente associado ao culto de Waco, Texas, comandado por David Koresh e suas interpretações errôneas dos princípios de Branch. Em 1993, houve a suspeita de atividades ilegais na comunidade Waco. Depois de uma busca fracassada, o FBI começou um cerco de cinquenta dias que terminou em um incêndio mortal, matando 76 pessoas, inclusive David Koresh. A comunidade davidiana continua ativa até hoje, mas tem menos seguidores.
- O não estrelato de Shelby parece com a ferida do Rei Pescador. De acordo com a lenda, o Rei Pescador é um dos guardadores do Santo Graal, mas a sua ferida perpétua o impede de ser capaz de se mover. Enquanto ele está ferido, o solo fica infértil, deixando a terra improdutiva, e seu povo não pode plantar. Como a terra do Rei Pescador, Shelby sente sempre uma perda, e seu próprio campo, o seu útero, é infértil.
- Puck quer chamar a sua filha de Jack (ou Jackie) Daniels, como homenagem a um dos uísques mais vendidos no mundo. Fundado em 1866, pelo original Jack Daniels (a lenda diz que ele começou a companhia com apenas 16 anos), o uísque é atualmente produzido em Lynchburg, Tennessee, e é conhecido pela sua famosa etiqueta preta e branca.

- Karofsky e Azimio encorajam Kurt a ir de Gap para Banana Republic. As duas marcas pertencem e são produzidas pela Gap Inc., com a cadeia de roupas Old Navy, Piperlime e Athleta. Enquanto Gap é conhecida pelas suas roupas casuais, a Banana Republic tem uma tendência mais luxuosa de vestuário.
- Supercuts, uma cadeia de cabeleireiros nos Estados Unidos, tem mais de 2 mil pontos na América do Norte, atendendo a centenas de clientes todos os dias.

1.21 "Nós queremos funk" (Funk)
Data original de exibição: 1º de junho de 2010
Escrito por: Ian Brennan
Dirigido por: Elodie Keene

Música: ★ ★ ♪
Enredo: ★ ★ ♪
Risadas: ★ ★

Artie: Eles chamam isso de funkificação, o que significa que eles mostram o que têm e nós entramos em uma nuvem profunda de funk.

Jesse está de volta ao Vocal Adrenaline e o New Directions entrou em um estado de pânico pré-Regionais. Enquanto isso, Will está atrás de uma vingança perversa contra Sue.

"Funk" é mais um tema da semana, e esse parece bastante ruim, pois não consegue criar um final bem excitante. Grandes histórias dos personagens, muito importantes na segunda metade da temporada, são apressadas, enquanto tramas paralelas que começam e terminam dentro desse episódio recebem prioridade.

Um exemplo é a rapidez com que Jesse voltou ao Vocal Adrenaline. Apesar de ter sido crucial ao desenvolvimento da personagem de Rachel desde a primeira vez que apareceu em "Alô", Jesse é rapidamente colocado de lado nesse episódio. A sua explicação de por que voltou para o seu antigo clube do coral mal toca a superfície da verdade, pois ele nem menciona a sua participação no plano de Shelby. Não ajuda o fato de a separação dele e de Rachel (que, conhecendo Rachel, foi bem dramática) ter acontecido fora das telas. Parece injusto com relação à história de Jesse e Rachel, considerando o quanto esse relacionamento afetou a líder do New Directions.

De maneira parecida, a crescente amizade entre Quinn e Mercedes, que foi mencionada esporadicamente nos últimos episódios, chegou a um inesperado ponto alto. Essa foi uma escolha delicada, se compararmos os diferentes preconceitos sofridos pelas duas. Ser impopular e ridicularizada é a pior vergonha com que se tem de lidar quando se está no ensino médio, e isso pode acontecer por ser a presidente do clube do celibato grávida ou por ser uma garota negra cheinha. O fato de Quinn equiparar o seu sofrimento com o de Mercedes parece aceitável para uma garota privilegiada e protegida. Afinal de contas, engravidar era a pior coisa que poderia acontecer a ela. Por outro lado, a aceitação dessa comparação por Mercedes parece estranha para uma garota que é orgulhosa da sua origem, do seu corpo e do seu "poder chocolate". É de se achar que ela se ofenderia pelo menos um pouco mais com a comparação entre uma decisão idiota e anos de opressão sistemática. Dito isso, ela também é uma garota que às vezes se sente solitária e insegura, e Quinn e Mercedes tiveram alguns momentos de forte união, demonstrando que se compreendem. Afinal de contas, as duas são mulheres, e a apresentação de Quinn não fala só sobre como é difícil estar grávida. Ela também fala sobre consequências e dificuldades de se viver em um mundo de homens, algo com que as duas precisam lidar todos os dias. Parece que muito em breve as novas melhores amigas vão morar juntas, mas isso é *Glee*, e *Glee* só sabe avançar na velocidade máxima.

Com o desenvolvimento de Jesse e Rachel, Quinn e Mercedes mencionados rapidamente, a reviravolta estranha que dá o relacionamento de Will e Sue vira um dos assuntos principais neste episódio. Deixando as cenas hilárias de lado, o desejo recém-descoberto de Sue por Will parece tão verdadeiro quanto a sua inveja pelos cabelos em "O Poder de Madonna". Apesar de ser difícil assistir ao Will ser intencionalmente tão malicioso, o seu esquema maldoso expõe, mais para a frente, as inseguranças que estão por baixo da superfície áspera de Sue, assim como a sua compaixão escondida pelas Cheerios, e foi uma das revelações mais convincentes do lado bondoso de Sue. Apesar do seu corredor de Hall da Fama, as Cheerios são tudo que Sue tem, e é sempre bom ver a vulnerabilidade da eterna vilã de *Glee*. Mas a charada de Casanova de Will também revela um

Perguntas & respostas: Kent Avenido como Howard Bamboo

Kent Avenido e seu personagem em Sheets 'N Things, Howard Bamboo, são ambos hilários, mas pelo menos com Kent você está rindo com ele em vez de rir dele! Nascido e criado em Kentuck, Kent estudou teatro na Yale University's School of Drama em New Haven, Connecticut, e conseguiu papéis em filmes como *50 First Dates* (*Como se fosse a primeira vez*) e em *Get Smart* (*Agente 86*). Para somar aos muitos créditos em teatros, Kent também participou de dezenas de comerciais nacionais para companhias como Starbucks, Wendy's, Heineken, Toys "R" Us e Toyota. Atualmente Kent vive em Los Angeles, onde passou aproximadamente os últimos 15 anos vivendo o seu sonho de ser artista. Entramos em contato com o ator cômico, e ele graciosamente cedeu seu tempo para nos dar mais informações sobre a mente de Howard Bamboo.

Nós não pudemos ver nada sobre a vida pessoal de Howard. Como você imagina que seja o resto da vida dele?
Howard parece ser um cara simples, que só está tentando viver, e sobrevive a cada dia trabalhando no Sheet 'N Things com Terri. Imagino que o tempo entre ele bater o cartão à noite até o momento em que ele bate o cartão novamente de manhã deva consistir em uma comédia de erros. (Ei, Fox, seria um possível extra ou episódios na internet?!) Julgando a partir do seu trabalho em "Acaffellas", eu acho que ele secretamente ama se apresentar, mas nunca teria a coragem e a confiança de realmente ir atrás disso.

Você teve um passado em música antes de conseguir o seu papel em *Glee*? Desde o início você sabia que o seu personagem iria cantar?
Como muitos dos atores, comecei no teatro, o que definitivamente incluía alguns musicais de vez em quando. No dia em que filmei o episódio piloto, em outubro de 2008, Ryan Murphy me perguntou se eu podia cantar e dançar, o que eu confirmei. Então ele mencionou que se a Fox aceitasse o programa, haveria uma história no terceiro episódio para a qual o Howard seria perfeito. Felizmente, a Fox aceitou, e a história mais tarde viraria o "Acaffellas".

Qual foi a música favorita que você apresentou e por quê?
A noite em que eu gravei "Acaffellas", apresentando "Poison" com Matthew Morrison, Patrick Gallagher e John Young, foi provavelmente o meu dia favorito como ator por toda a minha carreira. Antes, naquela semana, nós estávamos nos ensaios de dança e eu tive a minha primeira seção de gravação de *Glee*

em estúdio, portanto a noite em que nós filmamos o número em um bar em Van Nuys foi a recompensa de muito trabalho duro. Também foi a noite em que conheci Jane Lynch, Jayma Mays, Iqbal Theba, Victor Garber e Debra Monk. Eu não queria que a noite acabasse, e nos dias seguintes, de volta ao set de *Glee* na Paramount Studios, brinquei com todo mundo dizendo que estava passando por abstinência de "Poison".

Existe algum personagem em especial com quem você gostaria de interagir? Ou, alternativamente, algum membro do elenco com quem você gostaria de trabalhar?
Se Will e Emma acabarem não se acertando, eu poderia ver o Howard se interessar amorosamente por Emma. Eu acho que Howard tem muito amor para dar e seria gentil, fiel, paciente e amoroso com ela. Além disso, os dois poderiam encontrar um interesse em comum para compartilhar histórias de guerras com a Terri. Ou, que tal uma cena de fantasia completa com Howard, Finn e Brittany se enfrentando em uma final de *Jeopardy*?! Isso seria como uma das cenas do *Saturday Night Live* com Alex Trebek e Sean Connery!

O membro do elenco com quem eu gostaria de trabalhar mais seria Jane Lynch. No episódio "Vitamina D", eu fiz uma cena com ela, e ela é uma das pessoas mais legais e talentosas. Infelizmente, aquela cena não sobreviveu à edição, mas eu fiquei realmente honrado de simplesmente respirar o mesmo ar que ela.

Como é trabalhar com Ryan Murphy?
É um verdadeiro privilégio e um prazer trabalhar com Ryan. Eu sou testemunha da sua genialidade desde o começo, e ele esteve presente todas as vezes que me chamaram de volta nos testes, e me dirigiu no episódio piloto. Ele tem um papel tão importante em todo esse sucesso do programa, e eu tive muita sorte de ser beneficiado como ator com a sua criatividade e a sua genialidade absoluta. Além disso, ele é muito ligado ao que é engraçado, o que tem sido muito útil para desenvolver um personagem como Howard Bamboo.

Se você tivesse que resumir em apenas uma coisa, qual seria a melhor parte em trabalhar em *Glee*?
É incrivelmente difícil resumir em apenas uma coisa, mas eu teria que dizer que são as pessoas. Com isso, eu incluo todos os nossos maravilhosos fãs, assim como todos no elenco e na equipe. *Gleeks* são os fãs mais maravilhosos e devotados, e literalmente estão pelo mundo inteiro. Particularmente, Howard desenvolveu uma pequena admiração e uma legião própria de fãs, a quem eu afetuosamente chamei de "Hobos". Viva para os Hobos!

pouco da sua própria vulnerabilidade. Ficar pulando de Terri para Emma e de Shelby para April prova que Will precisa de atenção feminina, e depois da conclusão do seu divórcio, o fato de ele seduzir Sue provavelmente tem mais a ver com a elevação do seu ego do que com a queda dela.

Talvez tenham levado o título desse episódio um pouco a sério *demais* – já que o depressivo tema "Funk" nos deixou para baixo. No final, o New Directions pode ter mudado de depressivo para feliz, mas será que esses assumidos "perdedores" conseguirão vencer na Regional?

Nota alta: não importa que "Good Vibrations" não seja um *funk* de verdade. Pucky Puck e Finn D são o ponto alto musical do episódio.

Nota baixa: inicialmente havia a intenção de exibir esse episódio antes do "Eu sou o que sou", e isso mudou a ordem de algumas coisas no programa. Várias histórias deram um passo para trás, assim não há menção ao fato de Shelby ser a mãe de Rachel e de Quinn ir morar na casa de Mercedes depois do comovente apelo de Puck no último episódio.

Por trás da música:
"Another One Bites the Dust" (Vocal Adrenaline)
Queen, *The Game* (1980)
"Another One Bites the Dust" é o *single* mais vendido e a única música indicada ao Grammy, e conta a história de um homem que teve um revés na sorte e dá início a uma vida de crimes e assassinatos como vingança. Vocal Adrenaline não vai tão longe a ponto de assassinar os competidores, mas com certeza eles estão fazendo tudo que podem para garantir que o New Directions morra como coral.

"Tell Me Something Good" (Will)
Rufus e Chaka Khan, *Rags to Rufus* (1974)
Steve Wonder compôs o primeiro sucesso de Rufus e Chaka Khan sobre encorajar o interesse amoroso para reconhecer os seus sentimentos românticos. A letra da música, sobre uma pessoa que coloca o orgulho antes de tudo, descreve Sue perfeitamente. Will pode estar cantando essa canção para se vingar de Sue, mas a mensagem é exata: apesar de ter a casa cheia de troféus, a vida dela é vazia, sem amor, e a felicidade viria fácil se ela deixasse de lado o seu ego e se abrisse para outra pessoa, em vez de substituir companhia por competição.

"Loser" (Finn e Puck com Sandy, Howard e Terri)
Beck, *Mellow Gold* (1994)
"Loser", o sucesso surpresa que lançou a carreira de Beck com a sua letra surreal e às vezes absurda, é geralmente considerada a música que resume a cultura negligente da Geração X dos anos 1990. Puck e Finn são perdedores de Lima, desanimados por trabalharem na Sheets 'N Things com Howard, tendo de servir Sandy e responder à Terri. Se esses adultos deprimentes são um indício do que a sua vida pode ser depois do ensino médio, Puck e Finn não estão nada ansiosos por isso.

"It's a Man's Man's Man's World" (Quinn)
James Brown, *It's a Man's Man's Man's World* (1966)
A investigação de James Brown sobre como, apesar de todas as coisas maravilhosas que os homens fizeram pela civilização, eles não seriam nada sem as suas mulheres, tem um significado mais pungente quando cantada por Quinn, a garota mais conservadora no clube do coral. Não estando mais nas Cheerios, as pessoas a encaram, tiram sarro dela e ela está sem casa, sem mencionar que tem de lidar com os hormônios da gravidez e com as mudanças no seu corpo todos os dias. Por outro lado, o pai do seu filho, Puck, sai relativamente ileso, com uma reputação imaculada e namoradas à beça.

"Good Vibrations" (Finn, Puck e Mercedes)
Marky Mark and the Funky Bunch, *Music for the People* (1991)
O primeiro sucesso de Marky Mark pode não ser um *funk*, mas tem o desejo do *funk* de sentir a música e fornecer uma autêntica expressão do artista ao compartilhar as "boas vibrações" com os fãs. Puck e Finn podem ter escolhido essa música porque foi o que apareceu na busca do iTunes, mas ela resume a mensagem que Will está tentando ensinar aos seus alunos: a música pode libertar você de toda a tristeza, permitir que você se concentre em outras coisas e ajuda você a se sentir bem consigo mesmo.

"Give Up the Funk (Tear the Roof off the Sucker)" (New Directions)
Parliament, *Mothership Connection* (1975)
Originalmente lançada como "Tear the Roof off the Sucker (Give Up the Funk)", o maior sucesso da banda ícone de *funk* Parliament explora como o *funk* é uma autêntica expressão da emoção. Como os membros do Vocal Adrenaline se autodeclararam "robôs sem alma", em comparação, New Directions usa essa

música para mostrar a eles como são autênticos e cheios de almas. Eles podem não ter movimentos de dança extravagantes e arranjos de voz complicados como o Vocal Adrenaline, mas têm mais paixão, coração e alma e conseguem encontrar a alegria no *funk*.

O som da música: Will argumenta que o *funk* é quando "a alma encontra a raiva". O *Funk* apareceu na década de 1960, quando artistas negros norte-americanos experimentaram combinar *soul*, *jazz* e R&B em um tipo de música mais dançante ao trazer o baixo elétrico, a guitarra e a bateria à frente da música. James Brown recebe o crédito de ter desenvolvido a música *funk* nos anos 1960 quando fez sucessos como "Cold Sweat" e "Get Up (I Feel Like Being A) Sex Machine". Nos anos 1970, George Clinton (com as suas duas bandas Parliament e Funkadelic), com os artistas Chaka Khan e Sly & the Family Stone ajudaram a transformar em tendência o estilo da música. O *funk* influenciou muito a música *disco* e *go-go*, e saiu da tendência quando esses dois estilos de música ficaram populares.

Isso é muito *Popular*: "Nós queremos funk" tenta mencionar a opressão e o racismo na história de Quinn/Mercedes, mas Ryan Murphy atinge os espectadores com uma praga quádrupla de discriminação no episódio "Fag" na segunda temporada de *Popular*. Sam e George encaram a discriminação pelo seu relacionamento inter-racial, Suggar Daddy lida com o preconceito quando é rejeitado em um emprego porque é gordo, Lily tenta defender outro estudante que está sofrendo com homofobia e o rapaz com quem Brooke está saindo sofre por discriminação religiosa.

Suco na cara:
- O Vocal Adrenaline enche a sala de ensaios do New Directions de papel higiênico.
- Will quebra um troféu de Sue.
- Puck deu o seu primeiro cuecão aos quatro anos de idade.
- Puck e Finn rasgam os pneus das Range Rovers do Vocal Adrenaline.
- Jesse e Vocal Adrenaline dão uma ovada em Rachel.

Fora de tom:
- Duas vezes neste episódio Kurt está usando roupas normais, quando deveria estar no seu uniforme de Cheerio.

- O que aconteceu ao emprego de Finn em "Cadeiras de roda"? Será que ele largou o emprego depois que descobriu que não era o pai do bebê de Quinn?
- Rachel afirma ser vegetariana, mas é estranho que uma vegetariana faça carne de veado para alguém (como fez para Will em "Balada") e coma pizza de peperoni (como fez com Finn em "Uma segunda chance").
- Com as Regionais na próxima semana, é surpreendente que a lista de músicas não esteja pronta ainda – e nem mesmo seja mencionada.

Por trás da cena:
- Courtney Galiano da quarta temporada de *So You Think You Can Dance* foi uma das dançarinas grávidas de Quinn, e ela também fez parte do Vocal Adrenaline em "Another One Bites the Dust".
- Enquanto Rachel diz ser vegetariana, Lea Michele realmente é.
- Quando estava filmando "Alô", Brad Falchuk pediu a Heather Morris e Naya Rivera que dessem os dedinhos quando abordassem Finn sobre o seu encontro, mas as duas atrizes decidiram incorporar isso nas interações entre as duas personagens. Você perceberá isso neste episódio quando as duas saem da sala de ensaios depois de receberem a sua lição de *funk* e quando entram no apartamento de Will com Sue.
- Pode ser difícil de acreditar, mas a voz grave que abre "Give Up the Funk" é realmente de Chris Colfer!

Palco principal:
- Sue quer anexar o seu troféu para que pareça com a Sala dos Discos de Ouro de Elvis Presley. Graceland, a casa de Elvis, é aberta para a visitação de seus fãs, e cada sala tem um tema distinto, como a Sala da Selva e a Sala dos Troféus. A sua Sala dos Discos de Ouro exibe os 110 álbuns com os quais o Rei ganhou ouro e platina durante a sua carreira.
- O coração de Rachel está amassado como o chão do *Stomp*, um grupo de dança da Inglaterra que gera sons usando objetos do dia a dia e é conhecido pelo seu estilo de dança energética e física.
- O riff que Will usa vem da música "Funkytown", um *single* dos anos 1980 da banda de *funk* Lipps Inc., que fala sobre um lugar com espírito e energia ilimitados.
- KC and Sunshine Band era um grupo americano da década de 1970 de *funk* e *disco* conhecido pelos seus sucessos dançantes como "That's the Way (I Like It)" e "(Shake, Shake, Shake) Shake Your Booty".

- Artie adora "Boogie Shoes" do Kc and Sunshine Band, uma música disco que virou sucesso quando apareceu na trilha Sonora de 1997 do filme de John Travolta *Saturday Night Fever* (*Embalos de sábado à noite*).
- Quinn chama a sua banda de "The Unwed Mothership Connection", inspirada no título do quarto álbum de George Clinton com a sua banda Parliament, *Mothership Connection* (1975), considerado o melhor álbum de *funk* de todos os tempos.
- Jane Mansfield, a loira devastadora da década de 1950, pode gostar da homenagem de Sandy no seu banheiro, pois a atriz e modelo da *Playboy* decorou a sua mansão de Beverly Hills inteira de rosa e a chamou de Palácio Rosa.
- Sandy diz que precisa do seu Kenny G, referindo-se ao artista instrumental mais famoso de todos os tempos, que já vendeu mais de 75 milhões de álbuns pelo mundo inteiro. O artista ganhador do Grammy apareceu no final dos anos 1980 e é conhecido pelo seu *jazz* suave no saxofone. Ele é um exemplo perfeito de *muzak*, a música instrumental que ouvimos em lojas de departamentos e elevadores.
- Os garotos do New Directions querem dar uma de *Braveheart* em cima do Vocal Adrenaline, uma referência ao filme de 1995 de Mel Gibson sobre um guerreiro que busca a independência Escocesa no começo de 1300. O filme foi indicado a dez prêmios Oscar, ganhando cinco, incluindo o de Melhor Filme.
- Kurt apresentou um *medley* da Céline Dion de 14 minutos, todo em francês. Céline Dion é uma cantora canadense francesa mais conhecida pelo seu sucesso de 1999 de "Titanic", "My Heart Will Go On".

Mãos de jazz:
- Mais uma vez, nada de Jayma Mays! Pelo menos Jane Lynch e Jessalyn Gilsig estão de volta, com Jessalyn fazendo a sua primeira aparição desde "Alô".
- Artie está usando uma máscara cirúrgica e Brittany está tentando enrolar o papel higiênico de volta no rolo enquanto o New Directions está tentando livrar a sala de ensaios do papel.
- Sue diz aos membros do clube do coral "cuja audição não foi prejudicada por doses maciças de Accutane" que prestem atenção nela. Accutane, uma medicação usada para tratar acne grave, foi comprada por outra empresa e agora é vendida como Roaccutane (ou Roacutan, no Brasil).

- Se Shelby tivesse terminado a sua conta, ela saberia que Puck e Finn devem a ela 20.800 dólares.
- O Grande Incêndio de Chicago supostamente começou quando uma vaca derrubou um lampião na taverna Patrick and Catherine O'Leary. Entretanto, já se provou que essa afirmação é falsa. O incêndio durou dois dias, destruindo centenas de acres de terras e matando centenas de pessoas. Abraham Lincoln, o 16º presidente dos Estados Unidos, levou a cabo a guerra civil de 1861-1865 e é considerado um dos grandes presidentes que o país já teve. Mas, como ele foi assassinado em 1865, e o incêndio em Chicago começou em 1871, Sue pode estar precisando de uma ou duas aulas de história.
- Puck diz que tem queijo *fromunda* nos seus dedos, mas isso não é um queijo de verdade, mas uma substância que parece queijo e às vezes cresce na genitália masculina.
- Em 2006, a NPR divulgou que o produto Hot Cheetos, da Frito-Lay, tinha propriedades viciantes, fazendo que alunos ficassem nervosos e esquisitos e tivessem sintomas de abstinência quando não pudessem comer os salgadinhos. Várias escolas proibiram o salgadinho, mas os alunos os contrabandeavam nas mochilas e nos armários. Comer esse salgadinho faz o corpo liberar endorfina, e é por isso que Sue apoia o salgadinho.
- Will tenta seduzir Sue com a sua própria versão de abaixar e levantar, um movimento popularizado pelo filme de 2001 *Legally Blonde* (*Legalmente loira*). Fazer o movimento de abaixar e levantar envolve derrubar alguma coisa de propósito para mostrar o bumbum, depois levantar rapidamente e sorrir para mostrar os peitos.
- Howard diz que pegou Paralisia de Bell de Sandy Ryerson, uma doença que causa a perda do controle de um lado do rosto. Essa doença não é contagiosa e só pode ser contraída por meio de doenças como tumores, derrames e doença de Lyme.
- Quando as animadoras de torcida estão deprimidas, o uniforme da Brittany está ao contrário.
- Sue não é apenas uma animadora de torcidas campeã; ela também é campeã em boliche e tênis (isso se ela realmente tiver ganhado todos aqueles troféus na sua casa).
- Sue é o Michael Jordan da animação de torcidas, uma referência à vez em que ele ganhou seis campeonatos pelo Chicago Bulls. Ao contrário de Sue, os seis campeonatos de Michael não foram consecutivos. A sua primeira

sequência de campeonatos consecutivos foi em 1991, 1992 e 1993 e a segunda sequência foi em 1996, 1997 e 1998.
- Quando Kurt falou em francês com o repórter, ele disse: "Vive la différence!", que se traduz como "Viva a diferença!" e é uma frase normalmente usada como grito para celebrar a diversidade.

O palco de Ohio: Will teve de dirigir todo o caminho de Dayton para buscar o *shake* de proteína. Dayton, a quarta maior cidade de Ohio, é conhecida pelas suas indústrias de tecnologia e fica 120 km ao sul de Lima.

Como a Sue vê isso: "Você sabe, para mim os troféus são como herpes. Você pode tentar se livrar deles, mas eles continuam aparecendo. A cada hora, Sue Sylvester tem surtos de ardor, coceira e talento, altamente contagiosos."

♪♫♪

1.22 "Regionais" (Journey)
Data original de exibição: 8 de junho de 2010
Escrito por: Brad Falchuk
Dirigido por: Brad Falchuk

Música: ★ ★ ★ ★
Enredo: ★ ★ ★ ★
Risadas: ★ ★ ★

Will: Teve uma vez em que eu ia desistir e vocês me trouxeram de volta com "Don't Stop Believin'". Era nota nove, mas nós vamos fazer dela um dez.

Tudo levava a isso. Finalmente o New Directions chegou à Regional, mas será que eles conseguem vencer o Vocal Adrenaline?

Se você tem assistido *Glee* por toda a temporada, provavelmente sentiu como se tivesse feito uma grande jornada. O programa teve seus altos e baixos, fez você rir e chorar (às vezes ao mesmo tempo) e nos presenteou com a sua parcela de músicas maravilhosas e, bem, algumas horrorosas. Mas apesar disso tudo nos mantivemos no curso, e aqui estamos, no final. Chamar o episódio de "Journey" (jornada, em português) se encaixa perfeitamente, não só por causa das músicas *medley* da banda Journey que o New Directions apresenta na Regional, mas também porque parece que nós estamos assistindo ao fim de uma jornada. Ganhando ou perdendo, o New Directions teve um avanço insano desde que nós o vimos no começo do ano (como Will ressalta, havia cinco deles... e eram realmente ruins). E o "ciclo" da natureza desse episódio funcionou extremamente bem.

Terminar a temporada com "Don't Stop Believin'" é obviamente uma escolha de sucesso, mas também é uma simbologia maravilhosa do crescimento do New Directions. Apesar de originalmente a música ser basicamente um dueto entre Rachel e Finn com o resto coral como *backing vocal*, agora todos ganham a sua vez sob a luz dos holofotes, reforçando a ideia de que o clube do coral pertence a todos os seus membros, e todos eles pertencem ao clube do coral. A "jornada" antes da apresentação de "To Sir, with Love" contém todos os temas recorrentes de *Glee* – aceitação, tolerância, autoconfiança e autodescoberta –, resumindo perfeitamente como o clube do coral afetou esses garotos, e como eles cresceram, passando de caricaturas a pessoas com personalidade. Mesmo o fato de fazerem essas declarações em público mostra como os membros do New Directions cresceram, já que uma das ideias principais do Sr. Schue é que o clube do coral é sobre se expressar.

Na verdade os três líderes homens não conseguem parar de se expressar nesse episódio, com Finn, Puck e Will fazendo declarações de amor. Esses homens

> **Bill A. Jones como Rod Remington**
> Bill Jones passou grande parte da sua carreira atrás das câmeras, trabalhando como locutor de rádio, dando voz a personagens e fazendo comerciais. Ele começou como locutor de rádio e se apresentava no teatro local antes de se mudar para Los Angeles para fazer uma tentativa como ator, em 1987. Lá, equilibrou a sua iniciante carreira de voz com trabalhos notórios no rádio. Nascido em Nashville, Tennessee, também teve a sua parcela de sucesso na tela, participando de programas como *7th Heaven* (*Sétimo céu*), *Just Shoot Me!* e *Las Vegas*. Quando não está participando de programas de televisão, o seu trabalho com a voz o mantém ocupado, com clientes como Fox, Disney, McDonald's e American Airlines. Rod Remington pode não ter cantado uma nota em *Glee*, mas Bill desfruta de uma carreira de sucesso como cantor de salão, apresentando os grandes artistas americanos em boates e em cruzeiros.

sofreram com romances nessa temporada, e finalmente arrumaram a coragem para confessar os seus verdadeiros sentimentos. Por outro lado, todas as suas declarações acontecem em momentos dramáticos: Finn diz "eu te amo" um pouco antes de ir ao palco na Regional, Puck diz a Quinn como ele se sente enquanto ainda está exposto ao brilho da sua nova filhinha e Will admite o seu amor por Emma durante uma acalorada discussão sobre o futuro do clube do coral. Será que essas declarações só foram feitas por que estavam no calor do momento, ou esses caras "se manterão fiéis aos seus sentimentos" até o próximo ano?

Apesar de o romance ir e vir, pelo menos o clube do coral está aqui para ficar, graças aos atos heroicos da vilã favorita do McKinley, que percebe que, na verdade, ela tem muito em comum com esses desajustados determinados do clube do coral. Embora alguns dos momentos mais engraçados de *Glee* venham de explorar os estereótipos universais de ensino médio, a corajosa decisão do programa de transformar a melhor vilã em sua grande salvadora evita que os espectadores encaixem qualquer um em estereótipos convenientes.

Através de tudo isso, *Glee* mantém o foco nas partes mais importantes do episódio: a competição da Regional e Quinn entrando em trabalho de parto. O paralelo entre os dois acontecimentos funciona bem, pois depois de começos desastrosos e nove meses de lento crescimento, tanto o New Directions quanto Quinn podem finalmente apresentar o fruto do seu trabalho. Ver os nossos heróis perder é de partir o coração, mas faz sentido. Vocal Adrenaline é simplesmente uma equipe melhor. New Directions pode ter mais emoção, mas seus rivais são dançarinos e cantores melhores. E é um final que cai bem para um grupo que começou como perdedor terminar perdedor, mas com uma notável diferença – ser perdedor não importa mais. Eles encontraram a sua paixão, sua confiança e mais apoio do que poderiam imaginar. Apesar de continuarem sendo perdedores, é claro que, graças ao coral, eles não deixarão de acreditar.

Nota alta: justo quando um *medley* de oito minutos de Journey deixa os espectadores maravilhados, *Glee* vai e nos surpreende com um *mash-up* épico de "Bohemian Rhapsody" e o nascimento do bebê de Quinn, e então nos faz cair no choro com "To Sir, with Love" e "Over the Rainbow". As músicas desse episódio são *Glee* no seu melhor.

Nota baixa: Shelby adota o bebê de Quinn e isso parece ser um bom final para as duas histórias, mas as pessoas não podem simplesmente chegar a um hospital e escolher um bebê para adotar – são anos de burocracia e espera. A conclusão da história também é um pouco perturbadora porque sugere que Rachel é uma criança menos desejável e "usada", enquanto Beth é novinha em folha.

Por trás da música:
"Faithfully" (Rachel e Finn)
Jouney, *Frontiers* (1983)
A balada poderosa de Journey (e seu segundo sucesso das 20 Melhores) sobre estranhos que se apaixonam novamente e as dificuldades de se manter um relacionamento quando se está sempre viajando é a música perfeita para os nossos pombinhos apaixonados que vão e voltam, Finn e Rachel. Graças ao caos que o New Directions traz para sua vida, eles não puderam encontrar uma rotina que funcionasse aos dois como casal. Agora, com Jesse de volta ao Vocal Adrenaline, Rachel precisa se apaixonar por Finn novamente. Nessa música, o homem insiste que sempre amará e será fiel à sua namorada, algo que Finn insinua com a sua simples declaração antes de o show começar.

"Any Way You Want It/ Lovin' Touchin' Squeezin'" (New Directions)
Journey, *Departure* (1980)
Journey, *Evolution* (1979)
Thin Lizzy, uma banda de rock irlandesa, inspirou "Any Way You Want It", uma música sobre a alegria desconcertante que você tem quando está em um relacionamento feliz. Finn e Rachel estão melhorando e o New Directions está redescobrindo a sua paixão pelos palcos, que eles perderam quando começaram a pensar somente em ganhar. "Lovin' Touchin' Squeezin'" vem completar o ciclo desde a sua primeira aparição no piloto. Não existem grandes rompimentos nesse episódio, mas o New Directions está prestes a sentir o seu coração partir, pois o troféu pelo qual eles ansiaram por toda a temporada vai para as mãos do Vocal Adrenaline. Também é um presságio inteligente da mudança repentina que Will e Emma experimentam mais tarde nesse episódio.

Os números de *Glee*
Nomes diferentes pelos quais Sue chama Emma: 8
Nomes que Sue usa duas vezes: 1
Sue usa o nome verdadeiro de Emma: 1
Sue insulta o cabelo de Will: 11
Referências a estilistas por Kurt: 3
Quantidade de abrigos de Sue: 35
Vezes em que a Rachel usa meias três quartos: 43
Indisposições físicas de Sue: 5
Quantidade de pessoas (incluindo Will) que deixam o New Directions: 13
New Directons usa Converse: 9
Segmentos "Como a Sue vê isso": 5
Quantidade de vezes que Rachel saiu brava: 4
Aparição do livro de regras de coral de Sue: 3
Aparição do diário de Sue: 4
Quinn chorando: 8
Kurt chorando: 10
Referências a Justin Timberlake: 4
Referências a Barbra Streisand: 7
Aparições de participantes da SYTYCD: 12
Rachel e Finn dançarem em volta um do outro, o movimento de dança que virou marca registrada deles: 4
Outros que fizeram o movimento de dança de Rachel e Finn: 2
Sucos na cara: 26

"Don't Stop Believin'" (New Directions)
Journey, *Evolution* (1979)
Ah, a música tema não oficial do *Glee* faz um retorno triunfante. New Directions aprende, mais uma vez, a não deixar de acreditar, porque, desde que você acredite, grandes coisas podem acontecer. Ganhar não é tudo, e paixão pelo que você faz o torna um vencedor, não importa o que digam a placa de identificação ou o troféu. Will e sua equipe estão prontos para desistir, acreditando que não podem vencer as Regionais com Sue como juíza. E ainda assim, quando eles se concentram no que é importante – o quanto eles amam se apresentar e o quanto cresceram como equipe –, vencer torna-se secundário. Eles redescobrem a crença em si mesmos e até ganham de sua eterna inimiga, Sue. Ao contrário da versão original do piloto, todos ganham a chance de brilhar vocalmente, mostrando como o grupo melhorou literalmente (todos são muito melhores cantando e se apresentando) e metaforicamente (New Directions agora é realmente um time, trabalhando junto, se apoiando e cuidando uns dos outros).

"Bohemian Rhapsody" (Vocal Adrenaline)
Queen, *A Night in the Opera* (1975)
A obra-prima do Queen é uma jornada louca e complexa através de diferentes estilos musicais e emoções pesadas, o que é o *Glee* semana sim, semana não. Freddie Mercury revelou que essa música era sobre um homem que matou alguém e vendeu a sua alma ao diabo, uma comparação apropriada para Voçal Adrenaline, que faz qualquer coisa por mais um título nacional. O sucesso do Queen, que foi n. 1 por duas vezes (na Inglaterra; nos Estados Unidos chegou apenas ao quarto lugar), não tem uma estrutura tradicional; em vez disso tem seis partes distintas com mudanças abruptas no tempo, estilo e letra. New Directions é uma mistura complicada de pessoas e estilos musicais, e o seu estilo "confuso" poderia ser considerado boêmio se comparado ao profissional e polido Vocal Adrenaline. Ao cruzar essa música com o parto da Quinn, eles demonstram como o nascimento é uma rapsódia com emoções extremas e dores severas, mas essa música ressalta mais que isso. Ela representa o sofrimento do New Directions por toda a temporada: eles tiveram de encarar quase o fim, com ameaças vindas de várias pessoas que queriam acabar com o clube, sobreviveram à chegada e à partida de Jesse e todos no grupo tiveram de lidar com altos e baixos no amor. Sim, Vocal Adrenaline vem na frente executando sem erros uma das músicas mais difíceis já escritas, mas como todos mencionam no episódio, New Directions é a equipe com alma e paixão, e é isso que os levará adiante.

"To Sir, with Love" (New Directions)
Lulu, *To Sir, with Love* (1967)
O filme britânico de 1967, *To Sir, with Love* (*Ao mestre com carinho*), conta a história do professor Mark Thackeray (interpretado por Sidney Poitier), que inspira um grupo de alunos do ensino médio em um bairro perigoso. Mark aceita o trabalho de professor enquanto espera que um emprego como engenheiro apareça, e pelo caminho, muda a vida dos seus alunos. "To Sir, with Love" é a música-tema do filme e um sucesso, expressando o quanto o Sr. Thackeray significa para os seus alunos e o quanto ele fez por eles. New Directions usa essa música para dizer a mesma coisa ao Sr. Schuester, e essa escolha de música literal transmite perfeitamente a sua mensagem de gratidão.

"Over the Rainbow" (Will acompanhado por Puck no violão)
Israel Kamakawiwo'ole', *Facing Future* (1993)
The Wizard of Oz (*O mágico de Oz*) fez de "Over the Rainbow" uma música famosa, mas Will está cantando a menos conhecida versão com a guitarra havaiana de Israel Kamakawiwo'ole', que ele lançou como um *mash-up* com "What a Wonderful World" em 1993. A música, que é a marca registrada de Judy Garland, fala sobre as promessas do amanhã, sobre um lugar e uma época melhores, onde as coisas serão mais felizes. Judy, interpretando Dorothy, canta essa música enquanto anseia por um lugar melhor e mais alegre. Agora que ofereceram mais um ano ao New Directions no McKinley, eles podem olhar "por cima do arco-íris" para o próximo ano, quando terão mais uma chance de continuar fazendo o que amam, e talvez, só talvez, possam dar o troco no Vocal Adrenaline.

O som da música: New Directions faz uma homenagem à banda de rock americana Journey na sua lista de músicas da Regional. Journey, conhecida pelas suas baladas poderosas, ganhou notoriedade no final dos anos 1970 e no começo dos anos 1980 e hoje é considerada uma das bandas mais amadas dos Estados Unidos. Por todo o mundo, já venderam mais de 75 milhões de álbuns, mas ainda não entraram para o Hall da Fama do Rock and Roll. Neal Schon e Gregg Rolie, ex-membros do Santana, formaram a Journey em São Francisco, em 1973. Depois de algumas pequenas mudanças no nome, dos membros da banda e alguns lançamentos medíocres, eles contrataram o seu vocalista mais famoso até hoje, Steve Perry, em 1977. Ele atualizou o som da banda, posicionando-a para entrar na tendência do mercado, que aconteceu

Nomes de Palco

Ah, ensino médio, uma época em que surgem muitos apelidos, alguns nada gentis. Aqui está uma lista de nomes que foram gritados pelos corredores da escola McKinley:

Will: Schue (por Figgins); William; Schuester; Buddy (Amigo); Manwhore (Prostituto); Slut (Prostituto); Pal (Amigo) (por Sue); Hot Stuff (Gostosão) (por April).

Emma: Eleonor; Edie; Irma; Ellen; Alma; Ellen; Arlen; Ella (Sue); M&M; Emster; Sweetie (Querida) (Ken).

Rachel: Hot Mama (Mamãe Gostosa); Miss Bossy Pants (Senhorita mandona); Eva Perón; Babe (do "porquinho" Babe) (por Mercedes); RuPaul; Man Hands (Mãos masculinas); Treasure Trail (Trilha do tesouro); Stubbles (Restolho); That Thing (Aquela coisa); Sweetie (Querida) (por Quinn); Yentl (por Dakota Stanley); Swinfan (Fixação); A-Rach (por Finn); Boy Hips (Quadris de menino) (por Lauren Zizes); Benedict Arnold (por Kurt).

Finn: Frankenteen (por Dakota Stanley); F-Wrong (F-Errado) (por Rachel); White Boy (Garoto branco); Justin Timberlake (por Mercedes); Finessa (por Puck); Finnster (por Sean); Mr. Ikea Catalogue (Sr. Catálogo da Ikea) (por Kurt); Glee Boy (Garoto do coral) (por Azimio); Finny D (por ele mesmo); Finnocence (Finn + inocente) (por Santana).

Quinn: Q (por Sue); Quinnie (por seus pais); Pretty Blonde with the White Girl Ass (Loira bonita com bunda de garota branca) (por Mercedes).

Puck: Puckerman (por Ken e Rachel); Noah (por Rachel); Nathan (no anuário); Puckzilla (Puck + godzilla); Puckasaurus (Puck + dinossauro); Puckster; Puckerone; Puck Puck (por ele mesmo); Baby (por Mercedes).

Mercedes: Effie (por Dakota Stanley); Aretha; Whoopi; Brassy Hag (Bruxa Sem-vergonha) (por Sue); Sugar (Querida) (por Puck); Weezy (por Santana).

Kurt: Lance Bass (por Puck); Mayor of Gay Town (Prefeito da cidade Gay) (por Mercedes); Gay Kid (Garoto gay); Ladyface (Rosto de mulher); Kiddo (Garoto); Don Knotts; Future Center Square (por Sue); Homo (Gay) (por Azimio); Fancy (Boneca) (por Karofsky).

Artie: Wheels (Rodas) (por Sue).

Tina: Asian (Asiática) (por Sue).

Mike: Other Asian (Outro asiático) (por Sue).

Matt: Shaft (por Sue).

Santana: Stick Figure (Contorno de vara) (por Mercedes).

Brad: Tinkles (Sininho), Knuckles (Dedinhos) (por April).

Ken: Tanaka-san (por Sue).

Figgins: Maharishi, Figgy (por Sue).

Joss Groban: Horsey (Cavalinho) (por Sue).

em 1979 com o lançamento de *Evolution*. Hoje, a banda continua fazendo turnês internacionais, e "Don't Stop Believin'" é a música mais popular baixada no iTunes de todos os tempos.

Isso é muito *Popular*: A mãe de Quinn aprendeu com a mãe de Josh, que deixou seu marido controlador e agressivo e apoia a escolha do seu filho em ser um jogador de futebol americano cantor em "Booty Camp". Esse também não é o primeiro grande final musical de Ryan Murphy. O final da primeira temporada de *Popular*, "Two Weddings and a Funeral", tem um número musical épico com todos os membros do elenco cantando – a primeira vez no programa.

Fora de tom:
- O Moicano que Puck está usando na cena em que está beijando Quinn tem um aspecto absurdamente falso.
- O narrador da Regional diz que Sue acabou de ganhar o seu quinto campeonato consecutivo de animação de torcidas, mas de acordo com os episódios anteriores, esse foi o seu sexto campeonato consecutivo.
- O tempo decorrido na Regional é apertado. A equipe espera no hospital enquanto Quinn tem o bebê e depois volta a tempo para o anúncio dos juízes. Ou o Vocal Adrenaline faz uma versão muito longa de "Bohemian Rhapsody" ou Quinn tem o parto mais curto da história. Mas a cena foi tão bem feita que nós deixaremos essa passar!
- Josh Groban e Olivia Newton-John atacam Sue por querer ser uma celebridade de Ohio, mas deixam Rod Remington, o âncora do jornal local, em paz. Ele está tentando tanto quanto Sue conquistar o seu *status* de celebridade.
- Como Sue pode chorar se ela mandou remover os seus dutos lacrimais?

Por trás da cena:
- Quinn tem um carneiro no seu travesseiro na cena do *flashback*. O apelido de Dianna Agron é "carneirinho".
- As filmagens para a Regional aconteceram no Saban Theatre em Beverly Hills. Vários vencedores de concursos e figurantes foram convidados para encher o auditório, mas a produção filmou vários finais diferentes para garantir que a plateia não tivesse ideia de quem iria ganhar.

> **Perguntas para a segunda temporada**
> 1. Com Shelby fora e Jesse se formando, será que o Vocal Adrenaline continuará sendo um coral poderoso?
> 2. Quão sério é o relacionamento de Emma e seu namorado dentista? Será que Will ainda tem chance?
> 3. Por quanto tempo, desta vez, Rachel e Finn ficarão juntos?
> 4. Será que Brittany, Mike e Matt vão ganhar um solo?
> 5. Iremos conhecer os pais de Rachel?
> 6. O que irá acontecer entre Quinn e Puck agora que a bebê Beth foi adotada?
> 7. Quinn perdoará a sua mãe e voltará para casa?
> 8. Vamos conhecer a vida em casa dos outros membros do clube do coral, como Tina, Artie ou Mercedes?
> 9. E quanto a Terri? Agora que ela e Will estão divorciados, será que vamos vê-la novamente?
> 10. E, por fim, o sobrenome de Brittany será ao menos mencionado?

- Preste atenção no fundo da principal seção da plateia no teatro durante as Regionais: esses não são figurantes, são manequins!
- Lauren Gottlieb e Jesús Solorio, antigos participantes do *So You Think You Can Dance,* aparecem no final da temporada com Shelby Rabara, a namorada de Harry Shum Jr., como dançarinos do Vocal Adrenaline.
- O final de "Bohemian Rhapsody" era tão difícil que quatro dançarinos se machucaram durante os ensaios, e Jonathan Groff sofreu um corte de 12 cm no braço feito com o salto do sapato da sua parceira.
- Jonathan Groff não tinha ideia de como se tocava piano antes do número de "Bohemian Rhapsody". Ele teve aulas de piano com Brad Ellis (o pianista de dentro e de fora das telas), que deveria ensiná-lo a fingir. Jonathan aprendeu tão rápido que ele realmente pôde tocar a música.
- A transformação de Quinn de animadora de torcida sacana em confidente compreensiva de Mercedes não se deve apenas à sua gravidez inesperada. Diana teve uma grande influência no fato de a personagem ter mudado de direção. Ela era tão doce e vulnerável que Ryan Murphy achou que precisava incluir essas qualidades em Quinn.
- O beijo de Will e Emma não estava no roteiro! Brad Falchuk pediu a Matthew Morrison que o fizesse um pouco antes de filmarem para que a reação de Jayma Mays fosse real.
- Outra reação verdadeira nesse episódio? Todas as lágrimas. Apesar de haver muitos momentos de lágrimas induzidas, nenhum ator usou colírio.

Matthew cantou "Over the Rainbow" (com a guitarra havaiana!) em um dos seus testes para *Glee*.

Palco principal:

- Quando Sue está falando sobre "personagens da Disney racistas" vivendo em "regiões pantanosas", ela provavelmente estava se referindo ao filme de 1946 da Disney, *Song of the South* (*A canção do sul*), baseado nas histórias de Joel Chandler Harri sobre o Tio Remus, um negro, e alguns animais traiçoeiros. Harri se inspirou para fazer as histórias no folclore do sul dos Estados Unidos. *Song of the South* ganhou um Oscar por Melhor Canção Original com "Zip-a-Dee-Doo-Dah". O filme é considerado racialmente insensível por muitos e existe o boato de que essa insensibilidade é a razão de esse filme nunca ter sido lançado em VHS ou DVD, apesar de isso nunca ter sido confirmado. Sue também pode estar se referindo a um filme da Disney mais recente, de 2009, *The Princess and the Frog* (*A princesa e o sapo*), que é baseado em *The Frog Princess*, um romance de E.D. Baker sobre uma jovem mulher que, por acidente, vira sapo depois de beijar um sapo príncipe. No início dos projetos do filme, houve muitos protestos dizendo que muitos personagens tinham estereótipos negativos, porém mais tarde agradou aos críticos.
- O *mash-up* do Aural Intensity é de "You Raise Me Up", de Josh Groban, um *single* de 2003 que ficou no topo da lista contemporânea da Billboard, e de "Magic", de Olivia Newton-John, um *single* de 1980 que foi um dos seus grandes sucessos contemporâneos, chegando ao topo da lista contemporânea e da *pop*. Apesar de as duas músicas tratarem do amor, elas podem facilmente ser reinterpretadas como abordando o especial efeito que as celebridades têm sobre a vida dos outros (uma mensagem em que tanto Olivia quanto Josh claramente acreditam).
- Rod Remington farreava com o vocalista extravagante do Queen, Freddie Mercury. Freddie, mundialmente considerado um dos maiores vocalistas de todos os tempos, era uma personalidade desvairada nos palcos, mas um homem bastante introvertido. Durante o apogeu do Queen, farreou muito e dormiu com muitos homens e mulheres, resultando na sua reputação de astro do *rock*. Freddie morreu de complicações relacionadas ao HIV, em 1991.
- Aparentemente Will chora mais que Michael Landon em *Little House on the Prairie*. Michael Landon foi ator, escritor e produtor e interpretou o pai

Charles Ingalls na série de televisão *Little House on the Prairie*, que foi ao ar de 1974 a 1982 na NBC. O programa, baseado na série de livros de Laura Ingalls Wilder, de mesmo nome, explora as aventuras da família que vive em uma fazenda no final do século XIX, em Minnesota.

- O episódio inteiro, desde Puck reconhecendo que se não estivesse mais no clube do coral faria de conta que não conhecia Mercedes até todos compartilhando como costumavam ser antes de fazer parte do grupo, parece ser inspirado em *The Breakfast Club* (*O clube dos cinco*), um filme ícone de 1985, de John Hughes, sobre cinco estudantes muito diferentes (o atleta, a princesa, o gênio, o criminoso e o sem dinheiro) se aproximando e aprendendo sobre as pessoas por trás do estereótipo durante a detenção de sábado.
- O pai de Quinn estava tendo um caso com uma louca tatuada, algo parecido com o escândalo da estrela de alto nível, Sandra Bullock, de 2010. O marido da estrela de *Speed* (*Velocidade máxima*) e *Miss Congeniality* (*Miss simpatia*), Jesse James, supostamente teve um caso com Michelle "Bombshell" (Mulherão) McGee, uma mulher muito tatuada. O escândalo aconteceu pouco depois de Sandra ganhar o Oscar de Melhor Atriz por *The Blind Side* (*Um sonho possível*).
- Olivia Newton-John realmente teve uma banda aos 14 anos de idade, a Sol Four, composta só por garotas, que se apresentava em cafés locais na Austrália, até que Olivia conseguiu trabalho regular na rádio e televisão local.
- Joss Groban nunca esteve no Clube do Mickey Mouse, um programa de variedades da Disney que foi ao ar na década de 1950 e foi regravado na década de 1990, lançando a carreira de vários cantores e atores como a estrela de *Felicity*, Keri Russell, Justin Timberlake, Britney Spears, Christina Aguilera e o ator de *The Notebook* (*O diário de uma paixão*), Ryan Gosling.

Mãos de jazz:

- Parece que o pessoal do New Directions está no Facebook, a terceira rede social da internet a ser mencionada em *Glee*, depois de MySpace e Twitter.
- As garotas usam vestidos tomara que caia dourados de Betsy Johnson para a Regional. O departamento de figurino adicionou as alças. Olivia pode achar que os vestidos pareciam baratos, mas eles custam quase 450 dólares!
- The Mock UN (O clube para zombar das Nações Unidas), que temporariamente assume a sala de ensaios, é o clube do McKinley inspirado no Model UN. O Model UN é uma organização escolar que simula as atividades da verdadeira Nações Unidas, como uma tentativa de ensinar aos alunos sobre

diplomacia internacional e relações intergovernamentais. O Model UN está presente nas escolas norte-americanas desde a década de 1920.
- "Beast with two backs" é uma gíria para sexo, e foi usada em *Othello*, de Shakespeare.

O palco de Ohio: Emma bebe em uma caneca de cortesia do *Lima News*, que é um jornal diário de verdade com circulação de 87.500 exemplares. Ele cobre Lima e as comunidades vizinhas em Allen County.

Como a Sue vê isso: "O seu cabelo parece um arbusto espinhoso. Eu fico esperando que personagens racistas da Disney apareçam e comecem a cantar sobre como é viver na baía pantanosa."

Fontes

Can't fight this feeling: as origens de *Glee*

ARADO, Matt. Mount Prospect Native Helped Create New Fox Show "Glee". *Daily Herald*. Acesso em: 19 maio 2009.

BIALAS, Michael. Ryan Murphy Makes His Lighthearted Plea with Glee. Disponível em: <http://blogcritics.org>. Acesso em: 18 maio 2009.

BIANCULLI, David. The Musical Magic of "Glee". Disponível em: <http://www.npr.org>. Acesso em: 11 set 2009.

CALLAGHAM, Dylan. Writing in the Key of Glee. *Writers Guild of America West*. Acesso em: 1 março 2010.

CROSS, Joseph; MURPHY, Ryan. Interview with Ryan Murphy and Joseph Cross of Running with Scissors. Disponível em: <http://www.afterelton.com>. Acesso em: 26 outubro 2006. Entrevista concedida a Gregg Shapiro.

GROSS, Terri. From "Nip/Tuck" to High School "Glee". Disponível em: <http://www.npr.org>. Acesso em: 18 maio 2009.

HENDRICKSON, Paula. Casting The Keys to Glee. Disponível em: <http://www.emmys.com>. Acesso em: 1 novembro 2009.

HERNANDEZ, Greg. My Chat with "Glee" Creator Ryan Murphy. Disponível em: <http://greginhollywood.com>. Acesso em: 17 dezembro 2009.

MARTIN, Denise. "Glee" Team Rewrites the School Musical. *Los Angeles Times*. Acesso em: 26 abril 2009.

MASTONY, Colleen. "Glee Club" TV Series Creator Uses MT. Prospects High School for Inspiration. *Chicago Tribune*. Acesso em: 8 setembro 2009.

MURPHY, Ryan. Amorgan Interviews Ryan Murphy. Disponível em: <http://www.televisionwithoutpity.com>. Acesso em: 3 dezembro 1999. Entrevista concedida a Amorgan.

_____. Interview: Ryan Murphy Dances His Way to "Glee" on Fox. Disponível em: <http://hollywoodchicago.com>. Acesso em: 12 maio 2009. Entrevista concedida a Brian Tallerico.

_____. Ryan Murphy, Director of Running with Scissors Interview. Disponível em: <http://www.moviesonline.ca>. Acesso em: 10 março de 2010. Entrevista concedida a Sheila Roberts.

O'CONNOR, Mickey. Ryan Murphy on Glee: People Don't Just Break Out Into Song; "There Are Rules". *TV Guide*. Acesso em: 19 maio 2009.

SCHNEIDER, Michael. "Glee" co-creator gets big Fox deal. *Variety*. Acesso em: 1 dezembro 2009.

SLOANE, Judy. Glee – On Set with Creator/Producer Ryan Murphy Who Tells About the Extraordinary Success. Disponível em: <http://filmreviewonline.com>. Acesso em: 10 fevereiro 2010.

STELTER, Brian. A long Wait Stirs Enthusiasm for Fox Show "Glee". *New York Times*. Acesso em: 1 setembro 2009.

UDOVITCH, Mim. The Cutting Edge of Television: A Bloody Scalpel. *New York Times*. Acesso em: 11 outubro 2009.

WEISS, Joanna. Welcome to the Club. *Boston Globe*. Acesso em: 30 agosto 2009.

WYATT, Edward. From "Cabaret" to Kanye, Songs of "Glee" Are a Hit. *New York Times*. Acesso em: 11 outubro 2009.

_____. Not That High School Musical. *New York Times*. Acesso em: 15 maio 2009.

This is how we do it: o "making of" de Glee

ADALIAN, Josef. "Glee" Pilot Doubles as Marketing Trial. Disponível em: <http://www.tvweek.com>. Acesso em: 20 junho 2010.

ANDERS MUSIC. http://www.andersmusic.com.

BELCHER, Walt. Former Tampa Man Makes Music on "Glee". *Tampa Tribune*. Acesso em: 7 abril 2010.

BEMN-YEHUDA, Ayala. Q&A: "Glee" Music Producer Adam Anders. Disponível em: <http://www.billboard.biz>. Acesso em: 30 outubro 2009.

BRAD FALCHUK. *Life After Film School*. Hulu.com. 2006

ERHMANN, Brett. 2002 Televisions Pilots (Incomplete at Best). Disponível em: <http://dangerousuniverse.com>. Acesso em: 11 fevereiro 2002.

EXCLUSIVE Interview: The "Glee" Producers Put on a Show for Fox's New Dramedy. *IF Magazine*. Acesso em: 9 setembro 2009. Entrevista concedida a Abbie Bernsteim.

FALCHUK, Evan. Second Opinion Can Save Lives, Cut Costs. *Benefits & Compensation Digest*. Acesso em: outubro 2009.

FERNANDEZ, Maria. What "Glee". Show Choir Kids Rule. *Los Angeles Times*. Acesso em: 26 abril 2009.

GALAS, Marjorie. "Glee": Fancy Footwork Tells the Story. *New York 411*. Acesso em: 9 março 2009.

GIANELLI, Brian. Ryan Murphy Talks "Glee" – The Hottest New Show of the Season. Disponível em: <http://www.fancast.com>. Acesso em: 7 maio 2009.

GLEE – Season 1, Volume 1: Road to Sectionals. [S.l.:]: Twentieth Century Fox Home Entertainment, 2009. DVD.
HERRERA, Monica. "Glee" Rewrites The Script on TV Music. Disponível em: <http://billboard.com>. Acesso em: 23 outubro 2009.
JONES, Sarah. Music: The Joy of "Glee". Disponível em: <http://mixonline.com>. Acesso em: 1 janeiro 2010.
KAWASHIMA, Dale. Writer/Producer Adam Anders Tells How He Co-wrote the Hit "More than That" For The Backstreet Boys. Disponível em: <http://songwriter-universe.com>. Acesso em: 20 junho 2010.
KINON, Christina. "Glee" Puts Edgy Spin on Top 40 Tunes. *New York Daily News*. Acesso em: 16 maio 2009.
MCNAMARA, Mary. "Glee" on Fox. *Los Angeles Times*. Acesso em: 19 maio 2009.
SHALES, Tom. Sharply, Fox Provides a Reason for "Glee". *Washington Post*. Acesso em: 19 maio 2009.
SORRELS, Melissa Sue. Glee! Brad Falchuk '93. *Pulteney Street Survey*. Inverno de 2010.
TRUST, Gary. Best of 2009: By the Numbers. Disponível em: <http://billboard.com>. Acesso em: 29 dezembro 2009.
TV'S Most Talked About Show: The Cast of Glee. *The Oprah Winfrey Show*, 7 abr. 2010. Programa de TV.
WILLMAN, Chris. Journey's "Don't Stop Believing" as Pop-cultural Touchstone. Pop&Hiss: The LA Times Music Blog. *Los Angeles Times*. Acesso em: 29 junho 2009.
YAMAMOTO. Jane. Meet Glee's Music Man – Adam Anders. Disponível em: <http://www.myfoxla.com>. Acesso em: 15 outubro 2009.

You're the one that i want: atores principais
Matthew Morrison

ALBINIAK, Paige. Music Man. *New York Post*. Acesso em: 6 setembro 2009.
BUCKLEY, Michael. Stage to Screens: "Glee" on TV: Michele & Morrison. Disponível em: <http://playbill.com>. Acesso em: 8 setembro 2009.
CARTER, Kelley L. Broadway star Morrison gets all keyed up for "Glee". *USA Today*. Acesso em: 18 maio 2009.
DIRMANN, Tina. Matthew Morrison Revealed. *Orange Cast*. Acesso em: dezembro 2009.
GOLDMAN, Andrew. Matthew Morrison. *Elle*. Acesso em: 18 dezembro 2009.
GOSTIN, Nicki. "Glee" Star Matthew Morrisson Recalls "Worst Year' Ever". Disponível em: <http://www.popeater.com>. Acesso em: 15 janeiro 2010.
JENSEN, Michael. A Chat with Actor Matthew Morrison of "Glee". Disponível em: <http://www.afterelton.com>. Acesso em: 9 setembro 2009.
KROLL, Dan J. Adam Returning Home After 4 Year Absence. Disponível em: <http://soapcentral.com>. Acesso em: 1 outubro 2006.
MASELLO, Robert. I Want to Do It All. *Parade*. Acesso em: 29 novembro 2009.

MORRISON, Matthew. Interview with Matthew Morrison (now in The Light in the Piazza). Disponível em: <http://nyctourist.com>. Acesso em: 1 março 2010. Entrevista concedida a Corine Cohen.

WILLIANS, Allison. I, New York. *Time Out New York*. Acesso em: 14 maio 2009.

Lea Michele

BUCKLEY, Michael. Stage to Screens: "Glee" on TV. Michele & Morrison. Disponível em: <http://playbill.com>. Acesso em: 8 setembro 2009.

FARLEY, Christopher John. "Glee" StarLea Michele on the Golden Globes, the Great White Way, and Twitter. Speakeasy. *The Wall Street Journal*. Acesso em: 18 dezembro 2009.

GODWIN, Jennifer. Glee Boss on Showmance: "We Have Some Plans to Give the People What They Want". Disponível em: <http://eonline.com>. Acesso em: 18 dezembro 2009.

HEDEGAARD, Erik. "Glee" Gone Wild. *Rolling Stone*. Matéria de 15 abril 2010.

LEA Michele: Dancing with Herself. MSN Entertainment. Acesso em: 2 fevereiro 2010.

KINON, Cristina. Hot New Yorker: Lea Michele's Success Has Bronx Feeling "Glee". *New York Daily News*. Acesso em: 26 outubro 2009.

KUHN, Sarah. Life Stages. Disponível em: <http://www.backstage.com>. Acesso em: 3 setembro 2009.

MARTIN, Denise. Lea Michele's "Glee" – Full Awakening. *Los Angeles Times*. Acesso em: 2 dezembro 2009.

MICHELE, Lea. Interview: Glee Star Lea Michele on Central Park, Comedy, and a Sweaty Co-Star. *Village Voice*. Acesso em: 9 setembro 2009. Entrevista concedida a Michael D. Ayers.

MILLER, Gerri. Glee Club Glory. *Jvibe*. Acesso em: agosto 2009.

OK! Exclusive: Lea Michele Shares Her Best Diet Secret. *OK!* Online. Acesso em: 8 fevereiro 2010.

RILEY, Janelle. Prime Time. Disponível em: <http://www.backstage.com>. Acesso em: 18 novembro 2009.

SING It With "Glee". Disponível em: <http://www.skiddle.com>. Acesso em: 29 janeiro 2010.

Cory Monteith

GLEE on Q TV. Qtv's YouTube Channel. Disponível em: <http://www.youtube.com/Qtv>.

HEDEGAARD, Erik. "Glee" Gone Wild. *Rolling Stone*. Matéria de 15 abril 2010.

MALAN, Daniel. Candid Cory Monteigh. Disponível em: <http://www.thetvaddict.com>. Acesso em: 18 novembro 2009.

MALKIN, Marc. Glee's Cory Monteigh: High School Dropout to Hollywood Star. Disponível em: <http://eonline.com>. Acesso em: 9 setembro 2009.

SIMPSON, Melody. Meet Cory Monteith & Naya Rivera of Glee. Hollywood the Write Way. Acesso em: 17 março 2009.

Dianna Agron

AGRON, Dianna. Dianna Agron. *Interview*. Acesso em: 26 fevereiro 2010. Entrevista concedida a Lauren Waterman. Http://felldowntherabbithole.tumblr.com

HEDEGAARD, Erik. "Glee" Gone Wild. *The Rolling Stone*. Matéria de 15 abril 2010.

MILLER, Gerri. Glee Club Glory. *JVibe*. Acesso em: agosto 2009.

ZUCKERMAN, Suzanne. Dreaming Big: Dianna Agron of Glee. *Women's Health*. Acesso em: 28 janeiro 2010.

Jane Lynch

BERRIN, Danielle. Jane Lynch: "I'm Just a Goof". *Guardian*. Acesso em: 9 janeiro 2010.

BIALAS, Michael. Ryan Murphy Makes His Lighthearted Plea with Glee. Disponível em: <http://blogcritics.org>. Acesso em: 18 maio 2009.

CUTLER, Jacqueline. "Glee" Hitting all the Right Notes. *Buffalo News*. Acesso em: 6 setembro 2009.

FORSEE, Kari. The Genius of Jane Lynch. Disponível em: <http://www.oprah.com>. Acesso em: 21 dezembro 2009.

GLEE'S Jane Lynch on Love, Loss, and What I Wore and Her Final Episode of Party Down. *New York Magazine*. Acesso em: 27 outubro 2009.

HOLMES, Linda. Jane Lynch Answers our Fibe Unlikely Questions on Fights, Clones & More. Disponível em: <http://www.npr.org>. Acesso em: 7 outubro 2009.

LYNCH, Jane. Exclusive Interview: Jane Lynch Talks Glee and Party Down. Disponível em: <http://www.thetvaddict.com>. Acesso em: 24 abril 2009. Entrevista concedida a Daniel Malen.

_____. Interview: Glee's Jane Lynch Got Picked First in High School P.E. (But She's Still No Sue Sylvester). Disponível em: <http://www.afterelton.com>. Acesso em: 30 setembro 2009. Entrevista concedida a Bret Hartinger.

_____. Interview with Jane Lynch. Disponível em: <http://www.afterellen.com>. Acesso em: 15 novembro 2004. Entrevista concedida a Sarah Warn.

_____. Role Models – Jane Lynch Interview. Disponível em: <http://the-frat-pack.com>. Acesso em: 11 março 2010. Entrevista concedida a Rick Duran.

MEET "Glee" Star Jane Lynch, TV's New Queen of Mean. Disponível em: <http://www.npr.org>. Acesso em: 7 outubro 2009.

PERKINS, Tracey. Jane Lynch: "I Didn't Want to be Gay – I Wanted an Easy Life". Disponível em: <http://www.mirror.co.uk>. Acesso em: 31 janeiro 2010.

SPITZNAGEL, Eric. Q&A: Jane Lynch Might Just Slip You a Mickey. *VanityFair*. Acesso em: 4 setembro 2009.

Jayma Mays

FRIEDMAN, Amy. From Grundy to "Glee". *Roanoke Times*. Acesso em: 7 abril 2010.

MAYS, Jayma. Exclusive Interview: Jayma Mays (Emma) from Glee. Disponível em: <http://thetvchick.com>. Acesso em: 2 dezembro 2009. Entrevista concedida a Alix Sternberg.

TENNIS, Joe. Living A Hollywood Dream. *A! Magazine*. Matéria de março 2010.

WAMPLER, Angela. Believe! Q&A with Jayma Mays. *A! Magazine*. Acesso em: 28 setembro 2009.

Amber Riley

Amber Riley. Canal da WendyWilliansShow's no Youtube. Disponível em: <http://www.youtube.com/WendyWilliamsShow>.

FRENCH, Dan. Q&A: Glee's Amber Riley. Disponível em: <http://www.digitalspy.co.uk/>. Acesso em: 5 janeiro 2010.

GleeFan Exclusive: Amber Riley Q&A. Disponível em: <http://www.gleefan.com>. Acesso em: 16 agosto 2009.

GREGG, Gabi. Amber Riley. Disponível em: <http://www.youngfatandfabulous.com>. Acesso em: 10 agosto 2009.

Chris Colfer

COLFER, Chris. Interview: Chris Colfer Remembers Who Bullied Him in High School (But He's Such a Nice Guy He Answers Their Emails Anyway!). Disponível em: <http://www.afterelton.com>. Acesso em: 23 fevereiro 2010. Entrevista concedida a Michael Jensen.

FERNANDEZ, Maria Elena. Chris Colfer's journey from small town to "Glee". *Los Angeles Times*. Acesso em: 8 setembro 2009.

GOLDBERG, Lesley. Just one of the Guys. *Advocate*. Acesso em: 6 outubro 2009.

HERNANDEZ, Greg. My Chat with Chris Colfer, the Breakout Gay Character of FOX's New Series "Glee". Disponível em: <http://greginhollywood.com>. Acesso em: 10 agosto 2009.

MILZOFF, Rebecca. Glee's Chris Colfer on Owning "DefyingGravity" and Resembling a Hummel Figurine. *New York Magazine*. Acesso em: 16 novembro 2009.

Jenna Ushkowitz

CORD-CRUZ, Gabrielle, Maggie Cotter and Ganesh Ravichandran. Kidsday Talks with Glee's Jenna Ushkowitz. Disponível em: <http://long-island.newsday.com>. Acesso em: 9 janeiro 2010.

GIANELLI, Brian. 5 Questions With Glee's Jenna Ushkowitz. Disponível em: <http://www.fancast.com>. Acesso em: 8 setembro 2009.

LIPTON, Brian Scott. Jenna Ushkowitz Is Filled With Glee. *Theater Mania*. Acesso em: 3 novembro 2009.

O'HARE, Kate. A Little More "Glee". Disponível em: <http://www.zap2it.com>. Acesso em: 21 maio 2009.

PASTOR, Pam. From 'Sesame Street' to "Glee". Disponível em: <http://lifestyle.inquirer.net>. Matéria de 13 fevereiro 2010.

WIESELMAN, Jarret. Jenna Ushkowitz: I'm rooting for Tina to Join Cheerios!. *New York Post*. Acesso em: 18 novembro 2009.

USHKOWITZ, Jenna. Exclusive Interview: Jenna Ushkowitz is Filled with GLEE. Disponível em: <http://iesb.net>. Matéria de 1 dezembro 2009. Entrevista concedida a Christina Radish.

_____. Jenna Ushkowitz Interview – JustJared.com Exclusive. Disponível em: <http://justjared.buzznet.com>. Acesso em: 18 novembro 2009.

Kevin McHale

ALBINIAK, Paige. Spinning their wheels. *New York Post.* Acesso em: 8 novembro 2009.

BIANCULLI, David. The Musical Magic of "Glee". Disponível em: <http://www.npr.org>. Acesso em: 11 setembro 2009.

KUHN, Sarah. Life Stages. Disponível em: <http://www.backstage.com>. Acesso em: 3 setembro 2009.

MCHALE, Kevin. Exclusive Interview with Glee's Kevin McHale. Disponível em: <http://iesb.net>. Acesso em: 5 janeiro 2010. Entrevista concedida a Christina Radish.

STEINBERG, Jamie. Kevin Mchale. *Starry Constellation Magazine.* Acesso em: 10 março 2010.

Mark Salling

ATLAS, Darla. Glee' Series Lets Dallas-area Guys Show Off. Disponível em: <http://www.dallasnews.com>. Matéria de 29 agosto 2009.

JENSEN, Michael. Mark Salling Makes "Sweet' Music on "Glee". Disponível em: <http://www.afterelton.com>. Matéria de 22 outubro 2009.

Mark Salling. Canal da WendyWilliansShow's no youtube. Disponível em: <http://www.youtube.com/wendywilliansshow>.

SALLING, Mark. An Interview with Mark Salling (Puck, "Glee"). Disponível em: <http://tvdramas.about.com>. Setembro 2009. Entrevista concedida a Rachel Thomas.

_____. CT Celebrity Interview WITH Glee's Mark Salling. *Campus Talk.* Acesso em: 17 novembro 2009.

_____. Interview Series: Glee: Mark Salling (Puck). Disponível em: <http://thetvchick.com>. 9 dezembro 2009. Entrevista concedida a Alix Sternberg.

SPELLING, Ian. Mark Salling Makes His Mark on Glee. Disponível em: <http://www.popstar.com>. 10 setembro 2009.

STEINBERG, Lisa. Mark Salling. *Starry Constellation Magazine.* Acesso em: 10 março 2010.

WEIGLE, Lauren. Mark Salling. *Music Fashion Magazine.* Inverno de 2010.

Jessalyn Gilsig

BERGER, Lori. Fashion Secrets from a Glam "Glee" Star. *Redbook.* Acesso em: 13 março 2010.

FULKERSON, Ginger. Jessalyn Gilsig. *South Beach Magazine.* Acesso em: 1 março 2010.

GILSIG, Jessalyn. Hitfix Interview: Jessalyn Gilsig of "Glee". Disponível em: <http://www.hitfix.com>. Matéria de 8 setembro 2009. Entrevista concedida a Daniel Fienberg.

_____. Interview: Jessalyn Gilsig (Terri Schuester) from Glee. Disponível em: <http://thetvchick.com>. Matéria de 28 outubro 2009. Entrevista concedida a Alix Sternberg.

LAWSON, Richard. TV.com Q&A: Glee's Jessalyn Gilsig. Disponível em: <http://www.tv.com>. Matéria de 7 outubro 2009.

MARTIN, Denise. Love to Hate or Just Hate? "Glee" Star Jessalyn Gilsig Says Tonight's Episode Brings Terri's Moment of Reckoning. *Los Angeles Times*. Acesso em: 2 dezembro 2009.

WAGNER, Joan. The Woman Glee Fans Love to Hate. Disponível em: <http://www.oprah.com>. Matéria de 11 novembro 2009.

Iqbal Theba

STEINBERG, Lisa. Iqbal Theba. *Starry Constellation Magazine*. Acesso em: 26 fevereiro 2010.

THEBA, Iqbal. Curry Bear Interviews Glee's Iqbal Theba (Principal Figgins). Disponível em: <http://www.currybear.com>. Acesso em: 11 março 2010. Entrevista concedida a Curry Bear

_____. Interview: Glee's Iqbal Theba Rules the School. Disponível em: <http://www.fanpop.com>. 30 setembro 2009. Entrevista concedida a Dave Nemetz.

_____. Neal B. Exclusive: Interview with Iqbal Theba aka Principal Figgins!. Disponível em: <http://nealbinnyc.wordpress.com>. Matéria de 4 dezembro 2009.

Patrick Gallagher

MARCHAND, Francois. B.C. Actor Patrick Gallagher Explores Dual Nature with Glee. Vancouver Sun. Online. Acesso em: 23 novembro 2009.

STEINBERG, Lisa. Patrick Gallagher. *Starry Constellation Magazine*. Acesso em: 26 fevereiro 2010.

YEO, Debra. Badass' Who Wears Fanny Packs. *Toronto Star*. Acesso em: 9 dezembro 2009.

Heather Morris

KIRCHMYER, Lauren. Heather Morris Brings "Glee" to Buffalo. *Buffalo Dance Examiner*. Acesso em: 31 dezembro 2009.

LYDON, Kate. The Road to "Glee": Heather Morris Makes Her Mark in Hollywood. *Dance Spirit*. Acesso em: 1 maio 2010.

PASTOR, Pam. Glee's "Secret Weapon". *Philippine Daily Inquirer*. Acesso em: 30 janeiro 2010.

STAR from Hit TV Show Visits Good Morning WNY.

WIESELMAN, Jarret. Glee's Secret Weapon. *New York Post*. Acesso em: 19 novembro 2009.

Naya Rivera

EXCLUSIVE: We Chat with Glee's Naya Rivera. Disponível em: <http://nicegirlstv.com>. Acesso em: 12 março 2009.
GERAGOTELIS, Brittany. Time Out With: Naya Rivera from "Glee". *American Cheerleader*. Matéria de 9 setembro 2009
Naya Rivera Stars in New Fox Musical Comedy "Glee". Disponível em: <http://starshinemag.com>. Acesso em: 16 março 2009.
SIMPSON, Melody. Get to Know Naya Rivera. Disponível em: <http://www.examiner.com>. Acesso em: 16 julho 2009.
SIMPSON, Melody. Meet Cory Monteith & Naya Rivera of Glee. Disponível em: <http://www.hollywoodthewriteway.com>. Acesso em: 17 março 2009.

Harry Shum Jr.

Glee' Dancer is Waiting for His Close-Up. Disponível em: <http://www.popeater.com>. 10 novembro 2009.
LIN, Shannon. Harry Shum is full of Glee. *Asiance*. Acesso em: 2 setembro 2009.
PASTOR, Pam. Kidnapping' The Other Asian. *Lifestyle Inquirer*. Acesso em: 9 janeiro 2010.
SHUM JR., Harry. Exclusive Interview: Harry Shum Jr. is Full of Glee. Disponível em: <http://iesb.net>. Acesso em: 9 dezembro 2009. Entrevista concedida a Christina Radish.
_____. Harry Shum Jr. Interview. *Portrait*. Matéria de outubro 2009. Entrevista concedida a Angela Lee.
http://shumbodynamedharry.tumblr.com

Dijon Talton

STEINBERG, Lisa. Dijon Talton. *Starry Constellation Magazine*. Acesso em: 10 março 2010.
http://www.twitter.com/dijontalton

Josh Sussman

ELKIN, Michael. Of "Glee" I Sing. *Jewish Exponent*. Acesso em: 11 junho 2009
http://www.twitter.com/joshsussman

Primeira Temporada: Maio de 2009-Junho de 2010

ABOUT the White House. Disponível em: <http://www.whitehouse.gov>. Diversas Biografias.
ABRAMS, Natalie. Glee Gets Eve-ntful with Guest-Star Eve. *TV Guide*. Acesso em: 24 novembro 2009.
AC/DC. *Highway to Hell*. Atlantic Records, 1979.
AEROSMITH. *Aerosmith*. Columbia Records, 1973.
AGRON, Dianna. Dianna Agron (Quinn) PCM Interview. Disponível em: <http://www.popculturemadness.com>. Acesso em: 13 março 2010. Entrevista concedida a Alex e Kristyn.

Fontes

AGUILERA, Christina. *Christina Aguilera*. RCA Records, 1999
_____. *Stripped*. BMG Entertaiment, 2002.
ALLABOUTMADONNA.COM. <http://allaboutmadonna.com>.
THE ALL-American Rejects. *When the World Comes Down*. Interscope Records, 2008.
ALL BY Myself. Disponível em: <http://www.metacafe.com>. Acesso em: 20 março 2010.
ALLEN, Lily. *Alright Still*. Regal Recordings, 2006.
ALLGAME.COM. <http://allgame.com>.
ALLMOVIE.COM. <http://allmovie.com>.
ANKA, Paul and Odia Coates. (You're) Having My Baby. United Artists Records, 1974.
ARMSTRONG, Louis. *Louis Armstrong: Greatest Hits of All Time*. Burning Fire Records, 1992.
AWARDSDATABASE.OSCARS.ORG. <http://awardsdatabase.oscars.org>.
BEATLES, The. *Magical Mystery Tour*. Capitol Records, 1967
BECK, *Mellow Gold*. Geffen Records, 1994.
BEL Biv DeVoe. *Poison*. MCA Records, 1990.
BEYONCÉ. *I am… Sasha Fierce*. Columbia Records, 2008.
BIANCULLI, David. The Musical Magic of "Glee". Disponível em: <http://www.npr.org>. 11 setembro 2009.
BILLAJONES.COM. <http://billajones.com>.
BILLBOARD.COM. <http://www.billboard.com>.
BON Jovi. *Crush*. Island Records, 2000.
BORZILLO, Carrie. Gleeking Out With Jane Lynch & Jessalyn Gilsig. Disponível em: <http://www.fancast.com>. Acesso em: 13 março 2010.
BOXOFFICEMOJO.COM. <http://boxofficemojo.com>.
BRANDY. *Never Say Never*. Atlantic Records, 1998.
BROADWAY Star Morrison Leaps to TV with "Glee". Disponível em: <http://www.npr.org>. Acesso em: 13 setembro 2009.
BROADWAYWORLD.COM. <http://broadwayworld.com>.
BROWN, James, *It's a Man's Man's World*. King Records, 1966.
HITCHCOCK, Michael. WWEPW Interviews Michael Hitchcock. Disponível em: <http://www.wwepw.com>. Acesso em: 16 janeiro 2010. Entrevista concedida a Danielle Bruno.
BRYANT, Ali. Going Ga-Ga. *Grazia,* Acesso em: 15 janeiro 2010.
BURBANK, Luke. Kids Love Hot Cheetos But Schools Hate Them. Disponível em: <http://www.npr.org>. Acesso em: 9 maio 2006.
CARMEN, Eric. *Eric Carmen*. Rhino\Artista, 1975.
THE CAST of Glee: Style Notes. Disponível em: <http://www.elle.com>. Acesso em: 2 junho 2010.
CHARLOTTEROSS.COM. <http://charlotteross.com>.
CHEYENNEJACKSON.COM. <http://cheyennejackson.com>.
CHIC. *C'est Chic*. Atlantic Records, 1978.
CHICAGO (Music from the Miramax Motion Picture). Sony Music Entertaiment, 2002.
CHILD restraint laws. Insurance Institute for Highway Safety. Março 2010.

Chris & Amber's "Atrocious" Auditions for Glee. *People*. Disponível em: <http://www.youtube.com/people>.
CINQUEMANI, Sal. Review: Fearless *Slant*. 21 dezembro 2008.
COLOR Me Badd, I Wanna Sex You Up C.M.B. Giant Records, 1991.
CONRADT, Stacy. The Quick 10: 10 Real-Life Glee Clun Members. *Mental Floss*, 12 janeiro 2010.
CREEDENCE Clearwater Revival. *Bayou Country*. Fantasy Records, 1969.
DAVIS, Sammy Jr. *The Lady Is a Tramp*. One Media Publishing, 2009.
THE DEADLY Ritual of Seppuku. Disponível em: <http://www.samurai-weapons.net>. Acesso em: 11 junho 2010.
DEAN, Jennifer. 19-year-old Riverside Resident Gleeful About Role on New FOX Series. *The Press-Enterprise*. 14 junho 2009.
DENVER, John. *Rhymes and Reasons*. RCA Records, 1969.
DESTINY'S Child. *Survivor*. Columbia Records, 1996.
DIAMOND, Neil. *The Jazz Singer*. Capitol Records, 1980.
_____. Sweet Caroline. MCA Records, 1969.
DION, Celine. *Falling Into You*. Epic Records, 1996.
_____. *Taking Chances*, Columbia Records, 2007.
DONAHUE, Ann. Glee: the Billboard Cover Story. *Billboard*. Acesso em: 30 abril 2010.
DOORS, The. *Waiting for the Sun*. Elektra Records, 1968.
DOS SANTOS, Kristin. Five Glee Finale Secrets: That Will and Emma Kiss Wasn't Scripted. Disponível em: <http://eonline.com>. Acesso em: 9 junho 2010.
_____. Ga-Gouch Glee's Lea Michele Injured During Lady Gaga Dance Number. Disponível em: <http://eonline.com>. Acesso em: 13 abril 2010.
_____. Glee Cast and Creators Dish and Neil Patrick Harris, "Puckleberry" and Lady Gaga! Disponível em: <http://eonline.com>. Acesso em: 14 março 2010.
DOWD, Kathy Ehrich, Diane Clehane and Steve Helling, Exclusive: Beyoncé & Jay-Z File Signed Marriage License. *People*. 28 abril 2008.
DUFFY. *Rockferry*. Mercury Records, 2008.
EJTHOMASHALL.COM. <http://ejthomashall.com>.
ESPN.COM. <http://espn.go.com>.
FANCAST.COM. <http://www.fancast.com>.
FERNANDEZ, Maria. How Madonna's Music Wound Up on "Glee". *Los Angeles Times*. 16 março 2010.
FICTIONAL Beer Brands. Disponível em: <http://brookstonbeerbulletin.com>. Acesso em: 10 março 2010.
FILMREFERENCE.COM. <http://filmreference.com>.
FLORES, Karen. Jollibee Appears on "Glee" Episode. Disponível em: <http://www.abs-cbnnews.com>. Acesso em: 19 maio 2010.
FOX Broadcasting's YouTube Channel. Disponível em: <http://www.youtube.com/FoxBroadcasting>. Diversos vídeos.
FOX Broadcasting Company. Glee: Behind the Scenes. Disponível em: <http://www.fox.com/glee/chevy>. Diversos vídeos.
_____. Glee. Disponível em: <http://www.fox.com/watch/glee/>. Diversos vídeos.

FOXSOURCE'S YouTube Channel. Disponível em: <http://www.youtube.com/foxsource>.
FRANKLIN, Aretha. *I Never Loved a Man the Way I Love You*. Atlantic Recording Corporation, 1967.
FUNNY Girl (Original Soundtrack Recording). Sony Music Entertainment, 1968.
GARY Puckett & the Union Gap. Young Girl Columbia Records, 1968.
GEDDES, David. *Run Joey Run*. Atlantic Records, 1975.
GHOSH, Korbi. "Glee" Creator Ian Brennan on Jane Lynch Singing: "More Sue Sylvester up in This Piecc". Disponível em: <http://www.zap2it.com>. Acesso em: 22 abril 2010.
_____. "Glee" girl Amber Riley Talks Music, Mercedes & more. Disponível em: <http://www.zap2it.com>. Acesso em: 9 setembro 2009.
GLAISTER, Dan. Neil Diamond Reveals Secrets of Sweet Caroline. *Guardian*. 21 novembro 2007.
GLEE Cast. *Glee:The Music, Journey to Regionals The Journey to Regionals*. Columbia/Epic Label Group, 2010.
_____. *Glee: The Music, Power Of Madonna*. Columbia/Epic Label Group, 2009.
_____. *Glee: The Music, Volume 1*. Columbia/Epic Label Group, 2009.
_____. *Glee: The Music, Volume 2*. Columbia/Epic Label Group, 2009.
_____. *Glee: The Music, Volume 3 Showstoppers*. Columbia/Epic Label Group, 2010.
THE GLEE Club Goes Gaga on an All-New "Glee" Tuesday, May 25, on FOX. Fox Press Release. 24 maio 2010.
GLEE. Season 1, Volume 1: Road to Sectionals. Twentieth Cebtury Fox Home Entertainment, 2009. DVD.
_____. Screenplay by Ryan Murphy and Brad Falchuk and Ian Brennan. 21 julho 2008.
GLEE TV: Neil Patrick Harris Talks Glee's "Dream On" (TV Content). Disponível em: <http://broadwayworld.com>. Acesso em: 18 março 2010.
GLEE on Q TV. Canal da Qtv no YouTube. Disponível em: <http://www.youtube.com/Qtv>.
GLEE'S Chris Colfer Reveals Real-Life Story Behind Kurt's Diva Moment. TVWatch. Disponível em: <http://www.people.com>. Acesso em: 12 novembro 2009.
GLEE'S Heather Morris Elimination from SYTYCD. Canal do Jushin3's no YouTube. Disponível em: <http://www.youtube.com/jushin3>.
GLOBALSECURITY.ORG. <http://www.globalsecurity.org>.
GODWIN, Jennifer. Glee Boss on Showmance: We Have Some Plans to Give the People What They Want. Disponível em: <http://eonline.com>. Acesso em: 18 dezembro 2009.
GOING Gaga for Gaga. *Harper's Bazaar*. Acesso em: 3 junho 2010.
GOLDMAN, Andrew. Mathew Morrison. *Elle*. Acesso em: 18 dezembro 2009.
GREGGHENRY.COM. <http://gregghenry.com>.
GROBAN, Josh. *Closer*. Reprise Records, 2003.

GROFF, Jonathan. Exclusive Interview: Jonathan Groff (Jesse St. James) from Glee. Disponível em: <http://thetvchick.com>. Acesso em: 20 abril 2010. Entrevista concedida a Alix Sternberg.

_____. Spring (Awakening) Fever: an Interview with Jonathan Groff. Disponível em: <http://broadwayworld.com>. Acesso em: 25 janeiro 2007. Entrevista concedida a Diamond Robert.

GUYS & Dolls (Original Cast Recording). Red Sauce Records, 2005.

Gypsy (Original Cast Recording), Nonesuch Records, 1962.

HANNAH Montana: the Movie (Original Motion Picture Soundtrack). Walt Disney Records, 2009.

HARDING, Cortney. Lady Gaga: the Billboard Cover Story. *Billboard*. Acesso em: 7 agosto 2009.

HEART. *Bad Animals*. Capitol Records, 1987.

HEDEGAARD, Erik. "Glee" Gone Wild. *Rolling Stone*. Matéria de 15 abril 2010.

IDOL, Billy. *Don't Stop*. Chrysalis Records, 1981.

INSALATA, Lillian. Trojan Marching Band Performs with Glee. USCnews. USC.edu. Acesso em: 28 abril 2010.

INTERNET ADULT FILM DATABASE. <http://iafd.com>.

INTERNET BROADWAY DATABASE. <http://ibdb.com>.

INTERNET MOVIE DATABASE. <http://imdb.com>.

JAFFE, Matthew. Glee Party: Ryan Murphy and the Cast Reveal What's Ahead. Disponível em: <http://www.tv.com>. Acesso em: 15 março 2010.

JENSEN, Michael. Ryan Murphy and Chris Colfer Discuss "Glee", "Golden Globes" and more. Disponível em: <http://www.afterelton.com>. Acesso em: 22 janeiro 2010.

JESSIESTJAMESONLINE.COM. <http://jessiestjamesonline.com>.

JOEL, Billy. *Piano Man*. Sony Music Entertainment, 1980.

JOHN, Elton. *Blue Moves*. MCA Records, 1976.

JORDAN, Montell. *This Is How We Do It* Def Jam Recordings, 1995.

JOURNEY, *Departure*. Sony Music Entertainment, 1980.

_____. *Escape*. Columbia Label Group, 1981.

_____. *Evolution*. Columbia/Epic Label Group, 1979.

_____. *Frontiers*. Sony Music Entertainment, 1983.

KAMAKAWIWO'OLE, Israel. *Facing Future* Mountain Apple Company, 1993.

KATRINA and the Waves. *Walking on Sunshine*. Attic Records, 1983.

KEVIN McHale Bringing Sexy Back to "Glee". Disponível em: <http://www.nbcbayarea.com>. Acesso em: 14 abril 2010.

KING, Joyann. Glee's Costumes Dishes on Gaga Looks. *InStyle*. 24 maio 2010.

KISS. *Destroyer*. Island Def Jam Music Group, 1976.

KRAFT, Nicole. Profile: Jim & Jonathan Groff. *Hoofs Beat*, Julho 2007.

LADY GAGA. *The Fame*. Interscope Records, 2008.

_____. *The Fame Monster*. Interscope Records, 2009.

LAUPER, Cindi. *True Colors*. Epic Records, 1986.

LAVIGNE, Avril. *The Best Damn Thing*. Arista Records, 2006.

LE NGUYEN, Chrissy. Chris Colfer on Crying Real "Glee" Tears, Tattoos, and Kurt's New Boyfriend. Disponível em: <http://tv.yahoo.com>. Acesso em: 27 abril 2010.
LEE, Allyssa, Idina Menzel on the "Glee" Experience. Disponível em: <http://www.tvsquad.com>. Acesso em: 17 maio 2010.
LENNON, John, *Imagine*. Apple Records, 1971.
LEOPOLD, Todd. The worst Song of all Time, Part II. Disponível em: <http://www.cnn.com>. Acesso em: 27 abril 2006.
LES MISÉRABLES (Original Broadway Cast Recording). Geffen Records, 1987.
LIM, Louisa. Painfull Memories for China's Footbinding Survivors. Disponível em: <http://www.npr.org>. Acesso em: 19 março 2007.
LIMAOHIO.COM. <http://limaohio.com>.
LIMA, Ohio. Ohio History Central. Disponível em: <http://www.ohiohistorycentral.org/entry.php?rec=1959>.
LIPPS, Inc. *Mouth to Mouth*. Casablanca NBLP 7197, 1979.
LULU. *Greatest Hits*. Mercury Records, 2003.
MADONNA. *American Life*. Warner Bros. Records. 2003.
_____. *Bedtime Stories*, Warner Bros Records, 2003.
_____. *Celebration*. Warner Bros. Records, 2009.
_____. *Confessions on a Dance Floor*. Warner Bros. Records, 2005.
_____. *Erotica*. Warner Bros. Records, 1992.
_____. *Hardy Candy*. Warner Bros. Records, 2008.
_____. *Like a Prayer*. Sire Records, 1989.
_____. *Like a Virgin*. Sire Records, 1984.
_____. *Madonna*. Sire Records, 1983.
_____. *Music*. Warner Bros. Records, 2000.
_____. *Ray of Light*. Warner Bros. Records, 1998.
_____. *True Blue*. Sire Records, 1986.
MALKIN, Marc. An Afternoon Filled With Glee Disponível em: <http://eonline.com>. Acesso em: 29 Julho 2009.
MAN of La Mancha (The New Broadway Cast Recording). BMG Entretainment, 1968.
MARKY Mark and Funky Bunch. *Music for the People*. Interscope Records, 1991.
MARTIN, Denise. Lea Michele's "Glee"-ful Awakening. The Envelope: the Awards Insider. *Los Angeles Times*. 2 dezembro 2009.
MC HAMMER. *Please Hummer, Don't Hurt'em*. Capitol/EMI Records, 1988.
MELLENCAMP, John. *Uh-huh*. Def Jam Music Group, 1983.
MEN Without Hats. *Rhythm of Youth*. Bulldogg Brothers, 1982.
MICHELE, Lea. Ryan Seacrest interviews Lea Michele. Disponível em: <http://www.pointradio.com>. Acesso em: 10 junho 2010. Entrevista concedida a Ryan Seacrest.
MILLER, Gerri. Glee Club Glory. *JVibe*. Agosto 2009.
MILLER, Julie. Kevin McHale on Glee's Wheelchair Controversy, His Dream TV Role and Celebrity Gleeks. Disponível em: <http://www.movieline.com>. Acesso em: 18 maio 2010.
THE MONKEES. *The Birds, The Bees & The Monkeys*. Rhino Entertainment, 1968.
MORRIS, Christopher. Keeping "Glee" in tune. *Variety*. 4 dezembro 2009.

MORRISON, Matthew. T4: Glee Star Matthew Morrison interview. T4's YouTube-Channel. Disponível em <http://www.youtube.com/user/T4>.
MULATTO'S Trip from Zero to Sixty. *Twaddle*. Acesso em: 10 maio 2010.
MYSPACE.COM/JESSIEJAMESMUSIC. <http://myspace.com/jessiejamesmusic>.
NELLY. *Country Grammar*. Universal Records, 1984.
NENA. *99 Luft Ballons*. Epic Records, 1984.
NEWPORT, Kenneth G.C. *The Branch Davidians of Waco*. Oxford University Press, 2006.
NEWTON-JOHN, Olivia. *Magic: The Very Best of Olivia Newton-John*. Universal Music Entreprises, 2001.
_____. *Physical*. MCA Records.
NGUYEN, Hann. "Glee" Fashion Challenges: Madonna, Matching and Men. Disponível em: <http://www.zap2it.com>. Acesso em: 21 abril 2010.
_____. "Glee" Fashion Scoop: "Hell-O" to Affordable Looks. Disponível em: <http://www.zap2it.com>. Acesso em: 14 abril 2010.
_____. "Glee" Fashion Scoop: Take "Home" These Looks. Disponível em: <http://www.zap2it.com>. Acesso em: 27 abril 2010.
NICE Girl's Don't Get the Corner Office. Piloto não exibido. ABC, 2007.
OHIO Map. *Maps of the World*. Online. Acesso em: 18 março 2010.
OLIVER! (The New Musical Cast). Big Eye Music, 2009.
OPEN Sesame. Disponível em: <http://snopes.com>. Acesso em: 6 agosto 2007.
ORLANDO de Lassus. Disponível em: <http://newadvent.org>. Acesso em: 27 maio 2010.
PAIGE, Jennifer. *Jennifer Paige*. Hollywood Records, 1998.
PARLIAMENT. *Mothership Connection*. Island Def Jam Music Group, 1975.
PERRY, Katy. *One of the Boys*. Capitol Records, 2008.
PETER, Paul and Mary. *Album 1700*. Warner Brothers, 1967.
PLAYBILL.COM. <http://playbill.com>.
THE POLICE. *Zenyattà Mondatta*. A&M Records, 1981.
POPULAR – Primeira Temporada. Buena Vista Home Entertainment/Touchtone, 2004. DVD.
_____. – Segunda Temporada. Buena Vista Entertainment/Touchtone, 2005. DVD.
THE PRETENDERS. *Last of the Independents*. Warner Brothers, 1994.
Q&A: Whit Hertford on UBC, Glee, and About 501 Other Projects He's Got Going. Disponível em: <http://out-is-through.bloggspot.com>. Acesso em: 13 novembro 2009.
QUEEN. *Queen: Stone Cold Classic*. Hollywood Records, 2006.
RAM, Archana. "Glee" Yellow Dresses: Costume Designer Lou Eyrich Tells all. Disponível em: <http://popwatch.ew.com>. Acesso em: 10 outubro 2009.
_____. Style Hunter: Kate Hudson's "Nine" Glasses and More! Disponível em: <http://ew.com>. Acesso em: 11 janeiro 2010.
REDDING, Otis. *The Very Best of Otis Redding*. Rhino/Atlantic Recording Corporation, 1992.
REO Speedwagon. *Wheels Are Turnin'*. Epic Records, 1984.

RESPERS France, Lisa. "Glee" Piano Player Happy as a "Sub-Lebrity'. Disponível em: <http://www.cnn.com>. Acesso em: 18 maio 2010.
RIAA.COM. <http://riaa.com>.
RICHIE, Lionel. *Can't Slow Down*. Motown Records, 1984.
RIHANNA. *Good Girl Gone Bad*. Stargate, 2008.
ROOKSBY, Rikky. *The Complete Guide to the Music oj Madonna*. Omnibus Press, 2004.
ROSS, Diana and Lionel Richie. *Endless Love: Original Motion Picture Soundtrack*. Motown Records, 1981.
RUFUS. *Rag to Rufus*. UMG Recordings, 1974.
SALT-N-PEPA. *Hot, Coll & Vicious*. Next Plateu Records, 1987.
SCOTT, Jill. *The Real Thing: Words and Sounds Vol. 3*. Hidden Beach Recordings, 2007.
SERIES 18, Episode 21. *Friday Night with Jonathan Ross*. BBC. Data Original de Exibição: 18 junho 2010.
SHELLY'S Report of the "Journey" Season Finale Taping. Disponível em: <http://www.gleefan.com>. Acesso em: 23 abril 2010.
SING it With "Glee". Disponível em: <http://teenfi.com>. Acesso em: 20 março 2010.
SISQÓ. *Unleash the Dragon*. Def Jam Recordings, 2000.
SLOANE, Judy. Glee – On Our Set Visit the Cast Talk About the Friendly Competition. Disponível em: <http://filmreviewonline.com>. Acesso em: 11 fevereiro 2010.
SONGFACTS.COM. <http://www.songfacts.com>.
SPARKS, Jordin. *Jordin Sparks*. Jive Records, 2008.
SPRINGFIELD, Rick. *Working Class Dog*. RCA Records, 1981.
SPRINGSTEEN, Bruce; The E street Band. *Live/1975-85*. Columbia Records, 1986.
STEINBERG, Lisa. Heather Morris. *Starry Constellation Magazine*. Online. Acesso em: 10 março online. Acesso em: 10 março 2010.
STREISAND, Barbra. *Barbra Joan Streisand*. Sony Music Entertainment, 1971.
STYLE.COM. <http://www.style.com>.
SULLIVAN, Jazmine. *Fearless*. Artista Records, 2008.
THE SUPREMES. *The Supremes Sing Holand-Dozier-Holland*. Motown Records, 1966.
THE TIME. *Ice Cream Castle*. Warner Brother, 1984.
TOBOLOWSKY, Stephen. The Tobolowsky Files Ep. 16 – Dating Tips for Actors. The Tobolowsky Files. Podcast. Acesso em: 12 fevereiro 2008.
TV. TEEN.COM/TV.VARIOUS VIDEOS. <http://tv.teen.com/tv.variousvideos>.
TV.COM. <http://www.tv.com>.
TVGUIDE.COM. <http://www.tvguide.com>.
TWITTER.COM/CHRISCOLFER. <http://www.twitter.com/chriscolfer>.
TWITTER.COM/MULATTOMUZIK. <http://www.twitter.com/mulattomuzik>.
TYLER, Bonnie. *Faster Than the Speed of Night*. Columbia Records, 1983.
U.S. CENSUS Bureau Lima FactSheet. Disponível em: <http://quickfacts.census.gov/qfd/states/39/3943554.html>.
U2. *Achtung Baby*. Universal/Island Records, 1991.
UNDERWOOD, Carrie. *Carnival Ride*. Arista Nashville, 2008.
URBANDICTIONARY.COM. <http://www.urbandictionary.com>.

USHER. *Confessions*. Arista Records, 2004.
VAN HALEN. *1984*. Warner Bros. Records, 1984.
VANILLA ICE. *To the Extreme*. Capitol Records, 1990.
VISITKINGSISLAND.COM. <http://www.visitkingsisland.com>.
VOSS, Brandon, Naya Rivera: Bring It On, Bitch!. *Advocate*. Online. Acesso em: 4 maio 2010.
WALTER, Davis. Glee: 14 Exclusive Behind the Scenes Photos – Shot by Jonathan Groff! *Details*. Online. Acesso em: 4 junho 2010.
WARWICK, Dionne. Don't Make Me Over. Scepter Records, 1962.
_____. *The Windows of the World*. Scepter Records, 1967.
WEINSTEIN, Zack. A Spinal Cord Injury Didn't Keep Me Off "Glee". Disponível em: <http://www.thewrap.com>. Acesso em: 10 maio 2010.
_____. Zack's not Telling His Injury Keep Him from Acting (He's going to be on Glee!). *Christopher and Dana Reeve Foundation*. Online. Acesso em: 18 março 2010.
WEST, Kanye. *Late Registration*. Roc-A-Fella/Island Def Jam, 2005.
WEST Side Story (Original Broadway Cast). Sony Music Entertainment, 1998.
WHEELCHAIRDANCE.CO.UK. <http://wheelchairdance.co.uk>.
WIESELMAN, Jarett. Chris Colfer: Oprah Winfrey Smells Like Money. Pop Wrap. *New York Post*. Online. Acesso em: 27 abril 2010.
WIKIPEDIA.ORG. <http://wikipedia.org>.
WINEHOUSE, Amy. *Back to Back*. Island Def Jam Music Group, 2006.
THE WIZ (Original Soundtrack). Geffen Records, 1978.
WRIGHT, Gary. *The Dream Weaver*. Warner Bros. Records, 1975.
YOUNG MC. *Stone Cold Rhymin'*. Island Records, 1989.

Agradecimentos

Gostaríamos de agradecer imensamente a todos na ECW Press, que acreditaram que o nosso livro sobre *Glee* daria certo, que nós éramos as garotas certas para escrevê-lo e que nós poderíamos fazer isso em apenas nove meses. Um agradecimento especial às nossas editoras Jennifer Hale e Jennifer Knoch, cuja orientação no estilo Emma Pillsbury nos manteve no caminho certo; Sarah Dunn, a nossa agente de publicidade que adora karaokê de *Glee* tanto quanto a gente; Crissy Boylan, nossa editora chefe; e Cyanotype, cujos trabalhos na capa e nas fotos merecem uma estrela de ouro. Também gostaríamos de agradecer a todos os fãs que estão por aí: os *gleeks*, cuja dedicação faz que o programa tenha vida mesmo depois do fim de cada episódio. Nossa especial gratidão ao melhor *blog* na internet sobre *Glee*, o Gleekdom (http://www.thegleekdom.com), que deu apoio e sugestões inestimáveis a este livro. Agradecemos também a todos que participaram de entrevistas ou nos forneceram fotos. Adoramos ter tantos *gleeks* envolvidos no nosso livro. E, por fim, agradecemos aos criadores, ao elenco e à equipe de *Glee* por terem criado um programa sobre o qual valia a pena escrever. "É isso aí, *glee*! Garotos do *Glee*, viva!"

Erin: agradeço aos meus amigos e à minha família, que sabem muito bem que eu sou mais parecida com a Rachel Berry do que gostaria de admitir (e que me aguentaram falando só de *Glee* pelo último ano). Agradeço ao Matt, por me apoiar, até quando eu ficava mais insuportável (e que agora sabe mais sobre o programa do que qualquer espectador normal jamais saberá). Agradeço à Suzie, por escrever este livro comigo (e por descobrir que trabalhar comigo a deixaria mais exposta à loucura que uma competição entre Emma e Terri). Mas, principalmente, agradeço à minha mãe, que já sabia bem antes da Sue Sylvester que abrigos esportivos e brincadeiras sobre gel de cabelo nunca saem de moda.

Susan: agradeço demais a toda a minha família e aos amigos que me apoiaram em todos os momentos. Agradeço, e amo muito, à minha mãe e ao meu pai, Deb e Ryan, e a Ali e Billy por sempre acreditarem em mim e me apoiarem. E agradeço a Austin, Alex e Teddy por serem capazes de colocar um sorriso no meu rosto nos dias mais estressantes. Agradeço a todos na minha vida que já discutiram *Glee* comigo – de alguma maneira, vocês todos influenciaram a minha opinião sobre um personagem, uma música, uma cena, ou um episódio, e eu estou em dívida com todos por isso. Agradecimento especial a Jen por deixar o nosso apartamento ser tomado por *Glee* e por discutir o nosso amor por JGroff até altas horas da noite. Agradeço à Erin por dividir essa experiência comigo; os intermináveis e-mails, as intermináveis edições, as intermináveis sessões assistindo novamente os episódios, e tudo mais! E, finalmente, agradeço e mando todo o meu amor para Mo, porque, não importa o que você diga, eu realmente não poderia ter feito isso sem você.

Erin Balser (à esquerda) e Suzanne Gardner são escritoras e editoras de *blogs* sobre *Glee*: Erin no gleedork.com e Suzanne no gleeksunited.wordpress.com. Quando não estão ocupadas escrevendo, você pode encontrá-las cantando as músicas de *Glee* em bares de *karaokê* por toda Toronto, Ontario. Este é o primeiro livro delas.

Mordida de amor: os bastidores da saga Crepúsculo é um belo tributo que inclui a história de Stephenie Meyer e de seus livros; capítulos sobre cada livro da série e os clássicos literários que os inspiraram; biografias de Robert, Kristen, Taylor e de muitos outros personagens do elenco da saga; detalhes sobre a adaptação de *Crepúsculo*, *Lua Nova* e *Eclipse* que resultaram em filmes adorados; e um capítulo dedicado aos fãs que fizeram dos livros e dos filmes um sucesso sem precedentes.